HISTOIRE

DU

DIX-NEUVIÈME

SIÈCLE

III

IMPRIMERIE E. FLAMMARION, 26, RUE RACINE, PARIS.

ŒUVRES COMPLÈTES DE J. MICHELET

HISTOIRE

DU

DIX-NEUVIÈME
SIÈCLE

ÉDITION DÉFINITIVE, REVUE ET CORRIGÉE

TOME TROISIÈME

JUSQU'A WATERLOO

PARIS

ERNEST FLAMMARION, ÉDITEUR

26, RUE RACINE, PRÈS L'ODÉON

Tous droits réservés.

AVANT-PROPOS

L'âge me presse. Et aussi le déclin du siècle, si rapide depuis vingt ans qu'on dirait qu'il se précipite.

En regardant l'Europe, je vois, ici et là, quelques exceptions éclatantes. Car l'aplatissement commun semble avoir rehaussé de grands courages, qui font d'autant mieux ressortir la plaine et le désert à l'entour.

Ce troisième volume donne le monde, surtout la France et Bonaparte, de 1800 à 1815, c'est-à-dire aux années sanglantes qui énervèrent le siècle dès l'origine, qui commencèrent des haines séculaires, et firent que la France, entraînée à des entreprises qu'en majorité elle repoussait, devint l'objet d'une défiance générale.

J'eus le malheur de naître et de grandir à cette époque funeste, et je puis dire que la France ne fut jamais dupe qu'à moitié de Bonaparte. Tous, en suivant des yeux le grand prestidigitateur dans les nuages où il se balançait, disaient toujours : « Cela finira mal. » — Même la Grande-Armée le disait, en le suivant par honneur militaire.

La France, qui sous lui paraissait annulée d'esprit, existait pourtant en dessous. Et dès qu'il disparut (même sous le sot gouvernement qui suivit), elle se révéla avec une fécondité et un éclat inconcevables dans l'industrie, dans l'art, dans la littérature[1].

---

[1]. Ce livre a été fait en partie de mes souvenirs. Mais je puis dire que le monde y a contribué, par l'obligeance de mes amis, depuis l'Angleterre jusqu'à la Russie. Que de remerciements je dois à MM. les bibliothécaires de Paris, Lausanne, Genève, Toulon, et spécialement à une bibliothèque trop peu connue, la Bibliothèque polonaise de Paris, dirigée par un grand artiste, M. Zaleski, auteur du bel *Atlas* des steppes tartares, où lui-même a vécu.

PRÉFACE

COUP D'ŒIL SUR L'ENSEMBLE DE CE SIÈCLE ET SON DÉCLIN RAPIDE

Dès 1800, au berceau même du siècle, je veux prévoir ses âges, et même sa vieillesse, son déclin si visible aujourd'hui.

Ce siècle de grand travail et de notable invention eût mérité de se soutenir davantage. Pour moi, né avec lui, j'ai d'autant plus regret de le voir languir avant le temps.

Il ne s'agit pas seulement de la France, un moment abîmée par la chute si méritée du césarisme. Il s'agit du monde même, des peuples les plus prospères et les plus triomphants.

L'Amérique, par exemple, sur laquelle nous placions nos vœux, et qui récemment s'est tirée si vite d'une si effroyable tempête, chaque année avec joie reçoit l'alluvion et le déluge immense des classes inférieures de l'Europe, qui sans cesse abaissent son niveau, et la ravalent comme race.

L'Allemagne a eu une grande joie d'orgueil, bien naturelle, croyant avoir conquis son unité. Mais cela à une condition très dure, celle de se resserrer dans la constriction prussienne qui exclut tout ce qui fut expansif, libre et grand dans la nature allemande.

La Russie, par le travail d'une profonde transformation, subit les conditions fâcheuses d'un état provisoire qui, en histoire naturelle, accompagne les grandes métamorphoses, même les plus bienfaisantes au total.

L'Angleterre, à tous ceux qui s'informent d'elle, montre le chiffre de sa richesse qui augmente, mais sans la rajeunir.

Épuisée pour sa population des campagnes qui est le nerf de chaque peuple, elle voudra sans doute, dans sa grande sagesse pratique, la garantie solide d'une fédération générale d'Occident, c'est-à-dire du monde du travail contre un monde de guerre et de rapacité.

Au reste, ce déclin universel du siècle étonne peu quand on songe aux circonstances qui, dès sa naissance, semblaient lui présager peu de solidité.

Avez-vous quelquefois, en pleine nuit, sur un chemin de fer, aperçu de loin un convoi rapide qui vient à vous ? Ses deux gros yeux cyclopéens, ses étincelles jettent l'effroi.

C'est juste ce qu'on vit alors, en 1800.

L'un était la terrible Grande-Armée de Napoléon qui ruina l'Europe, en laissant la France épuisée, desséchée.

Oui, s'écrient les humanitaires, mais heureusement, l'autre œil flamboyant fut celui de la machine de Watt et de la grande armée des ouvriers, instrument bienfaisant de paix, d'utilité pour tous.

Provisoirement, cet instrument de paix aide la guerre par des capitaux infinis, sert la tyrannie maritime. Il fournit des forces inépuisables pour les guerres de l'Europe et de l'Inde, d'où le choléra (1817) et mille maux.

De plus, ce règne des machines, admirable comme production de richesse, en revanche, attire et dévore les races, dépeuple les campagnes.

L'autre siècle, le dix-huitième, n'était pas mieux né, dira-t-on. Il naît des guerres de Louis XIV et de la famine de 1709, comme celui-ci du maximum et des famines de la Révolution.

Mais ceci n'explique pas la diversité de leur allure. Le nôtre est vacillant.

Comme, en comparaison, le dix-huitième est vif et franc marcheur, a le jarret nerveux !

Quand le dix-huitième donne la Régence, les *Lettres persanes* et Voltaire, son mouvement est simple, il monte vers la lumière, loin du ténébreux Moyen-âge. Même quand il s'étend, par Diderot et l'*Encyclopédie*, il suit encore sa voie. Et la scission apparente de Rousseau l'y mène par un autre chemin.

Tout peut se dire d'un mot : *l'escalade vers la liberté*.

Le dix-neuvième siècle, riche et vaste, mais lourd, regarde vers la *fatalité*.

Nos pères, lestes marcheurs, pouvaient quelquefois passer dans la boue, mais n'en montaient pas moins, s'accrochant à tout, à leurs passions, même à leurs vices, et regardant toujours en haut.

Les nôtres, au contraire, que font-ils de leurs passions? Pas grand'chose. Ils regardent toujours sombrement en bas, vers les endroits obscurs, la matière, la basse avarice.

Le dix-neuvième siècle, avant sa naissance, était double déjà et déchiré d'un combat extérieur contre l'Europe.

Le christianisme bâtard, copié de Rousseau, put guillotiner Danton et le parti de la Nature. La Nature n'en resta pas moins le dieu du dix-neuvième siècle, dans toutes ses écoles et dans l'immensité du peuple.

Par opposition, les rois s'attachèrent tous à la thèse contraire, au christianisme bâtard (avec la double incarnation, et divine et royale). C'est la thèse que suivent généralement tous ceux qui ont besoin d'absurdité.

Ainsi ce siècle fut métis, traînant par derrière cette grosse queue inepte, cette bestiale armée qui marche à quatre pattes.

Les écoles qui, à divers points de vue, parlaient le plus de la Nature, comme les Naturalistes d'Allemagne, et ici nos Socialistes, oubliaient trop qu'en la Nature le plus haut c'est la liberté.

Fils ingrats, ils se vantaient de s'éloigner par écart absolu de leur père héroïque, le dix-huitième siècle.

Bonaparte était mort. Et du siècle de fer était né le siècle d'argent, par les emprunts qu'on fit pour les armées, même en pleine paix, et pour toute chose! Un juif intelligent, Olinde Rodrigues, au nom de Saint-Simon, écrivit l'évangile de cette nouvelle religion.

Les juifs, qui jusque-là étaient en république, se constituèrent en double royauté. Les juifs allemands, plus tard ceux du midi, créèrent deux réservoirs où se versaient les capitaux.

Tandis que les premiers faisaient les fonds pour les armées de la Sainte-Alliance, les autres se donnèrent au second Bonaparte. Donc la thèse de paix et d'industrie tourna promptement au service des gouvernements militaires.

Fourier, plus net que le saint-simonisme, aurait-il plus de chances? Il arrivait, avec ses vues ingénieuses sur la vie collective, le phalanstère, etc., au moment où les armées et les manufactures avaient donné l'horreur de la vie commune.

On s'éloigna, sans même s'informer s'il y avait dans son grand pêle-mêle quelque chose d'utile. Son vaisseau, engravé, demeura dans le port.

Donc, la France ne put engendrer aucun système qui durât, tandis que ceux de l'Allemagne, finissant par Hegel, semblaient l'avoir tarie, stérilisée, comme pour la livrer à la Prusse.

Mais si la France, au point de vue philosophique, se montra peu féconde, en revanche, pendant trente années, elle brilla d'un grand éclat littéraire, par le lyrisme, le drame et le roman.

Après les grands ouvrages, en France, en Angleterre, ont primé les revues, et aujourd'hui les journaux seuls, rédigés avec une verve brillante et beaucoup d'industrie.

Tel est ce siècle changeant. Et c'est le fait, non pas de son caprice, mais d'une mobilité très naturelle, qui souvent lui ménage des renouvellements de surprise étonnante.

Qui nous eût dit que l'Angleterre, depuis Byron stérile, qui semblait confinée dans son roulis industriel, dans son formalisme anglican, s'éveillerait, d'abord par Lyell et Darwin, et tant de savants hardis émules de Lamarck et nos alliés naturels[1]. Ce sont eux qui commencent à combler le détroit et à for-

---

1. J'ajoute ces grands penseurs philosophiques et politiques, Stewart, Harrisson, etc.

mer la grande alliance occidentale, en attendant ce qu'on a appelé les futurs États-Unis de l'Europe.

Dans tout le cours de mon *Histoire de France*, et dans les premiers volumes de mon *Dix-Neuvième Siècle*, j'ai suivi, selon mes forces, le principe que j'avais posé dès 1830 : que l'Histoire doit *montrer la Nature toujours à côté de l'Homme*, marquer à chaque siècle quels furent ses aliments, ses excitants, sa médecine.

En racontant Austerlitz, j'ai parlé de la maladie propre à la Grande-Armée, suite naturelle de la vie violente qui sans cesse passait de l'abondance à la disette.

Puis, à l'occasion du décret où Napoléon proscrivit le sucre, le café et tout ce qui relève l'esprit, quand l'humanité défaillante appelait le plus ce secours, j'ai parlé aussi de nos besoins nouveaux.

Mais j'ai trop peu insisté sur le régime alimentaire en général qui changea tant en notre siècle. L'histoire nous dit toujours comment on meurt, jamais comment on vit.

Cependant chaque peuple a un aliment spécial qui l'engendre jour par jour, si je puis dire, est son créateur quotidien.

Pour les Français, de tout temps, c'est le pain, la soupe.

Pour l'Anglais, surtout depuis 1760 et les découvertes de Backwell qui inventa de nouvelles races de bestiaux, l'aliment c'est surtout la viande.

Forcée au travail, aux voyages, l'Angleterre de

plus en plus se donna à la viande et s'en fit une religion, pour ainsi dire. L'enfant nourri, jusqu'à douze ans, de viande, grandit énormément et prend tout l'éclat de la rose.

Cependant, au milieu de ce régime fortifiant, l'Angleterre se disait fatiguée, criait toujours : « Du pain ! » jusqu'à ce que les lois de Robert Peel lui amenassent les céréales de France, Russie, Pologne, etc.

Chose singulière ! La France, après tant d'aventures immortelles, s'étant saignée de tant de sang, n'avait pas trop maigri, et elle offrait de nourrir l'Angleterre.

Celle-ci prétendait que la taille avait baissé en France. Chose possible après Bonaparte. Mais la race y restait plus forte que jamais. Le paysan, peu nourri, disait-on, y suffisait aux plus rudes travaux. On vit là combien le blé est une nourriture substantielle, quoiqu'il ne donne pas, comme la viande, l'énergie du moment. Le blé, au fond, c'est du silex qui s'infiltre dans la plante en fleur et lui donne une consistance, une durée singulière d'alimentation.

La France, qu'on le sache bien, est nourrie de caillou. Ce régime lui donne par moments l'étincelle, et dans les os une grande force de résistance.

Des Anglais, depuis quelque temps, ont pris judicieusement une alimentation mixte, et se sont relâchés du régime exclusif qu'ils suivaient depuis un siècle. Et en même temps, la France use maintenant d'une alimentation plus animale. Véritable progrès et pour l'une et pour l'autre. Progrès qui cependant n'empêche pas nos races (au moins dans les classes bourgeoises) de décliner visiblement.

Le pain, la viande, suffiraient bien sans doute. Cependant, la vie violente que mène l'Europe, l'effort momentané et par excès, demandent aussi des secours instantanés qui semblent nous mettre au-dessus de nous-mêmes, nous donner une force miraculeuse, ce que le Moyen-âge, plus imaginatif, nommait la présence réelle.

L'alcool donne ce dangereux secours, mêlé de trouble ; tout contraire au café, qui éclaircit l'esprit. Donc le café est un bienfait, un auxiliaire pour la civilisation. Il fait penser. Le tabac fait rêver.

Le tabac, première léthargie des peuples fatigués. Après la Turquie, l'Espagne, la Flandre et l'Allemagne fumèrent. Puis, les nôtres en 1832 au siège d'Anvers, et les Anglais un peu après.

Un surcroît de vie morale, intellectuelle, diminuerait certainement ces tristes habitudes, que nos pères, moins solitaires, moins sombres, n'avaient pas connues.

La confession, le roman, l'alcool, grands corrupteurs du monde au dix-neuvième siècle, accélèrent encore la pente du néant où nous semblons descendre.

Dans un petit livre qui parut en 45[1], j'ai dit qu'à

---

1. *Le Peuple.*

part nos prêtres et nos détestables gouvernements, le mal était surtout en nous-mêmes et dans la famille.

Le mariage est très faible, léger en France, en Allemagne, mou et débonnaire. En Angleterre, il est meilleur. Pourquoi ? Parce que la maison est fermée.

Mais ce qui en France est terrible autant que nos vices, c'est une de nos vertus, l'attachement excessif des parents pour les enfants.

Cela tient surtout à une cause trop oubliée. Depuis les départs cruels de la Réquisition, de la Conscription de Bonaparte qui étaient funèbres, le cœur maternel a faibli, et une tradition de faiblesse persisté chez nous, que ne connaît pas l'Angleterre.

Ce fils ménagé, tant gâté, d'autant plus ne fait rien, tourne à rien.

Les lois de la Révolution, faites pour le grand combat contre l'Europe, donnaient tout l'avantage aux jeunes, à ceux qui combattaient.

Aujourd'hui les mêmes avantages restent à une jeunesse grasse et paresseuse, qui se moque des avis du père, et n'hérite pas moins.

De là, déclin rapide. A la génération, peu endormie encore, de la Restauration ont succédé les ventrus de Louis-Philippe et les petits-crevés de Louis Bonaparte.

Il faut des lois qui excitent l'homme jeune. Car, disent très bien les Américains, si la propriété excite et rend actif, l'hérédité, en revanche, rend paresseux, endort.

Au milieu de cette enquête, quelques personnes trop confiantes dans ma lucidité m'ont demandé : « Que pensez-vous de l'avenir ? Ce siècle se relèvera-t-il ? »

Grande question ! Ceux qui me l'adressent, sachant que ma vie fut consacrée à l'histoire, et croyant que le passé contient l'avenir, me demandent si je ne vois pas quelques lueurs des jours meilleurs qui peut-être viendront.

Le temps nous amène toujours quelque élément nouveau. Je ne suis pas de ces pleureurs qui croient à chaque siècle que la fin du monde est venue.

Et quelle sera la terre assez nouvelle pour enfanter encore ? Serait-ce la création australe qu'élèvent chaque jour les coraux ? Serait-ce la grande Amérique, qui a l'air d'une seconde Europe, imitée plus que rajeunie ? La concentration des sciences, qui permet chaque jour d'entrevoir leurs rapports, mènera-t-elle à l'idée mère d'où viendra l'univers nouveau ? Il n'y paraît pas jusqu'ici.

L'Europe, dit-on, est bien vieille. Mais dans sa vieillesse apparente elle a plus de jeunesse que tout le reste de la terre. Son électricité vivante, qui la rend si mobile, lui permet chaque jour de se renouveler par l'esprit, et l'esprit, à son tour, donne des forces inouïes à la volonté.

Qu'une grande idée apparaisse, la volonté y tend et fait un monde.

Il n'y a pas d'autre mode de création.

Quelle idée a surgi ? C'est l'association des volontés, des âmes, qu'on nomme République.

Elle est née et renée trois fois en cent ans, et toujours par la France.

Pourquoi ? La France, oubliant vite, ne hait jamais, est toujours sympathique, quoi qu'il arrive. Elle ne reste pas, comme d'autres, aigrie, stérilisée par la haine. Au dernier siècle, elle haït si peu l'Angleterre, qu'elle l'imita et fit une Angleterre nouvelle en Amérique. Au dix-neuvième siècle, loin de haïr l'Allemagne, elle fera mille vœux pour qu'elle soit une vraie Allemagne, grande et libre, républicaine[1].

Hyères, janvier 1874.

---

1. Dans une autre préface, j'essayerai de combler les lacunes de celle-ci, au point de vue scientifique, artistique et religieux.

HISTOIRE
DU
DIX-NEUVIÈME SIÈCLE

LIVRE PREMIER

FRANCE. — ITALIE. — RUSSIE.

CHAPITRE PREMIER

Le nouveau Gouvernement. — Plus de lois ; des hommes.
Le choix des fonctionnaires.

Le 18 Brumaire eut l'effet d'une grande bataille qu'aurait gagnée la coalition. Jusque-là les Anglais étaient effrayés de la situation. Après leur capitulation de Hollande et la défaite de Zurich, ils croyaient que Masséna allait se jeter en Allemagne. Ils coururent après Souvaroff, le priant d'arrêter sa retraite rapide, lui offrant une armée qu'on solderait pour lui. Mais il était trop mécontent, ainsi que son maître le Tzar. Il s'en alla jusqu'en Russie.

La saison était avancée, il est vrai. Mais les Français, qui naguère avaient pris Amsterdam et la flotte hollandaise en janvier sur la glace, n'auraient pas été arrêtés, ils eussent poussé jusqu'à Vienne peut-être. L'archiduc eût-il vaincu Masséna, cette jeune armée, bouillante de son glorieux coup d'essai? On ne peut le savoir. Masséna, il est vrai, ne recevant rien de la France, devait être affamé. Mais il pouvait pousser de la Suisse en Bavière, dans des pays intacts encore. La nouvelle de Brumaire l'immobilisa.

Ce guet-apens eût été impossible, si les Anglais n'avaient gardé quatre mois la lettre accusatrice que Kléber avait écrite le 24 septembre sur la *fuite d'Égypte* et l'abandon, le dénuement où Bonaparte laissait l'armée. Cette lettre, surprise en mer, fut tenue secrète par les Anglais tant qu'ils crurent que Bonaparte rétablirait les Bourbons et que le Consulat n'était qu'une transition pour frayer le retour au roi.

Gohier, si honnête homme, mais dont la femme était amie de Joséphine, affirme que Bonaparte faisait des propositions à Louis XVIII, sans doute pour amuser les royalistes dans les commencements.

Pitt n'était pas encore sorti du ministère, mais déjà Addington gouvernait en réalité. Georges et Addington crurent que Bonaparte serait trop heureux de la grande fortune qu'allait lui faire Louis XVIII.

Les Anglais étaient si loin de comprendre la France, ignoraient tellement les siècles qui s'étaient écoulés en dix ans, qu'ils croyaient la restauration une chose possible et toute simple. Les Français n'ignoraient pas moins l'Angleterre, la prodigieuse révolution qu'y faisait alors l'industrie. Bref, le monde n'y voyait goutte, allait se battre dans la nuit.

Ce qui montre combien le 18 Brumaire était un coup incertain, hasardeux, c'est que non seulement il dépendait ainsi de la volonté des Anglais, et de la complaisance qu'ils auraient de taire l'accusation de Kléber; mais, en outre, de l'immobilité de Masséna, de la complaisance qu'il aurait, lui et son armée patriote, de ne pas marcher sur Paris. Cette armée de quatre-vingt mille hommes, presque toute sortie de la conscription, et qui avait le feu de ses vingt ans, eût marché pour la République, du même cœur que contre les Russes.

Bonaparte n'osa écrire, mais trompa Masséna par d'adroits envoyés qui lui firent croire qu'on n'avait agi que pour sauver la France. Masséna écrivit que, « fidèle à la République, il mettait toute sa gloire à la bien servir, attachait le plus haut prix à l'estime de Bonaparte[1] ».

Trois jours pour aller et trois pour revenir. Au bout de six ou sept jours, Bonaparte put recevoir la lettre du simple et crédule Masséna, apprendre qu'il restait en Suisse, et que Brune, qui avait un peu marché vers Paris, ne quitterait pas la Hollande. Alors, pleinement rassuré, il accomplit ce qu'atten-

---

1. Koch, *Histoire de Masséna*.

daient sans doute les Anglais et les émigrés, une proscription de jacobins.

Dans cet acte, imposé sans doute, il fit une chose hasardeuse, imprudente. Parmi une foule de noms peu connus, il proscrivit Jourdan. Ce général, en quelque sorte antique et vénérable, par le grand souvenir de Wattignies et de Fleurus, était resté un patriote de ces temps-là, et il était singulièrement odieux aux coalisés et aux royalistes par la loi de la conscription, proposée et obtenue par lui. Ce fut un grand triomphe : car cette conscription, pour sa première année, avait donné deux armées, deux victoires sur les Anglais, les Russes. Les premiers lui gardaient rancune, et ce fut sans doute pour leur plaire que le parti de l'émigration, plus anglais que français, dut demander à Bonaparte cette proscription absurde, impolitique, d'un général malade, vieilli avant le temps, esprit peu remuant et qui ne pouvait guère inquiéter le nouveau pouvoir.

On mit sur cette liste avec Jourdan nombre de jacobins, qui rappelaient des souvenirs sinistres, entre autres Fournier l'Américain; l'un des massacreurs des fameuses Journées de septembre. Outrage insigne pour Jourdan et pour les grands souvenirs républicains que son nom rappelait.

Au reste, la désapprobation que Bonaparte trouva, même chez les siens, le fit réfléchir que, par cet acte imprudent, il se proclamait royaliste et donnait lieu de dire qu'il vengeait les coalisés sur l'auteur même de la conscription.

Il effaça Jourdan, et dès lors songea mieux à jouer la neutralité, à bien représenter son personnage d'arbitre impartial.

Jusque-là quelle contradiction dans ses débuts, si troubles et si obscurs!... C'étaient ses frères, avec leur beau-frère Bernadotte, qui avaient relevé le club jacobin du Manège, chassé La Révellière-Lepeaux, comme trop peu jacobin. Et voici que Bonaparte, au 18 Brumaire, n'alléguait rien que la nécessité de s'opposer aux jacobins, à leur prétendue conspiration. C'était en réalité Lucien, le jacobin, le patriote, qui, disait-il, avait fait le 18 Brumaire, pour arrêter une conspiration jacobine.

Personne ne voyait clair dans cet imbroglio. Les royalistes croyaient qu'on avait travaillé pour eux. En réalité, Bonaparte s'appuyait moins sur les royalistes qui espéraient la restauration des Bourbons, que sur les quasi royalistes, c'est-à-dire sur la masse immense qui dominait Paris, les riches, les amis intéressés de l'ordre, la banque et le commerce; au total, une foule indifférente à tout gouvernement, mais qui jugeait qu'une magistrature monarchique dans une ferme main militaire donnerait plus de repos et plus de fixité. Beaucoup pensaient que Bonaparte attacherait sa gloire à reproduire le grand Américain qui mourait alors, Washington, et pour qui Bonaparte fit une fête funéraire.

Dans les commencements, dit Bourrienne, quoiqu'il aimât les royalistes, il s'en défiait, et, pour les places, prenait plutôt des révolutionnaires, — sûr au moins que ceux-ci ne voulaient point rappeler les Bourbons.

Il est certain que Bonaparte, en supprimant toutes les garanties de la constitution, parut avoir l'idée de justifier le mot d'un député : « Notre constitution est la meilleure; elle est écrite *au cœur* d'un grand homme. »

Le choix des fonctionnaires était tout dans un pareil gouvernement, chacun d'eux disposait d'un arbitraire immense.

Pour bien choisir, il eût fallu connaître parfaitement tous les hommes publics des dernières années, par les listes électorales où le plan de Sieyès faisait entrer le personnel connu de toute la Révolution.

Telle n'était pas l'idée de Bonaparte. Se défiant des royalistes, ayant horreur (il le disait) des jacobins, il ne pouvait manquer de se trouver embarrassé. Il demanda des listes, des renseignements à tout son entourage, généralement peu digne de confiance, médiocre et léger, comme son secrétaire Bourrienne, qui nous a transmis quelques parties de ces listes. On y voit, ce qu'on attendait peu, c'est que la plupart des recommandés lui sont présentés comme *patriotes*, même *républicains*, mais républicains modérés, qui ont fait bien peu parler d'eux, de ceux *dont la réputation n'effraye aucun parti.*

L'un, longtemps *commissaire*, a prouvé ce qu'il pourrait être dans une place plus élevée (c'est Dubois, préfet de police). L'autre, à qui Bonaparte confie la préfecture de la Seine, a tous les mérites du monde, surtout celui d'avoir été l'intime ami, l'inséparable conseil du ministre de la police Cochon de Lapparent. Le royalisme ne nuisait pas dans l'esprit de Bonaparte, puisqu'on lui recommande Chauveau-Lagarde, et Regnault de Saint-Jean-d'Angely, qui au 13 Vendémiaire présidait une des sections insurgées.

En réalité, beaucoup de ces hommes, et les rouges et les blancs, étaient devenus incolores, ne tenant qu'à leurs places et aux traitements, énormément grossis sous ce nouveau régime qu'on avait présenté comme celui de l'économie.

L'insignifiance de ces fonctionnaires, leur douceur (dans les commencements), la simplicité de la vie du Premier Consul, semblaient parfaitement calculés pour endormir le monde. Tous les bruits de la République avaient cessé.

La majorité des marchands était plutôt ravie de la sourdine qui se mettait à toute chose. Bonaparte était un modèle de la vie modeste et toute bourgeoise que peut mener un homme public. Il allait passer les dimanches à la campagne avec sa famille, sa femme, et les enfants de sa femme, Eugène et Hortense, qu'il aimait beaucoup. Il couchait avec Joséphine, qui, raccommodée avec lui, profitait volontiers de cette intimité en faveur d'une cour de nobles mendiants, d'émigrés qui s'attachaient à elle, et partout célébraient sa bonté.

Dans la semaine, l'unique récréation de Bonaparte était de se promener le soir avec son secrétaire Bourrienne, Duroc, et autres, dans un jardin public ou dans les rues marchandes, d'entrer dans les boutiques où il sondait l'opinion. Un jour, il s'avisa de dire : « Mais que fait donc ce farceur de Bonaparte ? » La marchande fut scandalisée de cette manière peu respectueuse de parler du Premier Consul, et le mit presque à la porte ; il fut ravi.

Avec ce grand apaisement, la lettre de Kléber, que les Anglais lâchèrent enfin, n'eut pas le moindre effet. Venue à temps, elle eût enterré Bonaparte dans un abîme de honte. Mais arrivant si tard, elle fut à peine lue et connue, tandis qu'on put voir partout affichée, sur les murs, la proclamation du Premier Consul où il disait aux soldats *d'avoir confiance en Kléber*. Par ce manège habile il se mettait à couvert. La lettre d'accusation n'avait plus de sens.

Ainsi la crédulité niaise du parti royaliste et du nouveau ministère anglais avait été amusée quatre mois. Pendant ce temps Bonaparte avait pu à son aise lancer et faire jouer la honteuse machine qu'il appelait la constitution de l'an VIII.

On avait tant parlé de *déficit* et accusé le Directoire que tout le monde désirait que le premier magistrat fût un comptable sévère, un calculateur intraitable. Sa sèche figure y prêtait. Plusieurs de ses portraits d'alors sont ceux qu'on imaginerait pour un avare ; il ne négligeait rien pour obtenir cette réputation d'âpre dispensateur de la fortune publique. Il faisait croire que, malgré tant d'occupations, il refaisait les comptes, les calculs, découvrait des erreurs dans les additions.

L'administration fut sévère, mais coûteuse, par les gros traitements, la création des receveurs généraux, d'une foule d'employés. Il supprima l'emprunt progressiste qu'avait créé le Directoire, dégreva les riches, de sorte que le fardeau retomba sur le pauvre. Il autorisa les principaux banquiers à créer la Banque de France, qui, n'ayant qu'une mise de trente millions, est autorisée, comme on sait, à faire des billets pour soixante, et par là à primer tous les négociants, qui n'ont pas ce droit de donner leurs billets comme argent, le droit de faire une monnaie de papier.

Toute l'administration financière fut organisée par le consul Lebrun, et par Gaudin (duc de Gaëte).

Rien de neuf, ni d'original, dans la constitution nouvelle, rien qui ne soit copié de Louis XIV ou de l'empire romain.

Les préfets de César, ou les intendants de Richelieu, de Colbert, s'y trouvent aux préfectures de chaque département : « Partout, disait Bonaparte lui-même, ces préfets sont des consuls au petit pied. »

Des écrivains d'opinions très différentes, Gohier, M. Barni et M. Duvergier de Hauranne, ont parfaitement décrit et jugé cette constitution. Elle se résolvait dans un individu, le Premier Consul [1]. Les deux autres consuls, Lebrun, Cambacérès, n'avaient que voix consultative. Cambacérès était un de ces légistes

---

1. Il avait mis une distance marquée entre lui et les deux autres consuls... Dans les actes du gouvernement on ne voyait à la fin que sa signature seule, il tenait seul sa cour, soit aux Tuileries, soit à Saint-Cloud, recevait les ambassadeurs avec les cérémonies usitées chez les rois, etc. *Mém.* de Mme de Rémusat, t. I, p. 174.

prêts à soutenir tous les pouvoirs. Lebrun avait été un des aides du chancelier Maupeou pour manipuler le Brumaire de Louis XV, la banqueroute.

Voilà l'*exécutif* : en tout, le bras de Bonaparte.

Quant au *législatif*, vraie machine de Marly, il avait trois roues superposées : un Tribunat qui discutait sans voter; un Corps législatif qui votait sans discuter; ce corps était nommé sur une liste de notables, qui pouvaient être réélus indéfiniment; enfin, un Sénat dont les premiers membres furent nommés par les consuls.

Le plus fort, c'est que les juges criminels et civils étaient nommés par le Premier Consul, qui se trouvait dès lors l'unique arbitre des biens et de la vie de tous.

Ainsi plus d'élection, plus de représentation nationale. Nulle participation du peuple à la confection des lois. En tout, au lieu d'un peuple, *un homme*.

Même néant dans l'organisation administrative. La loi partait de cette idée que la commune, l'arrondissement, le département sont incapables, non seulement dans les affaires de l'État, mais dans leurs propres affaires; donc, il faut toujours les tenir en tutelle sous une sagesse supérieure qui ne peut résider qu'au centre même du gouvernement. Plus de vie locale. On attendra, on subira l'unique impulsion d'en haut, transmise par des fonctionnaires dépendants et révocables.

Cette organisation supposait qu'au centre il y avait un esprit de lumière et d'action, qui pouvait, à lui seul, agir, penser pour un grand peuple, et répondre à la pensée exprimée par Sieyès, un peu ironiquement peut-être, le lendemain du 18 Brumaire ; il dit : « Il ne faut pas s'y tromper, Messieurs, nous avons un maître qui sait tout faire, qui peut tout faire, et qui veut tout faire. »

Dans cette superbe machine de génération anormale, des pouvoirs fortuits s'engendraient les uns les autres sans droit, cause, ni raison d'être, sans autre base que l'idée qu'on avait d'une grande force à laquelle nul n'eût résisté. Cette force existait-elle ailleurs qu'en l'imagination ? L'armée la plaçait dans le peuple, et le peuple dans l'armée. Paris croyait voir toujours Bonaparte entouré du pouvoir militaire, de nos invincibles légions. Cependant si l'on eût fait voter l'armée de Brune et celle de Masséna, il est sûr qu'elles eussent voté pour la République et contre le pouvoir absolu. D'autre part, si l'on eût fait voter la masse des royalistes et demi-royalistes après le meurtre du Vendéen Frotté, certes, tous ces royalistes auraient voté contre Bonaparte.

De sorte que le 18 Brumaire, appuyé sur le mensonge d'une prétendue unanimité, n'avait pour lui aucun des hommes prononcés dans les deux partis, mais en grand nombre les marchands, et les marchands d'argent ou banquiers, c'est-à-dire les partisans de la stabilité à tout prix, les riches qui craignaient que la justice ne fût mise enfin dans l'impôt, et que Bonaparte rassura, en supprimant, tout d'abord, l'emprunt ou l'impôt progressif.

Cette classe, uniquement préoccupée de son argent, ne s'aperçut elle-même du rigoureux gouvernement qui s'était établi qu'en voyant d'impitoyables proscriptions atteindre, non seulement après Brumaire, mais vers la fin de cette année, des masses d'hommes, soupçonnés de conspiration, sans la moindre preuve.

Personne ne se souvint de ce que Lucien avait dit la nuit du 19 Brumaire aux quelques députés qui se rassemblèrent encore pour représenter le Corps législatif : « Que, dans trois mois, les nouveaux magistrats rendraient compte à la nation. »

Personne ne se souvint que, même pour obéir à la constitution, il fallait que le peuple y donnât son approbation préalablement à toute chose [1].

Cette misérable constitution, avant d'être faite, ni votée, était déjà suspendue, en ce qui touchait l'Ouest, les départements de Normandie, de Vendée, par une proclamation sauvage *qui attribuait aux soldats* (et aux habitants soumis) *les biens des communes insoumises*, et cela par petits lots pour créer une foule de petits propriétaires (d'autant plus tenaces). Bonaparte mit d'abord une ardeur terrible et toute personnelle à poursuivre et frapper leur chef, Frotté, vaillant homme qui, du bocage Normand, s'était souvent avancé avec succès en Normandie, avait fait contre Bonaparte une proclamation satirique, et cruellement

---

[1]. Sur la constitution de l'an VIII, c'est-à-dire sur l'asservissement de la France, l'auteur principal et excellent est Gohier; ajoutez les modernes, MM. Barni, Duvergier de Hauranne, Hamel, et M. Lanfrey, ici fort étendu et lumineux.

exacte, accompagnée d'une gravure représentant le grand homme évanoui et retombant aux bras de ses grenadiers.

On attira Frotté par la promesse de sa grâce; il revint et fut fusillé.

CHAPITRE II

Lutte de la France et de la Russie. — Nelson et Souvarow en Italie.

L'histoire offre parfois des discordances extrêmes, des contrastes heurtés, et comme des caricatures, lorsque des peuples éloignés de génie, d'habitudes, sont fortuitement rapprochés par des hasards de guerre, de politique. C'est ce qui arriva à la rencontre de deux siècles (de 99 à 1800, 1801) lorsqu'au milieu du duel séculaire de la France avec l'Angleterre et l'Allemagne, un nouveau personnage apparut, la Russie.

Non la fausse Russie de l'Allemande Catherine ; mais la vraie Russie du tzar Paul, de son général Souvarow.

Paul, caractère fantasque et discordant, mais bon, sensible, généreux, ami du droit, de la justice et voulant par tout sacrifice faire triompher la justice en ce monde.

D'abord crédule à notre émigration, en qui il

s'imaginait voir la vraie France, il embrassa cette cause. La sœur de Marie-Antoinette, la reine de Naples, Caroline réussit à l'intéresser, et quand déjà les Anglais et Nelson la défendaient, Paul envoya en Italie cent mille hommes avec son vaillant Souvarow, qui renversa tout devant lui jusqu'à ce que Masséna le vainquit à Zurich.

Puis, dégoûté de ses alliés qui l'avaient fort mal soutenu, Paul regarda la France, alors pacifiée; il regarda l'Europe, dont toutes les puissances maritimes se plaignaient des Anglais.

Leur tyrannie sur mer, leurs violences aux Indes et dans tant de pays lointains contrastent avec les habitudes singulièrement régulières, ordonnées, que prenait l'Angleterre industrielle d'alors. C'est que, dans ce pays de grands contrastes, des mœurs et une vie différente avaient en réalité créé deux peuples différents, dont le second, sur la mer et dans des régions peu connues, gardait une violence sauvage.

L'idée de pouvoir tout les enivrait, et leur arrogance ne s'adressait pas seulement aux Indiens, mais à tous ceux qu'ils rencontraient en mer. Malheur aux peuples faibles et désarmés sur lesquels les Anglais avaient si facilement l'avantage qu'on n'a ailleurs qu'à force de courage et de luttes mortelles ! malheur aux petites nations européennes qui, devant un vaisseau anglais, étaient obligées de venir se soumettre à des visites humiliantes, et souvent à mille avanies! Tout cela sous le prétexte de la sûreté de l'Angleterre, mais exercé également dans les mers les plus éloignées.

Nous avons vu de même que la nécessité de recruter, de garder à tout prix des armées dans des climats mortels et naturellement corrupteurs comme celui de l'Inde, impliquait non seulement des dépenses et des exactions incroyables, mais beaucoup de licence en choses qui choquaient le plus les indigènes. J'en ai parlé surtout dans une note du tome deuxième. Ces bacchanales militaires jusque dans les tombeaux, ces nocturnes banquets dans des lieux révérés, la cavalerie prenant pour ses étables le vaste sépulcre d'Akbar, toutes ces orgies se répétaient presque en Europe aux fêtes effrénées qu'on donna à Nelson, sur les ruines antiques des villes ensevelies que l'on déterrait près de Naples.

Les portraits, et surtout une admirable représentation en cire, montrent Nelson fort petit, l'air rogue et dur, ce qui est rare chez les vrais héros.

Il était fils d'un ministre, et il resta toujours un parfait anglican. A Aboukir, ayant reçu une blessure qu'il croyait grave, il appela les secours spirituels, mais très expressément ceux d'un chapelain de son église.

Puis, tout à coup à Naples, il subit une étrange métamorphose.

On a cent fois conté cette scène, si l'on veut pittoresque, mais en réalité honteuse et déplorable.

Au milieu de l'étourdissement de son bruyant

triomphe, il tomba au piège le plus indigne, pris par une fille, Emma, qui était connue dans la prostitution par une exhibition publique. Elle avait quarante ans ; c'était une grosse femme, belle encore. Ses formes, rapprochées de l'antique, avaient plu à l'antiquaire Hamilton, un Écossais bouffon, qui trouva plaisant de l'épouser (quoique ambassadeur d'Angleterre). Elle avait du talent pour la mimique, et le prouva, en jouant à l'arrivée de Nelson une scène d'admiration, d'amour pour le héros, exagérant ce rôle jusqu'à se trouver mal et tomber dans ses bras. Il fut pris, la suivit comme un dogue suit son maître. Fort sage jusque-là, il fut d'autant plus fou. Dans cette chaîne honteuse, comme un aliéné, il écrivait son bonheur à tout le monde, même aux lords de l'amirauté, ce corps de vieux marins, qui durent ne rien comprendre à ce dégradant esclavage.

On ne voit pas moins dans les lettres de Nelson le mépris que le rude marin rendait à l'Italie en échange de son accueil, et comment il jugeait ce peuple ingénieux. Il se montre indigné des mœurs de Naples, la méprise profondément.

Il ne sait pas que la corruption de ces grandes villes du Midi, mêlée d'art, même de haute culture, est moins dégradante pour l'âme que l'obscure et boueuse corruption du Nord, les vices des Barbares.

Naples, et ce qu'on appela jadis la Grande Grèce, outre l'art, a aussi ses côtés sérieux, le génie juridique, métaphysique ; c'est le pays d'Archytas, Archimède, Pythagore, Vico, etc. Au dix-huitième siècle, les Italiens, disciples de nos philosophes, n'en eurent pas l'ironie, mais une extrême douceur qui attendrit quand on pense à leur sort. Et avec cela un très rare équilibre, une harmonie de caractère merveilleuse [1].

L'Italie n'exerça sur lui d'autre vengeance que sa séduction. Elle le fit connaître dans sa brutalité sauvage et dans sa violence comprimée jusque-là.

L'expédition du roi de Naples et de son général Mack à Rome, se portant comme libérateurs de l'Italie est une chose burlesque, sur laquelle tous se sont égayés ! Nelson, alors à Naples, put voir en ce moment qu'il y avait en réalité deux villes en une, absolument contraires, et qu'indépendamment de la *plèbe* du port, dévote et corrompue, une grande ville civilisée existait, fort opposée à la ville barbare.

Toutes contraires que fussent les deux villes, celle d'en bas regardait ce que faisait l'autre, et quand elle la vit éloignée de l'Anglais, elle-même s'en éloigna. Nelson se trouva seul.

Une poignée de Français sous Championnet était près de Rome, et sans difficulté défit la grande armée de Mack. Le roi s'enfuit des premiers, et Mack,

---

[1]. Elle apparaissait bien frappante dans un jeune homme qu'ils élevèrent, qui ne put remplir son destin; je parle de Paoli, qui, aux yeux des Anglais tout comme des Français, sembla un idéal de la perfection humaine. Dans son pays de contrastes sauvages, quelle patience résignée, quelle force de douceur il montra!

menacé au retour par les lazzaroni, fut heureux de trouver refuge au camp même de Championnet. Le roi et son trésor, la reine, furent amenés par Emma sur les vaisseaux de Nelson, qui les mit en sûreté à Palerme.

Là, on put voir la douceur italienne parfaitement d'accord avec la générosité française. Quand, à leur tour, les vrais Napolitains furent maîtres avec leurs amis les Français, tout fut ménagé, respecté. Championnet, ne recevant rien de la France et forcé (pour nourrir les siens) de rançonner Naples, n'en était pas moins adoré.

La scène changea fort, lorsque d'une part les Anglais, d'autre part les brigands de la sauvage Calabre, lancés par le cardinal Ruffo, ramenèrent dans la ville la reine avec Emma, son mignon sanguinaire. Celle-ci brûlait de se venger des moqueries que les dames italiennes faisaient d'elle et de ses services honteux près de la reine. Les bustes que nous avons de celle-ci effrayent par un mélange d'expression vicieuse et furieuse que n'ont pas ceux de Messaline.

Naples eut alors un cruel carnaval de désordres, de violences, où la différence des races ajoutait des contrastes hideux. On vit des marins anglais, protestants, associés aux brigands fanatiques, offrir à l'amiral dans des paniers de fruit des têtes de républicains [1].

---

[1]. Voy. le *Nelson* de Forgues, qui résume les documents anglais.

Emma exigeait des supplices et les ordonnait à Nelson. Les prisonniers français, malgré une capitulation, y auraient passé sans l'amiral de la flotte russe, qui ne le permit pas.

Alors les deux sanguinaires femelles se donnèrent le plaisir de tuer les grands patriotes de Naples l'élite de l'Italie, et elles le firent lâchement, non pas sur la terre italienne, mais sur les vaisseaux anglais, à la vergue de Nelson.

Au reste, celui-ci agissait comme un homme ivre, étranger à l'Angleterre, n'obéissant même pas à ses chefs, qui l'envoyaient ailleurs, disant qu'il resterait à Naples pour protéger la reine (juin 99).

Les succès passagers de Souvarow, sans résultat comme ceux de Championnet qui avaient précédé, pourront être racontés par d'autres. Souvarow, après Novi, où notre Joubert fut tué, se trouvait bien haut dans la gloire, le héros des Russes, et celui du parti rétrograde, dans toute l'Europe, lorsque, mal secondé des Autrichiens, il eut de Masséna sa sanglante défaite de Zurich. Cette bataille multipliée, qui se donna sur tant de théâtres différents, ne peut être comprise sans cartes et sans les commentaires des historiens militaires.

Tous disent que le héros barbare s'y montra grand autant que le nôtre fut habile. Dans cette extrémité où il avait contre lui la faim, les neiges les Alpes impitoyables qui, de tous côtés, fermaient le chemin, on raconte qu'il dit aux siens :

« Creusez ma fosse, je n'irai pas plus loin. Je veux mourir ici. »

Cela toucha les Russes. Ils tinrent ferme, emportèrent leur vieux général, et, malgré leurs pertes énormes, ils franchirent ces défilés terribles et se retirèrent pas à pas.

CHAPITRE III

*Campagne de mai 1800. — Passage du grand Saint-Bernard.
Famine de Gênes. — Masséna abandonné.*

Bonaparte, déjà maître de nos destinées, pensait, et avec assez de vraisemblance, qu'un gouvernement enlevé par surprise ne pouvait être gardé que par des surprises continuelles. Il fallait tenir la France dans cet état de demi-rêve où, voyant des choses naturelles, sans en bien saisir les causes, elle se dit : « Je ne comprends pas. »

Ce faiseur de miracles, issu de la superstition d'une Corse, pleine de foi en la bonne aventure, en resta là toute sa vie, fidèle à son génie de grand faiseur de tours, et terrible à tous ceux qui y regardaient de trop près.

Il y parut après Brumaire, où Frotté paya de sa vie d'avoir osé s'amuser du héros, de l'instant de faiblesse qui faillit le rendre ridicule.

Il était nécessaire que Bonaparte se relevât par une guerre, une bataille heureuse et solennelle qui

pour longtemps saisît tous les esprits. Il avait dit :
« Il faut risquer le tout pour le tout. »

L'occasion ne s'en présentait que trop. Les Anglais, à qui nos royalistes avaient donné tant de fausses espérances sur Bonaparte, se voyant trompés, avaient fait un grand effort d'argent, et couvraient la mer de vaisseaux, croyant déjà tenir Gênes, Toulon, Marseille. D'autre part, le monde du Danube, le monde austro-hongrois, extravasé en Italie, serrait Gênes et déjà le Var. Si Gênes était lâchée par nous, la Provence et le Rhône bientôt seraient envahis. La panique était grande dans tout notre Midi parmi les patriotes, les acquéreurs de biens nationaux, pour qui l'invasion eût été le signal d'un massacre. Ils regardaient vers Gênes, où Masséna, avec dix-huit mille hommes, tenait de sa main héroïque, obstinée, l'ancre de salut de la France. S'il lâchait, tout était fini...

On le connaissait bien, du reste, et, quoi que Bonaparte eût fait pour le déshonorer en 98, et l'eût joué misérablement en Brumaire (99), on pensait qu'il tiendrait à Gênes tant qu'il pourrait donner au soldat un morceau de pain.

Ainsi le grand espoir de celui qui venait de tuer la République était dans le héros républicain, et en deux hommes qui avaient aussi à se plaindre de lui : Moreau, Carnot.

Moreau, qu'il avait avili, le constituant en Brumaire geôlier du Directoire ;

Carnot, son protecteur, envers qui il se montra si

ingrat en Fructidor, Carnot se laissa faire ministre de la guerre[1]. Et il fit plus; il alla trouver Moreau à l'armée d'Allemagne, obtint de lui que, au milieu de ses succès, il risquât de les interrompre en prêtant dix-huit mille hommes à l'armée d'Italie. Ainsi Carnot, ainsi Moreau, assez faibles républicains, aimaient tellement la France, qu'ils étaient prêts à lui faire les plus grands sacrifices.

Sans ces dix-huit mille hommes et celui qui les conduisait, Lecourbe, le principal héros du Saint-Gothard en 99, le plan audacieux de Bonaparte eût été impossible.

Ce n'était pas moins que de passer tous les cols

---

[1]. Pour augmenter l'effet du miracle qu'on préparait à Bonaparte, on suppose d'abord un miracle préalable, celui d'une Grande-Armée, organisée sur-le-champ. Mais où étaient donc les vainqueurs qui avaient frappé les deux grands coups sur la vaillante et fanatique armée russe, sur l'armée anglaise si exercée. « Les soldats, dit-on, étaient sans armes, sans habits, sans approvisionnements... »

Sans doute Berthier, excellent secrétaire pour une volonté absolue, mais mauvais et prodigue administrateur, avait pu, depuis le 18 Brumaire, désorganiser ces armées victorieuses. Carnot fut habile pour refaire en vingt jours ce qu'on appelait l'*armée de réserve*, une force de cinquante mille hommes, qui, venue de Hollande, de Vendée, de Paris, se réunit sans bruit à Dijon et en Suisse, et que les Autrichiens croyaient devoir se diviser entre l'armée d'Allemagne et celle d'Italie, entre Moreau et Masséna.

Tout récemment Bonaparte avait dit dans sa constitution que les consuls ne sortiraient pas du territoire de la République, voulant faire croire que lui Bonaparte resterait à Paris, et sans doute ne ferait plus la guerre. L'*armée de réserve* fut nominalement sous Berthier.

Jamais les coalisés n'avaient eu plus d'espérance. Nos royalistes, joués par Bonaparte dans la surprise de Brumaire qu'ils avaient crue naïvement faite pour eux, et, d'autre part, comprimés en Vendée, en revanche se croyaient sûrs du Rhône, de Marseille, et, voyant les Autrichiens déjà en Provence et sur le Var, auraient livré Toulon pour la seconde fois. Les flottes anglaises tenaient toute la mer. L'obstacle unique, le grand poste qui les arrêtait, était la seule ville de Gênes, défendue par Masséna avec sa petite armée. Toute la pensée de l'Europe était à Gênes, entourée d'une mer d'ennemis.

des Alpes, surtout le Saint-Bernard, *en un instant*, et de fondre sur la droite des Autrichiens, surpris, tout occupés de Gênes et de l'invasion projetée de la France.

De telles surprises, qu'on peut espérer avec de fort petits nombres, étaient-elles possibles avec les soixante mille hommes que Carnot lui forma en vingt jours, et qui se trouvèrent à Dijon, à Lausanne, sous le nom fallacieux *d'armée de réserve*, piège grossier qui pourtant trompa les Autrichiens, tant la passion nous rend sourds et aveugles!

Bonaparte, de son côté, rêvait la conquête de l'Italie. Il se souvenait de l'effet merveilleux qu'avait eu à Paris la campagne du Tyrol en 96, où il traversa les Alpes orientales et où le rapide succès de Masséna le mit presque aux portes de Vienne. Cette fois, il se proposait un plan plus hasardeux ; traverser les grandes Alpes de l'occident, *sans que l'ennemi s'en doutât*, tomber sur lui, pendant qu'il regardait Gênes et la Provence.

Ce plan supposait dans le général autrichien Mélas une obstination prodigieuse et une obéissance illimitée aux Anglais, qui, payant la guerre et voulant Gênes à tout prix, le tiendraient là, et, à tout bruit entendu du côté des Alpes, lui diraient toujours : « Ce n'est rien. »

Le plan de Bonaparte, vraiment beau, poétique, supposait des chances compliquées, improbables.

Une surtout : que cette armée, jeune en grande partie, se trouverait au niveau de celles d'Italie et d'Égypte pour faire des miracles d'activité guerrière et de dextérité en chose si nouvelle, et contre un ennemi nouveau, formidable : les Alpes !

Eh bien, cela se fit. L'autre miracle, la prudence du général à tout prévoir ne se trouva pas au même degré.

Lorsque l'armée commençait à passer, et que Bonaparte, encore en Suisse, à Martigny, en attendait des nouvelles, on lui dit qu'on ne passait pas. Sur le versant italien, un fort défendait le passage. Il en est ainsi sur toutes les routes du Piémont. Elles sont toutes célèbres par les efforts qu'ont faits jadis nos armées pour les prendre. Ce fort, celui de Bard, avait été mal reconnu. Bonaparte finit par y aller lui-même, mit une batterie sur une hauteur qui était en face, ce qui avança peu, car le fort tint encore plusieurs jours. On passa donc sous son feu, mais rapidement, en garnissant de paille les roues des caissons et des lourdes voitures.

On se trouva en Piémont, et sur la route pour aller secourir Masséna. Il avait promis de tenir dans Gênes jusqu'au 24 mai. Il tint dix jours de plus, sans vivres, dans une horrible détresse, et, par sa persistance, sauva Bonaparte en retenant les Autrichiens, qui auraient été sans cela libres à temps pour recevoir nos Français divisés, les sabrer, corps par corps, à chaque débouché des Alpes. Car les uns arrivaient par le Simplon, d'autres par le Saint-Gothard, etc.

Bonaparte, ayant couché à Ivrée, dut aviser s'il

tournerait à droite ou gauche. L'humanité, la reconnaissance, le patriotisme, lui conseillaient la droite pour sauver Masséna et Gênes, la France peut-être. Car qu'eût-il fait si Mélas, déjà maître du Var, eût suivi nos émigrés qui l'introduisaient en Provence? Mélas eût été fort aisément à Marseille et à Lyon.

Quelle était la position de Masséna? Horrible. On avait mangé tout, chevaux, chiens, chats et rats. Les soldats, se voyant abandonnés de la France, désespéraient; affaiblis par le jeûne, ne pouvant plus se tenir debout, ils avaient obtenu de s'asseoir par terre pour faire leur faction. Pauvres Français! ils mouraient en silence.

Il n'en était pas de même des Génois. Ce peuple criard, nerveux, convulsif, presque épileptique, ne mourait qu'avec un bruyant désespoir. Il fallait pour y résister un homme du pays, un homme de caillou, tel que Masséna.

Une si grande ville n'est pas, comme un fort, une garnison qu'on peut comprimer. Des scènes terribles avaient lieu. Ces Italiens avaient des morts théâtrales et tragiques sur le passage et sous les pieds de Masséna. Ils arrivaient parfois en processions de cinquante mille âmes. Il y en eût une, effroyable par la quantité des affamés qui se traînaient, et des quasi-squelettes qui arrivaient, effrayants de maigreur, faisaient claquer leurs os. A leur tête s'avançait un gros capucin criant : « Seigneur général, ayez pitié de la *povera gente!* »

Masséna vit très bien que le Père était Autrichien.

D'abord il le regarda de l'air qu'ont les torrents de Gênes, gris, mornes, impitoyables...

Puis, le regardant mieux, il lui dit du ton caverneux d'un estomac profond et profondément vide : « Mon Père, vous êtes gras ! » Le capucin frémit et se troubla.

Puis, redoublant avec cet air sauvage que son profil de loup à dents blanches rendait expressif : « Mon Père, dit-il encore, mon Père, vous êtes gras ! » Le capucin, tremblant, pâlit et recula, puis s'enfuit à toutes jambes en trébuchant sur l'escalier de marbre, et tout le peuple le suivit[1].

---

1. Après Marengo, Bonaparte eut un mouvement de justice pour Masséna qui, en tenant dans Gênes dix jours de plus qu'il n'avait promis, donna le temps à Bonaparte de recevoir Lecourbe, Desaix et l'élite invincible de l'armée. Bonaparte lui dit : « Sans la défense de Gênes, point de Marengo. » Et cependant — Masséna, qui, avant la bataille de Zurich, eût été, sans Barras, victime des intrigues de Bernadotte, éprouva cruellement, après sa défense de Gênes, l'ingratitude de Bonaparte qui, même à Sainte-Hélène, le calomnia odieusement.

Moi qui ai tant de fois observé et décrit l'astuce des Jésuites et leurs indignes tours, je trouve Bonaparte supérieur en scélératesse contre l'homme qui, en faisant réussir sa folle entreprise, l'avait porté au ciel dans l'opinion. Masséna avait reçu avec enthousiasme de tous le commandement de l'armée qui allait reconquérir l'Italie. Mais comme il connaissait son Bonaparte, se rappelait ses calomnies pour Rome en 98, il prit ses précautions, il publia le total des recettes et dépenses depuis qu'il commandait. Contre une telle publicité Bonaparte furieux n'osa employer son compère ordinaire Berthier ; il alla trouver le crédule Carnot qui, de tout temps, haïssait Masséna, comme la gloire du parti jacobin, et comme ami de La Révellière-Lepeaux, Carnot eut la faiblesse de prêter son nom à une indigne accusation. Un secrétaire de Masséna, Morin (qui, naguère accusateur public, avait poursuivi un des frères de Bonaparte) fut accusé d'avoir fait des faux, « *sans doute au profit de Masséna* », puisque Masséna fut destitué (voy. Koch, t. IV, p. 337). On ne trouva nulle preuve contre Morin. Et Bonaparte fut quitte auprès de Masséna en lui disant : « Je gronderai Carnot. » Le tour était joué.

Comment Masséna se résigna-t-il ? Par la grande espérance qu'on lui donnait en Orient. Voir plus bas.

CHAPITRE IV

Marengo (14 juin 1800). — La bataille perdue et gagnée.

L'effet désiré fut produit. On sut à Paris par de triomphants bulletins que Bonaparte était entré à Milan. Et l'on ne douta pas qu'il ne fût déjà vainqueur. La parole du 18 Brumaire semblait être exacte. On crut le voir descendant les Alpes avec ses dieux : *La Guerre et la Fortune*, et en un instant traversant, domptant l'Italie.

Dans la réalité, il n'en avait que la place qu'occupait son armée, pas même Milan entièrement, car le château tenait encore. Ni Mantoue ni aucune des grandes forteresses n'étaient sorties de la main de l'Autriche. La nécessité d'attendre Moncey, qui lentement débouchait des Alpes, obligea Bonaparte de rester huit jours à Milan, au milieu de la joie, des transports [d'un peuple qui se croyait sauvé.

Il y resta dans les fêtes, du 2 au 9 juin, pendant qu'on mourait à Gênes. Le 4, Masséna eut la douleur de se rendre, après avoir tellement prolongé la résistance. Les Autrichiens lui accordèrent les plus belles conditions. Mais les Anglais tirèrent sur lui, lorsqu'en barque il sortait du port, prétendant que les Autrichiens, qui dépendaient de l'amiral Keith, n'avaient pas le droit d'accorder cette capitulation ni de prendre Gênes.

Bonaparte, après le triomphe, devait enfin penser à la victoire, à son ennemi fortifié. Si la cour d'Autriche, selon sa méthode, n'avait obligé Mélas d'éparpiller ses forces, de garnir tant de places, il aurait eu sur Bonaparte une écrasante supériorité. Cent mille hommes contre cinquante mille. Mélas, réduit par ce système, ne se trouva pas plus fort que Bonaparte. Murat ayant pris Plaisance, Lannes Montebello, après un sanglant combat que Lannes lui-même trouva effroyable d'acharnement, Bonaparte arriva dans la plaine de Marengo, sur la Bormida, en face de l'armée de Mélas. La voyant ramassée dans ce bassin, il disait l'avoir enfermée. Mais cette armée, qui en partie était l'élite de la Hongrie, eût bien pu lui en dire tout autant.

Desaix, arrivé fort à propos d'Égypte et de Provence, fut mandé en hâte par Bonaparte, qui craignait qu'une nouvelle armée amenée pendant la bataille ne vînt de Gênes et ne tombât sur lui. Il envoya Desaix observer la route vers Novi. Mais, dès midi ou une heure, voyant ses trois lignes enfoncées, sauf la seconde, qui, sous Lannes, tenait encore, il le rappela, montra à Desaix le champ de bataille, demanda ce qu'il en pensait. Desaix regarda sa montre, dit : « C'est une bataille perdue, mais il est de bonne heure ; nous en gagnerons une autre. »

Mélas avait vraiment vaincu. Cet homme de quatre-vingts ans, qui depuis quinze heures était à cheval et avait eu deux chevaux tués sous lui, tombait de fatigue ; il rentra dans Alexandrie pour prendre quelque repos, et fit mander partout qu'il avait gagné la bataille.

La reine de Naples, qui allait à Vienne, apprit en route la bonne nouvelle, crut la France vaincue à jamais, et se livra à d'indécents transports qui devaient bientôt se changer en pleurs.

Même à Paris, les impressions étaient diverses. Un conciliabule s'était formé pour savoir qui succéderait à Bonaparte s'il périssait. On hésitait entre La Fayette, Moreau, Brune et Carnot. Et l'on eût choisi le dernier comme un nom plus conciliant entre les partis. Fort tard, on apprit la victoire [1].

Elle tint en partie au hasard. Le vaillant Zach, à qui Mélas laissait le commandement, était myope. Il crut que Masséna arrivait, et il prit Desaix pour l'un des siens, le rencontra, et se fit prendre.

Desaix, avec des dons supérieurs et toutes les vertus de l'homme et du soldat, était un sensible et fidèle Auvergnat qui avait besoin de s'attacher, d'aimer et d'obéir ; il prit pour son idéal celui qu'il

---

1. Carnot, *Mémoires*, t. II, p. 251.

connaissait bien mal, Bonaparte. Et dans cette occasion, où il s'exposait pour la France, on peut croire aussi qu'il était heureux de se dévouer pour son héros. Il chargeait à fond perdu, lorsqu'il fut frappé d'une balle en pleine poitrine. Napoléon lui a prêté de vaines paroles qu'il ne dit pas. Son seul sentiment fut de craindre pour l'armée et la bataille. Il prononça un seul mot : « N'en dites rien. »

On le retrouva, reconnaissable à son épaisse et noire chevelure[1]. Il vainquit après sa mort. Car le jeune Kellermann et ses cuirassiers, que Desaix avait amenés, arrivèrent comme la tempête, divisèrent et firent prisonnier un corps de cinq mille grenadiers hongrois. Dernier acte de la bataille; aussi Kellermann dit un mot que Bonaparte ne lui pardonna jamais : « Avec cette charge, je vous ai mis la couronne sur la tête. »

En effet, les deux ailes de Mélas étaient victorieuses et n'avaient plus d'ennemis. Si elles s'étaient rabattues sur les Français, elles auraient pu les écraser. Mais elles manquaient de chefs; leurs sept généraux étaient hors de combat! Elles repassèrent paisiblement la Bormida, en gardant les têtes du pont, et même un poste en avant près Marengo.

---

1. Le même jour, Kléber fut assassiné en Égypte. Deux grandes pertes, mais bien différentes. Kléber était un admirable citoyen. Desaix, serf de l'admiration, avait été fasciné par Bonaparte; sa modestie le rendait dépendant, crédule. — Joubert avait mieux échappé à Bonaparte; son beau-père Sémonville et Talleyrand l'avaient fait ambitieux, impatient de monter plus haut; son mariage sembla lui avoir ôté la ferme et froide volonté. Il se précipita et courut à la mort.

Mélas y était dans une position inattaquable. Il attendait un corps considérable de renfort; il avait derrière lui je ne sais combien de places fortes. Et Bonaparte aucune.

Chose inexplicable, malgré son armée frémissante, Mélas désespéra, capitula (15 juin). Pour se retirer vers Mantoue, il céda Alexandrie, Milan, Turin, Gênes, avec l'artillerie et tout ce qui s'y trouvait. On put croire que ce vaillant homme était devenu fou.

Le favori de la fortune, Bonaparte, malgré la perte de Desaix, qu'il fit enterrer loin de Paris, au Saint-Bernard, put aller triomphant à Milan, où il fut reçu plus qu'en roi, — en dieu même.

CHAPITRE V

Le tyran. — Le cancer. — Machine infernale. — Aveugle proscription
(fin de l'année 1800).

Pour Paris, il fut plus modeste. Il y écrivit ce mot qui est encore d'un citoyen : « J'espère que le peuple français sera content de son armée. »

La rapidité de cette campagne, son étonnante finale qu'une seule bataille avait produite, la surprise de Mélas, sa surdité au passage d'une si grande armée par les Alpes, tout cela amusa fort Paris et lui fit oublier les souffrances de Gênes, la longue indécision de la victoire de Marengo, achetée par une perte énorme, et la mort de Desaix.

Le public avait été servi à son goût par une surprise de théâtre, un dénouement subit et grand, par delà l'espérance.

Il en resta quelque plaisanterie, un ragoût à la mode, *les poulets à la Marengo*, taillés, cuits, servis tout de suite. Et le vainqueur fut plus que jamais dans la bouche du peuple : *ce farceur de Bonaparte.*

Mais, selon la coutume des grands acteurs, qui ne rient jamais de leurs tours les mieux réussis, il revint imposant et sombre, montrant le front chargé du profond calculateur, du puissant magicien dont les conjurations ont vaincu la nature, dompté même les Alpes.

C'était un autre Bonaparte. La surprise de ce prodigieux succès n'avait pas ébloui les autres seulement, mais lui-même; — il savait pourtant mieux que personne combien il avait été près de l'échec.

Dans cette position, le triomphateur, désormais trop haut, trop au-dessus des hommes pour s'en soucier, délaissa tout à coup les habitudes un peu bourgeoises qu'il affectait depuis Brumaire. Joséphine, sans être quittée (et toujours couchant avec lui), fut un peu mise de côté et vit arriver à Paris, mandée par Bonaparte, la belle italienne Grassini, qui avait chanté à Milan le triomphe, et qu'on pouvait appeler la voix de l'Italie.

La Grassini, que lui-même traitait assez brutalement[1], fut-elle un simple jeu ou comme un paravent derrière lequel on ne distinguait pas les licences bien autres que prenait le nouveau souverain?

En ce moment, les sœurs de Bonaparte, toujours en lutte avec Joséphine, avaient décidément vaincu, et elles furent prédominantes jusqu'à ce que la fille de Joséphine, Hortense, belle-fille de Bonaparte, les dépossédât à son tour.

---

1. Un jour qu'elle lui demandait son portrait, le brutal lui donna une pièce de cent sous.

Les satiriques ont voulu voir l'inceste en tout cela. Tradition douteuse. Seulement on pourrait croire que cet imitateur des rois en tant de choses eût voulu aussi (selon le mot de Madame Henriette, selon l'exemple de Louis XV et de tant d'autres) prendre ce privilège d'une morale toute royale [1].

Bientôt il fallut que toutes ces femmes fussent reines : Caroline le fut de Naples, Pauline de Saint-Domingue, enfin Hortense de Hollande.

Ceux qui ne voyaient que les actes extérieurs de Bonaparte, sa prodigieuse activité, ne soupçonnaient pas que sa famille l'occupât plus que la France et l'Europe. L'ambition de ces femmes, qui voulaient des trônes, celle de ses frères, qui, le voyant sans enfants, rêvaient sa succession et l'hérédité, lui créaient mille tiraillements. De Marengo à la paix d'Amiens et au départ de Pauline pour Saint-Domingue, il couva une maladie qui éclata quand Pauline partit [2]

Son teint cadavéreux, jaunâtre (non pas du beau bistre italien), déjà le marquait, ainsi que de vives souffrances, qui obligeaient parfois son secrétaire de le soutenir, même pour traverser un corridor. Était-ce le cancer à l'estomac qu'il tenait de son père et qui lui-même l'emporta? était-ce la maladie de peau si commune au pays de sa famille maternelle (Sartène), maladie qu'en cette année, plus occupé de femmes, il aurait refoulée par des médicaments?

---

1. Joséphine l'accusait d'avoir séduit ses sœurs. Mme de Rémusat, t. I, p. 204.
2. Bourrienne, *Mémoires*.

En 1800, après Marengo, il n'était pas malade encore, mais violemment surexcité par tant de passions, tant de projets. Arbitre de l'Europe, il se montra tout autre : un nouveau Bonaparte, atroce et furieux. Une bête cruelle sembla rugir en lui. Le tyran apparut.

Il quitta ses habitudes dissimulées et montra tout à coup ce qu'était le nouveau gouvernement, sans loi, sans garantie. Chacun vit la chaîne de fer.

D'abord il s'était proposé d'être l'arbitre des partis. On sait le mot : « Qu'il n'y ait plus ni jacobins, ni modérés, ni royalistes, mais partout des Français. » Mais en réalité, né royaliste, il restait royaliste. Après avoir frappé dans ce parti Frotté, un ennemi qui l'avait insulté, il n'exécuta guère ses menaces sur la Vendée. Les royalistes n'avaient pas à se plaindre. Il leur avait donné, non le roi, mais la royauté, le gouvernement monarchique qu'ils désiraient, et peu à peu leur rendait les biens non vendus.

Sa vraie querelle n'était qu'avec la République et les républicains. Il les avait trouvés victorieux en Hollande et en Suisse, faisant reculer l'Europe, et par un lâche tour il avait fait l'escamotage de Brumaire.

Voilà ce qu'il savait, et il se rendait cette justice que, de ce côté, un bon coup de poignard lui était dû.

Un Italien, le sculpteur Ceracchi, qui avait fait pour le Directoire un beau buste de Bonaparte, était revenu de son enthousiasme pour lui comme en revinrent aussi le grand musicien Beethoven et bien d'autres. Ceracchi et ses amis, prévoyant peut-être le sort réservé à leur patrie, parlaient fort de la nécessité de tuer le tyran. Un nommé Harel avertit le secrétaire intime Bourrienne de ces propos. {Et Bonaparte fit donner aux conjurés de l'argent, des armes, au lieu de tout arrêter. Il voulut les enfoncer dans leur complot et dans leur ruine.

Leur affaire n'était pas terminée lorsqu'éclata (24 décembre 1800) *la machine infernale.*

Bonaparte se rendait au théâtre. Il échappa, entra dans sa loge, se contint, parut calme. Mais dès qu'il fut rentré chez lui, il laissa partir sa fureur, désigna les coupables par les noms de jacobins, de septembriseurs. Fouché et d'autres lui remontrèrent en vain qu'il fallait d'abord connaître les coupables avant de les nommer... Les dispositions qu'il avait à l'épilepsie le rendaient terrible en ces moments; ses yeux de plomb, qui ordinairement étaient ternes, semblaient une vitre, s'illuminaient alors de lueurs sinistres. Et il répétait d'une voix stridente : « Septembriseurs, et massacreurs. »

Fouché n'était pas rassuré. Les souvenirs de Lyon et de Nantes pouvaient faire croire qu'en défendant les jacobins il plaidait pour lui-même. Il avouait à Bourrienne qu'il croyait le Consul dans l'erreur, mais ne pouvait rien prouver. Alors, par peur, il se soumit lâchement, et dans un rapport accusa aussi les jacobins, disant : « Tous n'ont pas pris le poignard, mais tous en sont capables. »

Voilà Bonaparte content. Hypocritement il dit aux douze maires de Paris : « Tant qu'ils n'ont attaqué que moi, je me suis remis aux lois. Maintenant ils ont mis en danger Paris même, il faut les frapper. »

Ainsi plus de garantie et plus de lois. Un simple arrêté du Consul, confirmé par le Sénat, déporte cent trente personnes. Tous embarqués.

Leur déportation fut au fond de l'Océan. Car presque tous périrent dans une tempête.

Les deux seuls qui montèrent sur l'échafaud, avec Ceracchi et ses complices, ne les connaissaient pas.

Bonaparte enfin, averti, éclairé sur les véritables auteurs du complot, les royalistes, n'arrêta rien et dit : « N'importe, j'en suis débarrassé. »

L'insolente férocité qu'il montra dans cette affaire, et qu'il n'étala jamais au même degré, préférant à l'ordinaire des formes plus adroites et plus astucieuses, s'explique par un paroxysme d'orgueil qui lui était venu.

L'admiration et l'amitié du tzar Paul et leurs projets communs semblaient le faire déjà le maître de l'Europe.

CHAPITRE VI

Le tzar Paul. — Son amour pour la France (1798-1800).

Si vous parlez aux Russes de leur tzar Paul Ier, vous trouvez en eux une entente singulière pour continuer la même tradition, répéter les mêmes choses. Cela n'est point étonnant. Les intérêts qui créèrent cette tradition subsistent encore, et elle est soigneusement conservée par tous les intéressés, je veux dire par la haute classe peu nombreuse qui jusqu'ici a gouverné, possédé la Russie. Cette aristocratie, issue en partie d'étrangers de tant de races, a de mystérieux liens que rien ne lui fait oublier. Tous, dès qu'il s'agit de Paul, disent, répètent (de père en fils) les mêmes choses.

« C'était un esprit bizarre, un sauvage, dont les constants changements et le despotisme absurde, désespéraient tout le monde. Sa mort fut une délivrance, et l'on bénit ses assassins. »

Hors de Russie, c'est autre chose. Plusieurs de

ceux qui vivaient alors, et virent les choses de près, sans nier les violentes disparates de ce caractère, ont fait un surprenant éloge de sa bonté, de son grand cœur, toute justice, toute pitié. On voit très bien que c'était peut-être le seul souverain loyal, généreux, qui vécût alors. C'est pourquoi on l'a tué.

« C'était un Barbare! » Sans doute. Et cela nous fait réfléchir sur l'âme humaine, partout identique, et même souvent meilleure, excellente chez ceux que nous appelons Barbares.

Chez les Russes, dans leur grand mélange, il y a souvent des types physiques admirables, qui reviennent par moments avec toute la beauté scandinave et slave, et d'autres types qui reviennent avec la laideur tartare. Paul malheureusement fut de ces derniers[1]. Catherine, qui, dans la confusion de ses mobiles amours, l'avait eu on ne sait de qui, l'aima peu et le traita mal. La cour, qui s'en aperçut, imita l'impératrice. Paul fut l'objet d'une aversion universelle. Et les amants de sa mère la flattaient en avilissant son fils par le ridicule. On se cachait peu du souffre-douleur, du fils en qui la marâtre détestait son héritier.

Elle meurt enfin, et ses indignes courtisans ne trouvent en celui qu'ils outrageaient nulle haine, nulle amertume. Telle était sa grandeur de cœur.

Mais ce cœur était trop tendre, trop sensible, et il s'y abandonnait. On l'a vu pour nos émigrés. Quand

---

1. Son portrait du musée de Versailles est probablement une caricature.

ils affluèrent en Russie, et qu'ils contèrent la tragédie de Louis XVI, de Marie-Antoinette, Paul, ignorant leur trahison, leur appel à l'ennemi, eut un accès violent de pitié pour le roi, de haine pour la Révolution. Il prit un vif intérêt aux princes que la Révolution dépossédait, surtout au roi de Piémont, à la reine de Naples, qui, pour ainsi dire, embrassait ses genoux. De là la campagne d'Italie contre nos armées, alors faibles et manquant de tout.

Mais quand Paul, presque délaissé par l'Autriche, eut sa défaite de Zurich, si cruelle pour la gloire des Russes, il laissa la coalition.

Une autre cause appelait alors son âme chevaleresque.

Cette fois il était imploré par les puissances maritimes, Suède, Danemarck, Hambourg, etc., indignement vexées, maltraitées des Anglais, qui ne respectaient guère davantage même la Prusse, même l'Espagne. Ainsi, devant le port de Barcelone, ils surprirent trois vaisseaux, par un stratagème honteux en ne montrant sur le pont que des officiers anglais déguisés en Espagnols.

Paul, obsédé par les victimes de cette indigne tyrannie, se ressouvint qu'en 1780 la Russie s'était mise à la tête d'une ligue pour la protection des neutres.

Cette question n'était pas moins que celle de là liberté des mers, tant débattue déjà au dix-septième siècle, le *mare liberum* des Hollandais, le *mare clausum* des Anglais : thèse qu'ils soutenaient d'abord pour leur sûreté dans les mers étroites d'Europe ; mais thèse cruellement tyrannique lorsque, maîtres des Indes, ils l'étendaient à toutes les mers, et prétendaient confisquer un élément. Ce prétendu droit de naviguer seuls librement, qui implique celui d'aborder à volonté partout, ne serait pas moins qu'un droit illimité sur les rivages mêmes, c'est-à-dire un droit d'usurper la terre.

Paul, prenant en mains cette grande cause, se trouvait par cela même rapproché de la France, qui l'avait toujours défendue, et encore plus de Bonaparte, qui, après Brumaire, lui avait renvoyé les soldats russes pris en Hollande avec les Anglais, renvoyé honorablement, avec des habits neufs et avec leurs drapeaux.

Cette politique habile, généreuse et flatteuse toucha Paul. Bonaparte avait envoyé à Pétersbourg une actrice et une autre femme spirituelle et adroite qui intriguaient pour le parti français, sous la protection de Rostopchine, homme très fin, à qui se fiait l'empereur, avec raison. Rostopchine était un vrai Russe, et non pas sans habileté.

Toute cette cour était divisée par une grande question. Paul, haï par sa mère et maltraité, était d'autant plus Russe de cœur, et ennemi de cette succession flottante qui, admettant les femmes au trône, pouvait à chaque instant y appeler une étrangère.

Sa marâtre lui avait fait épouser d'abord une

Hessoise, galante et perfide. Veuf bientôt, il épousa une princesse de Bade, vertueuse et de grand mérite, qui eut d'autant plus d'influence sur ses fils.

Paul, vrai Slave, vrai Russe, changeant et violent, bon pour les émigrés, n'était pas cependant le centre des étrangers, de la colonie allemande, anglaise, hollandaise, si puissante depuis Pierre-le-Grand. Elle devait regarder plutôt vers l'Allemande, qui peut-être régnerait un jour comme Catherine avait régné. Règne infiniment utile au commerce et aux étrangers en général, aux grands seigneurs à qui profitait le commerce anglais. Après Paul, personne ne se fût soucié de la protection des neutres et de la liberté des mers.

Le Tzar avait pris un parti décisif, qu'on trouva despotique, mais qui était au fond d'un bon patriote. Il voulut que *les Russes régnassent seuls en Russie*, et qu'on ne vît plus une étrangère, comme Catherine, imposer à l'empire le joug des étrangers. L'aîné des mâles dut seul régner. Cela excluait l'impératrice de la succession.

Se plaignit-elle? On ne le voit pas. Mais son parti inspira tant de défiance à Paul, qu'il fit murer les portes qui, de son appartement, conduisaient chez elle. Puis il se fit bâtir un nouveau palais, où les communications étaient de même interrompues.

CHAPITRE VII

Le tzar Paul. — Ses projets. — Sa mort (31 mars 1801).

Vers le milieu de l'année, quand l'Europe fut surprise, émerveillée de Marengo, le petit groupe qui osait, à Pétersbourg, être pour l'alliance française, groupe minime, s'enhardit, osa proposer tout bas une alliance plus étroite et qui allait plus loin que la question des neutres. On fit remarquer à Paul que les Anglais, qui se vantaient de sauver l'empire ottoman, s'en rendaient peu à peu les maîtres. Leur succès de Saint-Jean-d'Acre, la mort de Kléber, assassiné le jour même de Marengo, les favorisaient. Ils avaient le parfait maniement des choses de l'Orient, savaient que, sans se démasquer, en partageant les profits avec les pachas, ils feraient ce qu'ils voudraient et n'auraient pas besoin de guerre pour prendre de ce grand empire une possession tacite. C'est ce qu'ils ont fait en ce siècle sous le nez de la Russie. Celle-ci, avocat des Grecs, parlait.

toujours pour la Turquie d'une refonte totale. Mais les Anglais, ne proposant *au malade* (on appelait ainsi déjà la Turquie) qu'une plus douce médecine, allaient s'emparer de lui, en le laissant s'abîmer et fondre dans son choléra.

Dans les mois d'août et de septembre, le seul homme qui osât être vraiment Russe et du parti de l'empereur, Rostopchine, se hasarda à lui démontrer cela en grand secret, au risque de blesser l'impératrice, le parti allemand, celui des étrangers et de la jeune Russie, qui, par les idées, les intérêts, se rattachaient aux Anglais. Ceux-ci avaient eu l'industrie de convertir à l'admiration de l'Angleterre cette jeunesse aveugle, imprévoyante. Ainsi le jeune Strogonoff, élevé par le Français Romme, mais déviant aux idées anglaises, appelait Paul « le tyran ». Ainsi Alexandre même, le fils du Tzar, élevé par La Harpe, un patriote de la Suisse française, suivait de préférence ses jeunes camarades les Czartoryski, et rêvait avec eux, pour la Pologne et la Russie peut-être, une constitution anglaise, qu'on ferait à la mort de Paul.

Celui-ci, maître en apparence et le prouvant parfois d'une manière capricieuse, voyait le désert s'étendre autour de lui. Vers le 1er octobre, il demanda à Rostopchine d'écrire enfin et de résumer tout ce qu'il avait dit.

Les Allemands, qui ont seuls le monopole de l'histoire du Nord, disent beaucoup de mal de ce Rostopchine. Nous qui ne connaissons ce nom que par l'incendie de Moscou, nous sommes pourtant disposés à voir en lui un vrai Russe, dévoué à la Russie et au Tzar.

Dans le Mémoire (jusqu'ici inconnu) qu'il fit pour Paul et que j'ai sous les yeux[1], il fait un tableau de l'Europe, de la politique des Anglais et de leurs vues sur la Turquie, et conseille hardiment de les prévenir. Bonaparte, après la mort de Kléber, et maintenant si faible en Égypte, sans doute sera heureux de la proposition. Dans le partage, il aurait l'Égypte et la Grèce maritime, la Russie aurait la Roumélie (Constantinople), la Bulgarie, la Moldavie; l'Autriche le reste et la Prusse une indemnité.

Le Mémoire de Rostopchine porte à la marge quelques mots de Paul, qu'il avait ajoutés au crayon en se parlant à lui-même pendant la lecture. Ce notes, malheureusement rares, sont infiniment curieuses. Ce sont visiblement des cris du cœur, de la conscience, qu'il s'adressait à lui-même; — par exemple quand Rostopchine lui fait si largement sa part au démembrement projeté, Paul s'écrie : « N'est-ce pas trop ? » Puis, à propos du succès probable et de la conquête, il ajoute en marge : « Malgré tout cela, on me *grondera* quand même. »

Singulière expression pour un maître si absolu! qui osera gronder le Tzar? Probablement sa famille, l'impératrice sans doute, estimée, respectée de Paul,

---

1. Ce précieux Mémoire, copié sur l'original par le prince Gagarin, et mis dans une revue russe, m'a été communiqué par l'obligeance de M. Iwan Tourgueneff.

qui avec la liberté d'une épouse inquiète pour son mari, pour la Russie elle-même, doit objecter les conséquences d'un si grand mouvement, qui va certainement le brouiller avec l'Angleterre et l'Europe, le monde des *honnêtes gens*, dont il avait été jusque-là le défenseur.

Pour cette Allemande et pour son parti, surtout pour les émigrés qu'il avait recueillis et protégés, ses rapports avec la France, avec Bonaparte, que les émigrés appelaient toujours *Vendémiaire*, étaient un objet d'horreur. Elle ne put qu'augmenter lorsque Paul, qui avait tant aidé Naples, y envoya un ambassadeur pour s'entendre avec celui du Premier Consul, et que les deux diplomates réunis dans la même loge, devant toute l'assistance, associèrent les drapeaux des deux nations, France et Russie.

En réalité, une armée française entrant au royaume de Naples allait occuper le rivage où l'Italie regarde de si près la Grèce. Bonaparte destinait ce commandement et cette gloire d'envahir l'Orient à Macdonald (depuis duc de Tarente), général sage et peu brillant qui ne lui portait pas ombrage. Mais Paul, dit-on, par un très beau mouvement, avait demandé le plus digne, Masséna, le vainqueur de Souvarow, que tout le monde exaltait alors pour sa défense de Gênes. Ce nom de Masséna, le grand général jacobin, fut répété dans le parti contre-révolutionnaire pour rendre plus odieux les nouveaux projets du Tzar.

Pour dérouter les curieux, on disait en même

temps cette chose absurde (qu'ont répétée tous les historiens), que Paul et Bonaparte préparaient une expédition contre l'Inde anglaise. Les Anglais y crurent si peu, qu'à ce moment même ils tirèrent des troupes de l'Inde pour les envoyer en Égypte au secours des Turcs.

On disait aussi que cinquante mille Cosaques allaient monter à cheval. Ces belliqueuses tribus, sœurs de la Pologne, et qui suivirent jadis si longtemps le drapeau polonais contre les Turcs, auraient pu s'adjoindre sans doute des escadrons polonais et lithuaniens.

Paul avait fait revenir des Polonais de Sibérie, chose menaçante pour les seigneurs russes qui avaient les terres confisquées. Mais ce qui choqua bien plus, c'est qu'il délivra le héros de la Pologne, le saint, le martyr, l'*homme-drapeau*, Kosciuszko. Quand il entra dans sa prison et qu'il vit cette victime, ce pauvre grand homme taillé en pièces et qui n'était pas remis de ses blessures, il ne put contenir son cœur, versa d'abondantes larmes. Car Kosciuszko, cher également aux Russes, aux Cosaques et aux Polonais, lui représentait sans doute le martyre commun de cette grande race slave, son servage, sa captivité. La Russie elle-même est une prison [1].

Dans cette visite généreuse, imprudente peut-être, qui excita l'inquiétude de tous ceux qui avaient

---

1. Voy. *Mém. de Niemcewicz.*

reçu de Catherine des biens confisqués, Paul s'était fait accompagner de son fils, le jeune Alexandre, ami et camarade des Czartoryski. Alexandre, tout entouré de jeunes émigrés, des Richelieu, Langeron, Saint-Priest, etc., devait être peu favorable à la Révolution. De plus, Allemand par sa mère et Anglais par ses amitiés, il était l'ennemi naturel (ennemi doux, modeste, mais ennemi pourtant) de tous les projets de Paul ; il était l'espoir de la colonie étrangère, du parti allemand, qui attendait le règne de l'impératrice ou de son fils.

Il pleura, comme son père, à la vue de Kosciuszko, mais sans doute révéla à sa mère et à tous cette scène touchante, qui alarma bien des gens, comme un augure certain de la résurrection de la Pologne. Elle pouvait être à ce moment un instrument militaire contre la Turquie, contre les Anglais, qui certainement allaient la défendre comme leur alliée actuelle (et leur proie dans l'avenir). Le moment semblait favorable pour Paul. Pitt tombait, et la grande Angleterre manufacturière, le roi et son futur ministre, Addington, soupiraient après la paix.

Cependant le printemps arrivait, les mers du Nord dégelaient. Paul imagina un moyen de détourner l'attention des Anglais en les faisant attaquer en Hanovre par la Prusse. Le Hanovre, patrimoine antique de la maison royale ! Georges III y tenait de cœur, et il aurait dit volontiers : « Prenez plutôt mes trois royaumes, mais laissez-moi le Hanovre ! »

C'était un point si sensible, que Paul engageait par là un combat à mort, où les vues pacifiques du roi et son honnêteté comme homme se trouvaient embarrassées. Une flotte anglaise partit pour la Baltique. Les Anglais de Pétersbourg, dont Paul arrêtait le négoce, furent désespérés, ainsi que les maisons russes qui commerçaient avec eux. Les cuirs, les câbles, les goudrons, les suifs, tous ces produits russes qu'enlevait l'Angleterre pour sa marine, chaque année, restaient là prisonniers à Kronstadt, Revel, Riga, ainsi que les amas de blés venus de Pologne. Les grands propriétaires étaient comme enfermés, asphyxiés, la mer du Nord et le commerce anglais étant leurs débouchés uniques. Le Tzar en fermant ces ports les ruinait et les étouffait pour ainsi dire, les portait, pour se délivrer, aux résolutions les plus sinistres.

Paul se trouva ainsi condamné par tous, les seigneurs et les marchands. On eut ce spectacle étonnant d'un monarque absolu qui ne peut rien, que tout le monde abandonne. Cela semblait un grand signe; on s'attendait à quelque chose d'effroyable. Les loyers baissèrent de prix à Pétersbourg. On s'en fuyait, craignant les fureurs de cet homme délaissé (qui rappelait le lépreux de la cité d'Aoste).

Paul ne se fiait qu'à Rostopchine. Mais, dans le Mémoire que j'ai sous les yeux, on voit qu'il était convenu qu'il l'enverrait à Paris en faisant semblant de le disgracier. Chose imprudente! en laissant partir Rostopchine, il se désarmait lui-même de la surveillance qui le rassurait le plus. Il l'avait fait directeur des postes et comptait sur lui, en cas de conspiration, pour le tirer de Pétersbourg et le conduire à Moscou, dans la ville vraiment russe, où il serait en sûreté.

Sans doute, au moment du printemps, le grand projet pressait fort. Dans l'absence de Rostopchine, Paul crut pouvoir se confier à un homme qu'il avait comblé de biens et auquel il donna le gouvernement de Pétersbourg même. Il n'était ni Russe, ni Allemand, mais Courlandais (race douteuse qui n'est pas russe, mais qui gouverne beaucoup trop la Russie). Ce Courlandais, Pahlen, avait force biens confisqués, craignait de les rendre si Paul vivait.

Pahlen fit conspirer plus qu'il ne conspira lui-même. Il ne cacha pas à son maître qu'il y avait un complot (en disant qu'il le déjouerait). Paul s'était aliéné ses propres gardes en rétablissant la discipline militaire, sur les abus de laquelle Catherine avait fermé les yeux. On attribua la première idée de la conspiration à un scélérat italien, mais ce fut en réalité un Russe, un officier des gardes de Paul, le prince Zouboff[1] qui y eut la part principale. Il s'en vanta plus tard à la cour de Berlin, où tout le monde eut horreur de sa funèbre légèreté.

On recruta d'autant plus aisément les assassins, qu'ils voyaient eux-mêmes que les meurtriers de Pierre III, loin d'être punis, étaient parvenus à une

1. Voy. Hardenberg.

haute fortune. Une Russe, Mlle Nélidoff, avait sauvé les assassins de Pierre en disant que ces gens-là étaient bien dangereux, qu'il était plus sûr de ne pas les punir. Ce beau raisonnement agit fort sur Catherine ; elle réfléchit qu'après tout ils lui avaient rendu *service*. Il devait agir de même sur la veuve et le fils de Paul.

Plusieurs des meurtriers étaient de jeunes fous, qui avaient lu Plutarque et croyaient tuer César. D'autres étaient des politiques, qui agissaient pour le parti anglo-allemand. Cela est si vrai que, dans un très bon livre allemand, *Mémoires* de Hardenberg, on appelle vil et misérable celui qui seul se repentit, et qui écrivit à Paul pour le sauver.

Cette mort fut épouvantable bien plus que la mort de Pierre III. D'abord ce fut une hypocrite obsession, où on le pressait d'abdiquer pour l'impératrice et son fils. On le serrait de plus en plus, et déjà on avait tué deux hussards qui avaient voulu défendre la porte. Cela n'était que trop clair ; il vit bien qu'on en voulait à sa vie. Et ce qui brisa son cœur et son courage, c'est qu'un des conjurés fort jeune lui parut être son fils chéri, Constantin. Alors Paul, l'appelant du nom dont tout le monde le désignait à la cour, s'écria douloureusement : « Et vous aussi, monseigneur Constantin ! » Puis il tomba sans connaissance.

Dès qu'il revint, les instances recommencèrent, mais de plus en plus menaçantes. Éperdu, il chercha la porte de l'impératrice, ne se souvenant plus qu'il l'avait murée lui-même. Puis, il courut dans l'appartement, cherchant une cachette, et finit par s'en faire une en se mettant sous des drapeaux.

Scène hideuse que cette chasse où on poursuivait un homme comme un rat et une souris !

Les assaillants étaient aussi effrayés que lui. L'un d'eux, Benigsen, né Anglais, parvint à leur rendre du courage, et comme on disait : « Il est sauvé ! » il le montra blotti sous ces drapeaux en disant : « Point de faiblesse ! autrement, je vous fais massacrer tous !

Cependant le bruit gagnait, et l'impératrice voulait venir. Un garde l'en empêcha. Elle lui donna un soufflet, mais n'insista point, et ne passa pas. Un chirurgien anglais qui se trouvait là fort à point, lui dit : « Ne bougez pas, Madame. On m'appelle, je vais tout finir. »

Il finit tout, en effet, au moyen de son bistouri, en coupant les artères.

Pahlen s'était tenu dans la cour avec les gardes, restant à même de massacrer ses complices si l'affaire ne réussissait pas. Il aurait prétendu alors qu'il avait sauvé l'empereur.

La chose avait si bien transpiré d'avance, que l'envoyé prussien, dînant chez un grand de l'empire, vit un chambellan de Paul qui tirait sa montre et disait : « Le grand empereur n'est pas dans ce moment fort à son aise. »

Dans la réalité, la mère allemande et son fils s'étaient trouvés, peut-être à leur insu, chefs du parti de l'étranger contre le Tzar, seul véritable

Russe. On leur avait dit ce qu'on ne croyait pas soi-même, qu'on pourrait forcer Paul à abdiquer. Qui régnerait ? On ne l'avait pas décidé. Si bien que l'Allemande croyait que c'était elle qui régnerait, comme avait régné Catherine après Pierre III.

Ni le fils ni la mère ne firent rien contre les meurtriers, sur le moment (ils craignaient peut-être), et ils ne firent rien plus tard. Les coupables gardèrent leurs places et leurs dignités. Le doux Alexandre vécut au milieu des assassins de son père et envoya l'un d'eux à Berlin, comme ambassadeur de Russie.

Non seulement Paul ne fut pas vengé, mais l'on s'attacha toujours, par une tradition soignée et constante, à représenter cet ami de la France et de la Pologne comme un maniaque, un fou. En cela le parti allemand-anglais, qui seul a écrit cette histoire, s'est asservi à appuyer de son mieux les récits de l'aristocratie russe.

Les paysans de Russie n'écrivent pas et n'ont pu défendre la mémoire de leur pauvre empereur ; — qu'un Français l'essaye ici, avec des documents russes qu'on peut dire irréfutables, ayant été lus et annotés de Paul lui-même.

Malgré les bizarreries de ce caractère et l'assistance trop confiante qu'il donnait à Bonaparte, on ne peut regarder sa mort que comme un malheur pour les Russes, les Slaves en général, et pour l'Europe.

Sa haute justification qui dicte l'arrêt de l'histoire, se trouve en deux mots : 1° il aurait été sauvé s'il eût pu aller à Moscou, dans la ville vraiment russe ; et on ne put le tuer que dans la ville bâtarde, peuplée de faux Russes qui désiraient retourner sous le joug d'une Allemande ; 2° sa bienveillance pour les Polonais devait faire espérer qu'il réparerait le crime de Catherine, et qu'en relevant la Pologne sous l'abri de la Russie il reconstituerait la grande unité slave [1].

Le partage de la Pologne, proposé par l'astucieux Frédéric, sembla d'abord un avantage pour la Russie, à qui l'on fit faire forte part, et qui dès lors se vit entourée, souvent secondée de ses deux complices, la Prusse et l'Autriche, en toute querelle européenne. Mais ce qu'on ne prévoyait pas, c'est que la Russie, occupée de ce pillage acharné sur ce grand cadavre, se détournerait des progrès spontanés et personnels qui demandent des efforts et certains ménagements des grands pour le peuple russe, qu'ils tiennent à l'état barbare.

Ce qu'on ne prévoyait pas, c'est que, de cent manières, les Allemands envahiraient la Russie ; comme intendants, économes, employés du gouvernement ; qu'ils se feraient les maîtres du pays et qu'enfin cette Allemagne bâtarde, l'un des peuples les plus platement médiocres de la terre, exclurait de tout progrès les Russes bien autrement doués, et qui, si on ne les étouffe, ont l'adresse et souvent la vive ingéniosité du Midi.

---

[1]. Cette appréhension le fit haïr des siens, et tous ceux qui, comme Pahlen, tenaient leur fortune des confiscations, durent désirer sa mort.

La grosse Allemagne, dès lors interposée comme un mur entre la Russie et l'Europe, imprima au génie russe sa frigidité, sa roideur, paralysa les délicats organes par lesquels la Russie eût senti l'électricité de l'Occident, la chaleur que projettent au loin les arts de la France, de l'Italie, et le miracle de l'industrie anglaise. C'est comme un soleil de civilisation qui échauffe, éclaire l'Ouest, et dont la Russie a d'elle-même l'instinct de se rapprocher.

L'Allemagne sans doute est très cultivée, mais d'une autre culture. C'est un certain bagage scolastique propre à l'esprit allemand, qui l'empêche de se communiquer. Il y a là un obstacle grave. Les cerveaux russes qu'on essaye de cultiver à l'allemande aux universités y prennent je ne sais quelle gaucherie, quelle difficulté d'action, qui va mainte fois jusqu'à la paralysie définitive.

Cette pesante Allemagne appliquée à la mobile Russie n'en vient que trop bien à bout, en l'écrasant, lui ôtant la force de faire un pas. On le vit sous Alexandre. Délivré des caprices, souvent bizarres, de Paul, on eut en revanche sous son fils (Français d'extérieur, mais Allemand par sa mère) un imitateur de l'Allemagne. Ses colonies militaires, copiées de celles d'Autriche, poussèrent son peuple dans un tel désespoir que plusieurs paysans aimèrent mieux mourir par le knout que de se soumettre à ses absurdes règlements.

Pour revenir, la tragique mort de Paul, qui ramenait la Russie au joug de l'étranger, fut un malheur pour l'Europe. Elle éloigna la Russie de tout rapprochement avec la France.

Et la tyrannie de Napoléon, ses fatales victoires d'Austerlitz, de la Moskowa, qui firent de la guerre une affaire nationale et finirent par mener les Russes en France, ne confirmèrent que trop le divorce entre l'Orient et l'Occident de l'Europe, entre deux peuples analogues de caractère, nés pour être amis.

CHAPITRE VIII

Suites de la mort du tzar Paul. — Tyrannie des Anglais sur mer,
de Bonaparte sur terre.
Paix d'Amiens. — Concordat (1802).

La grande révolution industrielle qui se faisait en Angleterre voulait de l'argent à tout prix, donc, exigeait la paix, le renvoi du belliqueux Pitt, et la venue du pacifique ministère Addington.

Pitt donna sa démission en février, mais en mars l'invasion du Hanovre put le faire regretter. De sorte que Georges III, balancé, dans sa cervelle flottante, trouva bon que Pitt en se retirant déclarât qu'il soutiendrait son successeur au Parlement, et qu'en réalité il gardât une part dans l'administration. Ce qui au reste se faisait de soi-même, car tous les hauts fonctionnaires et commandants avaient été nommés par Pitt, ne tenaient qu'à lui seul et étaient pleins de son esprit.

Citons par exemple le bouledogue Nelson, qui, sauf Pitt, faisait bon marché du reste.

Avant la mort de Paul, au premier bruit de l'invasion du Hanovre, on décida que par un coup violent on effrayerait la ligue des neutres, et que les flottes anglaises agiraient, non sur la Prusse, qui n'a pas de port, non pas sur Pétersbourg, si bien armé, défendu par Kronstadt, mais sur le faible et innocent Danemarck, qui n'avait rien fait aux Anglais que de fermer les fleuves à leur commerce.

La flotte anglaise partit, dès le 1er mars, sous l'amiral Parker et sous son lieutenant le bouillant Nelson, qui sans doute n'écouterait rien et se porterait aux dernières violences s'il pouvait entrer dans la Baltique, attaquer Copenhague. Cette belle capitale, était toute exposée en mer, et presque livrée d'avance ; à moins que Paul, averti, ne lançât la flotte russe et ne prît Nelson dans le dos.

La conspiration dont tant de gens parlaient, à Londres, à Pétersbourg, avait pour elle bien des vœux. Or, ce qu'on désire tant ne manque pas d'arriver. La Baltique, une mer si étroite, permit à Nelson (quoi qu'on ait dit) de savoir à temps l'heureuse nouvelle, de pouvoir à loisir bombarder Copenhague, Parker voulait qu'on s'arrêtât dans cette barbare opération sur une capitale, qui, faite de près, n'était qu'un massacre à coup sûr. Mais Nelson s'acharna, disant ironiquement qu'étant borgne, il ne voyait pas les signaux de Parker. Il ne perdit que huit cents hommes, de ces hommes que la *press* ramasse dans la populace de Londres, et il tua six mille Danois, tous bien autrement précieux, étudiants de l'Université, professeurs, médecins et autres hommes de hautes professions, enfin la fleur du Nord. Cependant la ville ne se rendait pas. Il y fallut la menace barbare de Nelson, qui avait pris quelques vaisseaux danois et qui dit qu'il les brûlerait avec les hommes qui étaient dedans. Les malheureux habitants, pour ne pas voir leurs parents, leurs amis, leurs enfants, brûlés vifs, se soumirent, et il ne fut plus question de la ligue des neutres et de la liberté des mers.

La Russie se désistant, la France restait seule contre l'Angleterre. On avisa si l'on pourrait renouveler sur un de nos ports l'affaire de Copenhague. Tout était en défense. Par deux fois, en juillet et août, Nelson se présenta devant le petit port de Boulogne, et la dernière fois avec une grande armée navale, conduite sous lui par cinq amiraux. On lança force bombes sans résultat, et comme nos vaisseaux, avancés à cinq cents toises, étaient sur une ligne enchaînés les uns aux autres, les tentatives d'abordage furent sans résultat et couvrirent la mer de cadavres anglais.

La vraie défaite pour la France, la vraie victoire pour l'Angleterre avait été la mort de Paul, l'avènement du jeune Alexandre, de douceur singulière, qui ménagea tout le monde, épargna et même employa les assassins de son père, lesquels n'avaient agi, disaient-ils, que pour garantir la vie de sa mère et la sienne peut-être, contre les caprices du Tzar.

Tous les ports se rouvrirent. Les grands seigneurs charmés purent faire avec l'Angleterre leur commerce lucratif, et sans inquiétude garder leurs confiscations de Pologne. Alexandre se crut quitte envers celle-ci en l'amusant de vagues espérances et gardant près de lui les Czartoryski, qui flattaient ce pays du songe d'une future royauté (à l'anglaise).

D'autre part, les vertus domestiques d'Alexandre contribuaient à rendre sa politique très molle. Il avait un respect excessif pour sa mère, qui aurait pu succéder au trône (d'après l'exemple de Catherine), et qui magnanimement l'avait laissé à son fils. Naturellement Alexandre souhaitait que, dans les nouveaux arrangements de l'Allemagne, la famille de sa mère trouvât son compte, aussi bien que la famille de sa femme, autre Allemande. Pour lui, il conservait ce religieux souvenir que la maison d'Oldenbourg était la souche antique de sa propre maison, et il était disposé à la favoriser en tout.

Il pouvait trouver l'occasion de satisfaire son cœur dans l'arbitrage que la paix de Lunéville [1] reconnaisssait à la Russie pour les affaires de l'Allemagne. Mais Bonaparte, profitant de la terreur de son nom et de la mollesse d'Alexandre, se fit réellement arbitre de cet ordre nouveau, qui, aux

---

1. La paix de Lunéville fut conclue en février 1801, après la bataille de Hohenlinden contre l'Autriche, bataille gagnée par Moreau et Ney, qui poussèrent l'ennemi jusqu'aux portes de Vienne. Bonaparte avait conquis le droit d'imposer les conditions de la paix.

dépens des princes ecclésiastiques, allait enrichir les princes séculiers. Les hommes de Bonaparte, Talleyrand et Dalberg, furent à Paris les dispensateurs de ces riches dépouilles, et n'oublièrent pas les familles qui intéressaient si fort l'empereur Alexandre ; ses parents allemands furent mieux traités qu'il ne l'eût fait lui-même. Cela rendait la cour de Russie très faible pour Bonaparte, qui fit ce qu'il voulait en Allemagne et en Italie.

D'autre part, l'Angleterre, reprenant la souveraineté des mers par l'abandon du droit des neutres, devint tout à coup si pacifique qu'elle vit, sans trop s'en irriter, les préparatifs que l'on faisait dans nos ports en face d'elle pour aller reconquérir Saint-Domingue (1802).

Bonaparte avait pris une détermination sévère, celle d'éloigner sa sœur préférée Pauline, en la faisant reine du monde noir; il l'avait mariée à un homme médiocre, qu'il aimait peu, le général Leclerc, chargé de l'expédition. L'armée de trente mille hommes qu'il mettait sur la flotte émut peu l'Angleterre.

Écrasée par sa dette de douze milliards, elle désirait une trêve qui lui permît pour quelque temps d'abolir ou suspendre les impôts de guerre les plus durs.

La paix fut bâclée à Amiens par l'ami du roi, lord Cornwallis, le pacificateur de l'Inde.

Pour arriver bien vite à ce but désiré, on parla peu de la plupart des points en litige. La France, qui en ce moment évacuait l'Égypte[1], garda toutes ses autres conquêtes. Pour Malte, qui lui tenait infiniment au cœur, comme point central de la Méditerranée, elle offrait tout plutôt que de la livrer aux Anglais. Malte fut la pierre d'achoppement où les négociations vinrent échouer, où il resta impossible de s'entendre. (Cette paix ne fut, en réalité, qu'une trêve.)

Ce repos d'un moment donnait à Bonaparte le temps et le courage de faire ce qu'il appelait sa grande politique intérieure, c'est-à-dire d'énormes sottises, où il se déclarait hardiment rétrograde, contre-révolutionnaire. Il arrêta la vente des biens nationaux, ce qui fit des émigrés autant de courtisans, flatteurs et suppliants pour recouvrer leurs biens.

Bonaparte songeait en même temps à faire ce qu'il considérait comme sa grande conquête intérieure, s'assurer du clergé, faire des prêtres, des fonctionnaires, des employés qui, payés par lui, pourraient être ses instruments. Il se représentait tout le parti qu'il pourrait tirer de ce corps qui, à Rome et ailleurs, met la confession au service de la police.

Son agent en ceci fut le fameux Bernier, le curé vendéen, collègue de Stofflet; Bernier à qui les Vendéens eux-mêmes reprochaient sa férocité.

[1]. Nous avions été contraints après la mort de Kléber de céder aux Anglais le Caire et Alexandrie.

Bonaparte le fit curé de Saint-Eustache. J'avais cinq ou six ans quand mon père me conta une scène qui venait d'avoir lieu, scène saisissante d'horreur, qui me fit frissonner et qui s'est empreinte dans mon souvenir. Bernier, dans ses habits pontificaux, étant à l'autel même, un de ses mutilés y monta avec lui, rappela sa barbarie, le lieu, le temps où il l'avait mutilé, et d'une voix tonnante le somma de descendre.

D'autre part, Bonaparte avait gagné le fameux cardinal Maury, l'ambassadeur de Louis XVIII à Rome. Cet intrigant, dépensier et fort libertin, voulant revenir à Paris et en être archevêque, avait joué les deux partis à la mort de Pie VI; il avait employé son crédit de royaliste et d'agent de Louis XVIII à faire le pape que voulait Bonaparte. Pie VII, homme fin et doux, qui, d'après sa célèbre homélie, semblait la tolérance même, attrapa tout le monde, et, une fois pape, montra qu'un vieux prêtre reste toujours prêtre.

Il envoya timidement à Paris un homme de grande expérience, Consalvi, premier ministre de son prédécesseur[1]. Ce ministre prudent et tout tremblant devant l'opinion, si contraire, de Paris, n'osa d'abord se montrer, se cacha, employa l'audacieux Bernier.

Mais sur un point on ne pouvait s'entendre. Pie VII, très obstiné, voulait que la religion catholique fût déclarée *la religion dominante*. Bonaparte n'osa,

1. Voy. *Mémoires de Consalvi.*

et, au mot *dominante* substitua : de la majorité des Français.

Sur tout le reste on se mit d'accord. Et le prêtre dupa le Consul parfaitement, lui laissant la *nomination* des évêques, mais réservant au pape l'*investiture canonique*, le caractère sacré, sans lequel la nomination n'était rien aux yeux des fidèles.

Le clergé national, qui demandait l'élection comme aux jours primitifs du christianisme, fut sacrifié. Le Consul et le pape s'octroyèrent l'un à l'autre la dépouille de l'Église.

Les évêques furent rois des curés et les nommèrent.

Une nouvelle circonscription des diocèses élimina soixante évêques en une fois. Tous les prêtres reçurent un traitement du gouververnement (outre le casuel), et lui prêtèrent obéissance.

. Les archevêques eurent par an cinquante mille francs, les évêques quinze. Libre aux fidèles de faire des fondations pieuses; article grave qui fit passer au clergé le bien des femmes surtout. Le droit de succession, que la Révolution leur avait reconnu, tourna surtout au profit du clergé.

Ce traité impliquait une chose tacite : l'expulsion des prêtres patriotes qui avaient prêté serment à la République, et qui ne savaient plus que devenir. J'en ai connu un porteur d'eau.

Dix mille d'entre eux étaient mariés[1], comme

---

1. La question du mariage des prêtres, que la primitive Église jugea indifférente et que l'Église protestante a jugée selon la nature, cette question n'a

ceux de la primitive Église, comme l'évêque Synésius au troisième siècle. Ceux-là furent poursuivis à mort et tombèrent dans le désespoir. Un d'eux, d'admirable génie, Grainville, se jeta dans la Somme.

Bernier, en récompense, fut évêque d'Orléans. Maury, archevêque de Paris, put continuer sa vie licencieuse, la chasse aux femmes mariées.

Le jour même où furent échangés les préliminaires de la paix d'Amiens, il y eut le premier *Te Deum* officiel à Notre-Dame. Le parti rétrograde annonça par Fontanes, au *Moniteur*, un livre dont le succès intéressait tout le parti et qu'on fit monter jusqu'au ciel : *Beautés de la religion*, qu'on appela aussi le *Génie du christianisme*.

pu faire douter qu'un moment, lorsqu'au douzième siècle l'évêque se trouva seigneur en même temps, et, comme tel, avide et rapace pour une famille qui souvent donnait l'exemple de tous les vices féodaux. C'est à ce moment que Grégoire VII osa faire son étrange réforme, essaya de supprimer l'abus en supprimant l'usage, interdisant aux prêtres le mariage et supposant que, dès lors désintéressés, ils se tourneraient entièrement vers les choses spirituelles. C'est ce moment singulier que M. Villemain a très bien raconté dans un fort beau livre posthume qui a paru enfin cette année même (1872).

Ce qui restait à raconter et ce qui était hors du cadre de l'histoire de Grégoire VII, c'est que le célibat ecclésiastique ne remplit pas l'espoir que Grégoire VII avait conçu. Les prêtres, délivrés des soins de la famille, ne furent pas pour cela plus féconds spirituellement. Leurs églises gothiques, si justement admirées, n'ont pas été construites par le clergé célibataire, comme on le croyait encore et comme je le croyais moi-même en 1830, mais par des architectes laïques et mariés, dont on a découvert les noms. Quant à la scolastique, j'ai dit combien elle fut peu féconde. D'Abailard à Occam, du douzième au quatorzième siècle, elle ne peut faire un pas, revient alors à son point de départ. Voyez sur ces grands sujets, sur la stérilité de l'Église au Moyen-âge, et sur la première Renaissance de 1200, violemment et stérilement étouffée : la préface de ma *Renaissance*, au VIIe volume de mon *Histoire de France*; — N. Peyrat, *Histoire des Albigeois*; — Amari, *Histoire des musulmans des Deux-Siciles*, etc.

Tout cela très contraire à l'opinion. Le Corps législatif, tel quel, montra pourtant quelque courage, en nommant président l'auteur le moins dévot, celui de *l'Origine des cultes*, le célèbre Dupuis.

Le Consul alla en grande pompe à Notre-Dame, et il put voir que tout le monde mangeait pendant le service. Pour lui, il était sombre. Il affectait certain changement, se faisait lire Bossuet. Joséphine et son parti l'avaient emporté sur les sœurs, et Bonaparte venait de confier à l'Océan la future reine de Saint-Domingue, la bien-aimée Pauline, pour y rétablir l'esclavage des noirs pendant que son frère fondait celui des blancs.

Lannes et autres braves montrèrent un grand caractère. Ils ne voulurent pas entrer dans l'Église autrement que par ordre et consigne.

Le soir, aux Tuileries, Bonaparte, passant la revue des généraux, vit Delmas fort sombre, et lui demanda ce qu'il avait pensé du *Te Deum*. Ce vaillant homme, qui plus d'une fois alla, de sa main, prendre des drapeaux autrichiens au fond des carrés ennemis, ne recula pas devant cette insistance impérieuse et dit cette forte parole : « Oui, certes c'était une belle capucinade ; il n'y manquait qu'un million d'hommes qui se sont fait tuer pour que ça ne revînt jamais [1]. »

---

[1]. Delmas donna sa démission et ne reprit du service qu'en 1813. Il se fit tuer en défendant la France.

CHAPITRE IX

Le triomphe de l'ennui. — Retour impuissant du passé.
Chateaubriand (1801-1806).

De Marengo à Austerlitz la France s'ennuya prodigieusement, qu'on le sache bien[1]. Aujourd'hui on se figure d'après les historiens de Bonaparte que ses prétendues créations, sa friperie de vieux costumes, exhumés de l'Empire romain, produisaient beaucoup d'effet. Erreur! à tous ces changements d'habits, de titres (consulat de dix ans, à vie, empire), on disait toujours : « Connu! connu! » On savait où il marchait depuis Brumaire. On lisait peu ses lois et ses constitutions.

La grande force, inéluctable, d'unanimité qu'on lui supposait (à tort) dans l'armée, donnait à ce gouvernement l'aspect imposant du destin. Il avançait comme infaillible, sans qu'on lui contestât rien,

---

[1]. Mme de Rémusat, qui a vécu cette époque comme M. Michelet, dit souvent dans ses *Mémoires* que rien n'était monotone comme la vie d'alors. Même les intéressés de la cour bâillaient d'ennui. — A. M.

pas plus qu'à une masse de fer ou de plomb qui suit sa loi de gravité. Plusieurs jugeaient, comme Sieyès[1], que son progrès le mènerait à l'abîme. Ce fut aussi l'opinion des Rothschild, qui, vingt-cinq ans durant, jouèrent sur une carte : Waterloo.

Mais cette finale était loin encore ; elle dépendait des coups de dés qu'il hasarda de 1806 à 1812, d'Austerlitz à Moscou.

Ici je ne parle que de 1800 à 1806, des six années insipides où il ne fit rien, absolument rien, — que des décrets qui, enfouis au *Moniteur*, changeaient peu la face des choses.

Il eût été moins ennuyeux, s'il ne s'était pas intitulé en Brumaire *l'Homme de Mars et de la Fortune*. Mais, après avoir affiché si haut la prétention de l'action, n'agir point, sauf de vaines cérémonies qui souvent n'amusaient pas même les acteurs, c'était prodigieusement fastidieux et assommant.

Ses intrigues en Allemagne, ses arrangements d'Italie avaient pour nous peu d'intérêt. Tout ce que nous voyions de lui, c'était son effort malheureux pour se faire une marine, poussant au hasard dans nos ports des hommes de terre qui avaient horreur de la mer. Il faisait en ce moment construire en face de l'Angleterre, à Boulogne, une flotille de bateaux plats, en sorte que de l'autre côté du détroit on pouvait toujours craindre une descente. Son frère Jérôme était chargé de sur-

---

[1]. Dans une lettre admirable.

veiller ces préparatifs. Pour lui, il faisait constamment des voyages à la côte, regardait la mer, revenait avec sa précipitation habituelle, qui fatiguait à regarder.

Le peu de mouvement qu'avait laissé la constitution paralytique de l'an VIII dans la nation cessa; le Tribunat se tut. A huis clos, le conseil d'État, avec Bonaparte, discutait le code civil, et devait inspecter les départements. Mais ces fonctions d'inspection passèrent aux sénateurs, corps immobile, toujours assis et qui s'ennuyait tellement que, pour lui faire prendre patience, on créa dans chaque département des sénatoreries de quarante mille francs de rentes ajoutés à leur traitement.

Tels étaient nos plaisirs, le sujet de nos entretiens, avec les feuilletons classiques que faisait l'abbé Geoffroy dans *les Débats*.

Ajoutez les expositions de tableaux où la même figure héroïque, constamment reproduite, fatiguait presque autant que les fades harangues qu'il essuyait partout dans ses petits voyages et dont on ne nous faisait pas grâce.

Les expositions de l'industrie furent essayées. Et on y ajoutait des objets soi-disant de goût, les meubles hideux de l'époque, grecs ou égyptiens. Le passage du Caire est là pour témoigner combien étaient mesquines ces tristes contrefaçons de l'Orient.

Quant aux arts industriels proprement dits, ils

étaient en faveur. On honora Chaptal et on le fit ministre. Il n'était bruit que du blanchissage au chlore de Berthollet. Le sucre de betteraves, peu après, fut fort célébré, lorsque, ayant manqué Saint-Domingue, nous fûmes emprisonnés par la mer et sans rapports avec nos colonies.

Quelques machines à coton, fort grossières, nous faisaient défier ridiculement l'Angleterre. La machine à vapeur, imitée gauchement, était de peu d'usage. Enfant, on me mena voir à Chaillot la *pompe à feu* des frères Périer, lourde et de peu d'effet, vacillante, de bruit horrible, et remuant tout le bâtiment, où l'on n'avançait qu'en tremblant.

Dans les sciences, Bonaparte parlait toujours des mathématiques, dont il savait à peine les éléments[1]. Et, en réalité, dans l'Institut, il donna tout pouvoir à un chef, à un pape, l'astronome Laplace[2]. Ces mouvements réguliers des astres, qui semblent obéir à des lois inflexibles, lui plaisaient ; — au contraire, il haïssait Lamarck, qui, sous la République, avait inauguré au Muséum la doctrine du mouvement et de la circulation des êtres.

Bonaparte et Laplace tuèrent Lamarck autant qu'il fut en eux, et ce n'est qu'à la longue que Geoffroy et son école ont relevé le drapeau de la vie.

Vers 1800, un jeune homme, Cuvier, s'introduisit

---

1. Voy. Libri, *Revue des Deux Mondes*.
2. Mme de Rémusat dit que Laplace « savait très bien le flatter ».

au Muséum, et peu après s'en rendit maître. Cet ingénieux Cuvier, dessinateur habile autant qu'élégant écrivain, interdit par son exemple toute spéculation sur la *transformation* des espèces, le mouvement spontané de la vie, réduisant l'histoire naturelle à l'étude *de la corrélation des formes*, qui explique, révèle les fonctions, même les mœurs dans les animaux disparus.

Ces travaux, tout ingénieux qu'ils fussent, supposaient que la vie attendait tout de l'ouvrier unique, et ressemblaient un peu à la constitution de l'an VIII où tout se faisait par l'action d'un seul.

Ainsi le fleuve vivant qu'avait montré Lamarck, opérant sur lui-même et transmutant ses eaux, s'arrêta quelque temps, pendant le règne du grand descripteur et dessinateur, qui semble avoir dit à la nature : « Arrête, je te prie. Point de changement pendant que je dessine, que je fais ton portrait. »

Un seul homme peut-être aurait passé outre, s'il eût vécu et fouillé au fond de la vie. Au moment où Cuvier commençait son règne, nous perdîmes le jeune Bichat, le grand anatomiste qui eût mieux compris que personne la fluidité des formes vivantes. Déjà il avait vu une chose féconde : que la vie, saine ou malade, n'est pas prisonnière dans les limites étroites des *organes*, mais qu'elle s'étend aux *membranes* qui embrassent plusieurs organes. Bichat meurt à trente ans, ayant par le travail comme épuisé une longue vie. Il resta très fécond et dans les grands massacres de l'empire, la race héroïque, ingénieuse de nos chirurgiens, médecins; les Broussais, les Savart, dans leurs diverses théories, furent souvent inspirés de son puissant esprit.

A l'intérieur pourtant une singulière sécheresse avait gagné. Non seulement la vie fut suspendue, mais niée, tournée en dérision. Cuvier, homme d'esprit, homme du monde, arrêta Geoffroy-Saint-Hilaire pour vingt années. Il fit la police de la science, et défendit aux théories hardies de se produire, écrasant les faits même de son autorité. Non seulement la parenté des espèces humaines et animales, enseignée par Geoffroy, trouva en lui un adversaire, mais tous les mouvements de l'écorce du globe furent condamnés (et les soulèvements de Léopold de Buch, et les enfoncements de Constant Prévost).

Le monde fut déclaré très jeune pour faire plaisir au parti biblique. Et les fossiles humains furent défendus, chassés par l'Institut, exclus de nos collections.

Tel fut dans les sciences l'heureux effet de l'autorité d'un monarque. Dans l'histoire humaine, la critique expira. Contre l'esprit de notre expédition d'Égypte, on décréta que l'Égypte était jeune. Cuvier lui défendit de s'écarter de la chronologie biblique.

Appuyé du clergé (à Oxford, à Berlin aussi bien qu'à Paris), il prolongea sa tyrannie longtemps, même après celle de Napoléon et jusqu'en 1832.

Pendant ce règne, le parti piétiste et monarchique triompha partout à son aise. Concurremment avec ceux qui donnaient à Louis XIV la gloire et la fécondité du dix-septième siècle, les Roscoë, dans leurs faibles livres, traduits partout, nous apprirent que la fade époque des Médicis était celle de la grandeur italienne plus que celle de Dante.

Une chose ne peut tromper, c'est l'art. Pendant que la science s'émonde et se châtre, pendant que la littérature dévie et grimace, l'art, dans une époque laide moralement, l'art se trouve décidément laid.

Sauf Prudhon, né dans une meilleure époque, et Gros, grand coloriste un peu grossier, qui vers la fin, n'est qu'un décorateur, — l'art napoléonien fait frémir, à force de sécheresse et de laideur. Le chef d'école, David, grand savant, professeur, fut-il vraiment un peintre ? Sans les très beaux portraits qui lui sont échappés, on pourrait en douter. Ses disciples furent des martyrs, faisant de vains efforts, sentant toujours que toutes leurs tortures n'atteignaient pas le but. Le sec Guérin, le faible et fade Gérard furent des êtres profondément tristes. Girodet, toujours dans l'effort et le sentiment de son impuissance (héros malheureux en-dessous), eut l'aspect furieux du petit démoniaque de *la Trans-*

figuration, ce misérable enfant qui serre les poings en regardant le ciel.

Girodet, dans son martyre d'art, rappelle en quelque chose le violent et variable Chénier, vrai patriote qui, sous Robespierre même, osa écrire *Timoléon* et célébrer le meurtre d'un tyran. Il fut dupe lui-même du tyran en Brumaire, puis fit ses plus beaux vers contre la tyrannie. Sa *Promenade à Saint-Cloud*, la pièce *Contre la Calomnie*, resteront ainsi que ses jugements sur la littérature du siècle et sur Chateaubriand. Il a une sèche, mais vive, chaleureuse éloquence, qui semble l'accent de la raison elle-même contre le faux et fade byzantinisme de l'époque.

A côté de Chénier et au-dessus par l'invention et la facilité, se place un homme dont je compte parler plus tard, le poète Lemercier, digne de durer non seulement par son audace littéraire, et les essais qui furent l'aube du romantisme, mais aussi pour avoir honoré les lettres par sa ferme attitude devant Bonaparte.

Lemercier, dont l'angélique figure avait charmé jadis et Mme de Lamballe et Joséphine, n'en fut pas moins un homme très ferme. Bonaparte, qui l'avait connu jeune, n'en tira pas la moindre complaisance, et le persécuta, tantôt en faisant refuser ses pièces, tantôt les faisant échouer. Cela n'était que trop facile alors. Lemercier ignorait tous les arts du succès, ces industries des poètes riches d'aujourd'hui. Il vivait avec seize sous par jour. De là aussi sa grande indépendance, sa fierté, ses prédictions, disons mieux, ses prophéties contre Napoléon. Elles se sont accomplies à la lettre. Il lui dit en 1804 : « Vous voilà empereur, et vous avez fait le lit des Bourbons. Vous n'y coucherez pas dix ans (jusqu'en 1814). » En 1811, l'empereur partant pour Moscou, le voyant dans une réunion de l'Institut, dit lâchement à cet homme dont il étouffait la voix : « Eh bien, vous ne donnez plus rien au théâtre ? » Lemercier répondit : « J'attends. »

L'année 1802 est le moment du triomphe d'un homme qui prépara mieux ses succès, en se mettant à la suite d'un parti, tout en simulant l'indépendance. Chateaubriand, nageur habile, sut toujours suivre le flot qui montait, et se fit porter par la marée, la vague ascendante (tantôt par l'Église, tantôt par le royalisme et la restauration).

Il n'est pas superflu d'examiner comment ce jeune émigré qui rentra vers Brumaire et fut bien accueilli dans le salon de Joséphine, arrangea ses succès et fort habilement s'en prépara la voie.

Il avait commencé dans l'émigration, non comme De Maistre, tragiquement et à grands coups de foudre, mais d'une manière modérée, éclectique (*Essai sur les révolutions*), ce qui n'avait frappé personne. A Paris, il comprit qu'il fallait avant tout des effets de surprise ; et pendant qu'il barbotait assez tristement dans les journaux (*Débats, Quoti-*

dienne), pour mieux avertir le public, il risqua un coup d'éclat imprévu, il fit *Atala* (1801).

Petit roman où l'auteur, qui d'abord avait pensé au livre charmant de *Paul et Virginie*, pour mieux attirer l'attention, se créa une langue à part (ni française et ni bas-bretonne)[1].

Les dévots d'une part et les critiques de l'autre contribuèrent à faire connaître cette merveille... d'éloquence ou de ridicule. Atala est *une conversion;* la jeune amante sauvage meurt chrétienne. Ce qui devait réussir auprès d'un certain public, au moment où Bonaparte croyait utile de rendre au culte tout son éclat. — Pendant que l'on corrigeait *Atala* par une foule d'éditions, mon père m'a raconté que les libraires catholiques avisés, comprenant tout le parti qu'on pourrait tirer du goût de l'époque, démon-

---

1. Tous ceux qui ont lu cette première édition, tant corrigée depuis, ont reculé. A-t-il vu l'Amérique du Nord? On pourrait en douter. Il ne peint que le paysage des tropiques. Le pays dont il parle, avec ses prairies tremblantes, ses cyprès chauves et sa mousse (la barbe espagnole), est absolument différent. Ces vaines descriptions n'ont de but que l'effort d'imiter gauchement Bernardin de Saint-Pierre, et de nous inonder d'un grossier déluge néologique. La pauvre langue française a subi deux fois en ce siècle ces mélanges barbares, qu'on pourrait comparer à l'opération dangereuse de la transfusion du sang pratiquée par des chirurgiens maladroits.

Je me suis toujours tenu très loin de cette école, sachant que les nouveautés nécessaires à la langue si riche de Rabelais, Molière, Voltaire et Diderot, ne peuvent être introduites qu'avec précaution et en fort petit nombre, à mesure que des idées nouvelles commandent de nouvelles locutions. Dans mon éducation classique, j'avais eu le bonheur d'être averti là-dessus par mon professeur, M. Villemain, à qui on a rendu une justice bien avare et vraiment parcimonieuse. Il avait été d'abord secrétaire de M. de Narbonne, l'homme le plus spirituel d'alors, bien plus que Talleyrand, dont on a tant parlé. M. de Narbonne, qu'on croyait fils de Louis XV et de Madame Adélaïde, fut longtemps l'ami préféré de Mme de Staël; et Bonaparte l'envoya en

trèrent au jeune auteur qu'il gagnerait peu avec de si minces brochures.

Ils lui mirent sous les yeux les livres épais, feuillus de Mme de Genlis, faits pour l'éducation et qui se vendaient comme du pain (*Beautés de l'histoire* et autres compilations). De là nous vint (en quatre volumes) le livre des *Beautés de la religion*, titre profane qu'un vrai croyant n'eût jamais employé. On y ajouta ce qui ne vaut guère mieux : *Génie du christianisme*.

Ce livre, qui parut l'année du Concordat (1801), se vendit si bien qu'on trouva profit à le gonfler de proche en proche. Aux sacrements, au cérémonial, aux fêtes, aux cloches, on ajouta l'Église, moines, missionnaires, ordres mendiants, Jésuites, etc.

Cette encyclopédie d'une chose morte, parée de

Russie avant la fatale expédition pour essayer sur Alexandre les séductions de l'esprit français. Cet esprit, celui du dix-huitième siècle, brillait, avec de Narbonne, dans le salon de la mère de M. Villemain, qui était fort bonne pour moi. Celui-ci avait dû (à son protecteur peut-être) une brillante occasion qui fut un malheur pour sa vie. M. de Humboldt ayant mené Alexandre et les souverains du Nord à l'Institut, ce corps, non averti de cet honneur et fort embarrassé, eut l'idée gracieuse de les faire haranguer par un enfant (M. Villemain) qui déjà venait d'y remporter un prix. Il s'en tira si bien (avec une adresse fort digne) qu'on ne le lui a jamais pardonné. Destitué par M. de Villèle et par les ultra-royalistes, il fut longtemps sans fonction publique autre que l'enseignement de la Sorbonne. Il y donna pendant trente ans le spectacle si rare d'une improvisation réelle (les autres étaient si préparées !). Lui, on lui voyait faire, lancer de véritables étincelles, qui surprenaient tous et lui-même. Mais en même temps, ce grand improvisateur était le plus patient écrivain. On l'a vu par son *Grégoire VII*, œuvre laborieuse, d'un travail fin et fort libéral (pour ce temps). Une main pieuse vient enfin de publier cet important ouvrage. Plus d'une fois il me fit l'honneur de m'en lire des morceaux, des additions, qui venaient tout à coup, de sorte que j'admirais en lui deux choses qui semblent contraires : la soudaineté et la patience.

souvenirs, mais désormais stérile, ne fut pas sans attraits pour tant d'hommes en qui elle se liait aux impressions de l'enfance. Mais elle n'eut pas grande action. Pour en avoir elle dut attendre que la royauté revenue lui donnât l'influence de l'État, du budget, et de la charité publique, surtout la traîtreuse machine amphibie de Saint-Vincent-de-Paul. Elle eut un succès littéraire, et ce fut tout. Ceux qui ont vu avec moi comment le pape fut accueilli au Carrousel par les rires bruyants de l'armée ont senti dès ce temps que la France est voltairienne, et que le dix-huitième siècle, quoi qu'on fasse, survivra à tout.

Les églises, rouvertes avant Bonaparte, furent de nouveau sous lui visitées, honorées, mais on y alla en bâillant.

Les fidèles obstinés, et la société de l'Ancien-Régime qui auraient demandé à cette fausse renaissance de les consoler de l'État, de la tyrannie militaire, n'y trouvaient pas consolation, mais plutôt fadeur et dégoût. Un phénomène tout nouveau commença, la neutralité du public entre le prêtre et le soldat, son impartiale antipathie pour les deux grandes mécaniques. Mais où aller? et où puiser la vie?

En soi? dans l'égoïsme? la morale de l'individu? Mais on ne retrouva pas le *chez soi* et l'on retomba sur le vide.

Une seule originalité était réservée au temps de Bonaparte, un genre nouveau : *la littérature de l'Ennui.*

Cela étonna Napoléon. Il lisait parfois les livres nouveaux, et ne trouvait rien. Il consultait Fiévée, qu'il avait dans ses entre-sols. Il ordonna une fois à un ministre de faire faire une *Histoire de France*. Il n'obtint rien. Le vide, le néant, ce nouveau roi du monde, le néant seul lui répondit.

Les salons bruyants et causeurs du Directoire, maintenant surveillés, devant les écouteurs qu'y envoyait Fouché, sans oser se fermer, s'étaient peu à peu dépeuplés et devenaient déserts. De là partit le signal du bâillement universel. A la fermeture du Tribunat, son très brillant parleur, le jeune Benjamin Constant, écrivit son roman d'*Adolphe* (1802), où l'on voit que l'amour, seule ressource du temps, ne préserve pas de l'ennui. M*me* de Staël, de son côté, fit le roman si diffus de *Delphine* (1802), puis dans *Corinne* le fade personnage d'Oswald, l'indécision qui tourne au spleen.

Enfin, un très grand écrivain, *Senancour*[1], n'essaye pas de s'ennuyer à deux. Dans son *Oberman*, il demande la vie à la solitude, à la nature (non une nature fardée, de fantaisie, comme la fausse nature d'Atala), mais à la nature vraie, grandiose, sublime des Alpes[2].

---

1. Les esprits éminents d'alors, plus délicats que ceux d'aujourd'hui, qui si souvent s'étalent, mettaient un soin souvent étrange à se cacher. Senancour, très longtemps, a été un mystère. On ne connaissait trop sa vie, sa personnalité. Enfin, sa famille s'est décidée (cette année même) à livrer ses papiers à notre fin critique, Jules Levallois, le plus digne certainement d'en écarter les ombres. — Le livre de M. Levallois, *Senancour*, d'après des documents inédits a paru en 1897. — A. M.

2. Ces tableaux admirables, et pourtant impuissants pour rendre certaines

Là même, en son asile du Valais, l'ennui lui est fidèle et il le retrouve partout. Il a pris possession de tout son être.

L'ennui est tellement le maître de l'époque, que Chateaubriand, qui tout à l'heure se chargeait de nous consoler par l'attrait des vieux souvenirs, avoue lui-même que sa religion, évoquée dans le *Génie du christianisme*, ne l'a point calmé ni consolé. De là *René*, cet aveu de mélancolie désespérée. — Singulier épisode qu'on est étonné de trouver au milieu de cette encyclopédie chrétienne [1].

Enfin, après tant de parlage, tant de soupirs et de faux appels à la mort, la mort vient, et dit : Me voici !

Grainville écrit, se tue. Voilà qui est net, franc, — qui doit faire taire tous les parleurs.

---

choses, me faisaient faire une réflexion. Le paysage, la grande gloire de l'art au dix-neuvième siècle, a fini par donner ce que le style rend à peine, et ce que les grands paysagistes du dix-septième eux-mêmes n'ont pas atteint. Ce que ceux de Hollande ont bien rarement rendu (sauf quelques tableaux de Paul Potter), les nôtres l'ont fait : *ils peignent l'air;* et l'on sait, en voyant chez eux l'atmosphère, non seulement qu'on est dans telle saison, et dans tel mois, mais que l'air est à tel degré. J'ai sous les yeux un paysage de Paul Huet, le rénovateur de ce grand art, paysage recueilli, humide, derrière une colline qui cache le soleil qu'on ne voit pas et qui se couche, et ce tableau charmant, si doux, dit : *Quatorze degrés, en septembre.* — Et à côté, je vois un paysage de Lortet. L'éminent peintre de Lyon, le *Wetterhorn*. Scène immense, les hauts sommets du mont, encore dans le soleil, mais par un vent très frais marquent deux degrés tout au plus, tandis que leurs basses assises dans les sapins, quoique fort garanties, sous la brume des froids torrents, semblent encore plus près de la glace. Du plus bas au plus haut, sur l'échelle de six mille pieds, ce tableau admirable me donne tous les froids de l'air suisse, si fort, si vert, à différents degrés.

1. Je parlerai plus tard des *Martyrs*, et là je ferai remarquer une grande injustice de ce temps-ci, l'accord singulier que la presse a montré pour étouffer un très beau livre, plein de vues neuves et originales : *Histoire des idées littéraires*, par Alfred Michiels. Voy. ce qu'il dit du *merveilleux chrétien* (1873).

Le Dernier homme, fort supérieur pour la conception à toute œuvre moderne, mais pâle d'exécution, en cela même encore porte un grand trait de vérité, étant visiblement conçu du désespoir (1798-1804).

CHAPITRE X

Grainville. — *Le Dernier homme.*

On n'a de ce livre qu'une ébauche en prose : l'auteur mourut lorsqu'il avait à peine commencé à le versifier. Cette esquisse fut publiée d'abord par le libraire Déterville, à qui Bernardin de Saint-Pierre l'avait recommandée. Elle a été plus tard réimprimée par Nodier.

Cependant, comme ces deux éditions sont fort rares, j'en fis moi-même un extrait en 1850, que j'insérai dans mes *Légendes de la démocratie.*

L'originalité de l'ouvrage n'est pas seulement sa sombre grandeur. C'est sa conception, l'idée qui en fait le nœud même, idée de sublime théologie que les plus grands génies n'avaient pas éclaircie.

Homère a dit que le monde, les dieux, les hommes, étaient suspendus à une chaîne que porte la main de Dieu (Jupiter). Mais quel est cette chaîne ? Personne ne l'avait expliqué.

Dante ne le put, avec sa théologie subtile et ses belles colères. Shakespeare non plus, avec sa fantaisie flottante entre les brumes d'Hamlet et l'iris nuancé de ses féeries.

Grainville a percé davantage. Et dans un cœur profond, et creusé par le désespoir, il a le premier vu la chaîne par laquelle le monde est soutenu à la main de Dieu.

Dans l'hiver de 1804, le dur hiver du sacre, on pouvait voir à Amiens une maison misérable dont personne n'approchait. Elle était interdite en quelque sorte, frappée de réprobation et sous l'excommunication publique. — On la montrait de loin. — L'herbe poussait librement dans l'humide ruelle où elle se trouvait, et devant la porte presque toujours close. Sans le clapotement des eaux sales du canal qui passe derrière et qui apporte les légumes des jardiniers des environs, nul bruit n'eût averti que cette solitude maudite se trouvait au milieu d'une grande et populeuse ville.

Les hôtes de cette maison de malheur étaient un homme, une femme, du même âge, d'à peu près soixante ans. L'un ou l'autre sortait le matin, et l'on pouvait les voir : ils allaient chercher près de là du pain ; un peu de tourbe, triste chauffage du pauvre ; puis rentraient vite, comme des ombres, qui craignent le jour et le soleil.

Rien pourtant, à les voir, n'expliquait l'anathème sous lequel ils passaient leur vie. La figure douce de la femme inspirait plutôt l'intérêt; celle de l'homme, singulièrement noble, dans son extrême misère, étonnait par un caractère habituel de distraction et de rêverie.

Quelle malédiction pesait donc sur cet homme? Pourquoi le fuyait-on? Avait-il les mains souillées de crimes? Était-il marqué du signe du meurtre? Ou bien encore était-ce un de ces violents patriotes qui firent à la liberté de sanglantes hécatombes, et que la réaction poursuivit si cruellement à son tour? Non, c'était au contraire une victime de la Terreur.

Prêtre avant la Révolution, Grainville (c'était son nom) avait cherché sa sûreté dans le mariage. Il épousa une parente pauvre, mais d'un esprit cultivé, d'un caractère résigné et doux; union austère, formée sous les auspices de la nécessité, et qui n'eut pas de fruit.

Grainville avait eu quinze cents livres de rentes et les avait perdues. Il ouvrit une petite pension qui, dans la destruction de tous les anciens établissements, réussit d'abord à le faire vivre. Bientôt, revinrent tous les ennemis de la Révolution, amnistiés par elle, implacables pour elle. Les prêtres reprirent leur ascendant. Un nouveau terrorisme en sens inverse s'exerça sur tous ceux qu'on croyait révolutionnaires. — On ne guillotinait pas, on affamait. Les femmes furent en ceci les violents auxiliaires des prêtres, les instruments impitoyables de la persécution. La grande dame dit qu'elle n'enverrait plus aux boutiques des gens sans religion. La bourgeoisie suivit; elle n'eût pas fait mettre une planche, une vitre, un clou, par des ouvriers mal pensants. Qu'on juge de la guerre qu'on fit au prêtre marié! Son école devint un désert; les élèves partirent un à un, le maître resta seul.

Seul, littéralement seul, et sans voir un visage humain. Amis et connaissances, mal notés à cause de lui et participant au même interdit, s'éloignèrent peu à peu; à regret, mais ils ne pouvaient se faire absoudre et rentrer dans le monde qu'en fuyant l'homme condamné. Sa solitude fut profonde, celle du captif au cachot. Supplice étrange d'un homme libre en apparence, et en réalité tenu au secret, à qui la société dit : « Tu peux aller, venir, d'accord; toujours tu seras seul, tu ne trouveras personne qui échange un mot avec toi... Tu ne parleras plus et tu n'entendras plus. » Grainville, dans ses douloureux écrits, a célébré comme la première des félicités *le bonheur de voir des hommes et d'entendre la parole humaine.*

Celui qui avait au cœur un si tendre sentiment de l'humanité, on l'a fait mourir solitaire et comme une bête sauvage!

Quand on sait ce qu'étaient alors les villes de province (et la plupart n'ont pas beaucoup changé), on comprend sans peine les effets d'une telle conspiration. Pour Amiens, quelques changements extérieurs qu'ait pu y faire le mouvement industriel, il est resté le même. C'est toujours l'antique Amiens, pesamment assis sur la Somme, avec sa forte cathédrale qui plane et domine tout. Maisons, jardinages et tourbières, tout le reste est au-dessous, dans les eaux et le brouillard. Peu, très peu de mouvement. Ce qu'il y a de librairie est ecclésiastique. Dans une courte promenade, j'y trouvai trois imprimeurs, le premier celui de l'évêque, le second celui de la *Gazette du clergé*, la boutique du troisième n'étalait que des Sacrés-Cœurs.

Il n'y a guère de populations plus misérables au monde que celle du bas Amiens. Les femmes qui cousent les sacs travaillent seize heures pour dix sols et encore elles fournissent le fil et la lumière. Tout cela est entassé dans des ruelles misérables, d'étroites habitations, dont chacune est divisée entre plusieurs ménages. Des canaux dormant le long des ruelles s'élève une brume éternelle, qui, dans la mauvaise saison, doit moisir, transir ces tristes demeures, monotones autant que malsaines. Ces brumes semblent l'ennui même palpable et visible. Je me disais en passant : « Si le dégoût de la vie doit venir aisément à l'homme, c'est ici... » Qui soutient ces populations? L'eau-de-vie, tout en les abrutissant. Elle leur donne des moments d'oubli, et cette mort passagère leur fait attendre en patience le bienfait désiré d'une mort définitive.

Grainville résista longtemps à cette attraction de la mort. Il lutta par le travail, s'obstina à l'espérance, se dit, se redit qu'une âme où couvait une grande pensée ne pouvait mourir. Il lutta par la tendresse et le cœur, se reprochant de laisser sans ressources cette femme, cette sœur, cette personne innocente et résignée, qui ne se plaignit jamais, n'accusa jamais, ne versa jamais que des larmes muettes. La situation d'un homme forcé de vivre uniquement parce qu'il aime, rivé par le cœur à la vie devenue intolérable, est précisément ce qui influa sur le génie de Grainville; s'il n'en tira pas la force de résister au suicide, il lui dut l'inspiration du poème qui l'immortalisa.

Le sujet de son poème, c'est *le Dernier homme*, ou, si l'on veut, la mort du monde; c'est le récit de la lutte suprême du génie de la Terre, parvenu à la fin des temps, épuisé, condamné, qui, contre sa sentence, s'obstine à vivre, et s'efforce pour vivre de continuer l'amour entre les hommes, de faire qu'on aime encore; car, dit le sublime poète, tant qu'il reste un couple ici-bas pour aimer, la terre ne peut finir.

Grainville avait couvé toute sa vie ce poème de la mort.

Né au Havre, comme Bernardin de Saint-Pierre, (qui avait épousé sa sœur), il eut de bonne heure l'Océan sous les yeux; son action destructive sur les côtes, la démolition, la décomposition successive qu'il fait de nos falaises. Tristes ruines où l'on croit voir les os de la terre arrachés et tirés au jour par l'éternelle morsure de l'élément sauvage. Il n'avait pas seize ans que déjà, frappé de cette fin future, infaillible, du monde, il dit à la Terre : « Tu mourras. »

Né noble, Grainville appartenait à l'ancienne société, qui allait périr; il était de la classe qui en représentait la triste caducité. La noblesse de France (c'est M. De Maistre qui en fait la remarque) était une classe physiquement dégénérée, dégradée, amoindrie.

Noble, mais pauvre, Grainville fut fait d'Église, affublé d'une robe, condamné à l'hypocrisie. Jeune homme ardent, passionné, il avait trop visiblement une tout autre vocation. Pour briser la nature, la faire taire et la démentir, il eût fallu la foi, une foi fixe et forte. Grainville ne trouva dans l'Église qu'une école d'incrédulité. Son camarade au séminaire de Saint-Sulpice était le moins croyant des hommes, un calculateur politique, le muet, le sournois Sieyès. Ce personnage étrange, qui devait formuler la Révolution comme victoire du nombre, vit dans les hommes des chiffres ou des atomes, voulant toujours de ces atomes édifier géométriquement les froids sépulcres qu'il appelait des constitutions. Vrai politique de la mort.

Voilà Grainville prêtre, prédicateur, déclamant à grand bruit ce qu'il tâche de croire, parlant haut, criant fort, pour se persuader lui-même. Le voilà comme les autres, aboyant contre les philosophes, et niant la raison. Il répond en ce sens à une question posée par une académie ; il imite tristement Rousseau.

Un matin, cette vie fausse et ce rôle convenu lui deviennent insupportables. Sa franchise naturelle l'emporte. Il se lasse d'être une robe, au lieu d'être un homme. Il déchire cette robe, laisse la chaire, ses petits succès, les coteries de corps et de pays, abandonne Amiens, court à Paris et fait un drame. C'était à la veille de 89.

Étrange destinée de cet homme! A peine il frappe aux portes de cette société, à peine il y entre, elle s'écroule; ce n'est plus que poussière.

Et le jeune géant qui sort de ses ruines, la Révolution, dans son inexpérience enfantine, croit qu'en brisant le trône on pourra conserver l'autel. Elle rétablit les élections des premiers siècles de l'Église, elle abaisse le prélat et relève le prêtre; les meilleurs prêtres, elle les appelle, leur fait prêcher l'égalité en Dieu. Grainville retourne à l'Église purifiée, il entre dans la chaire, il y parle... La chaire fuit sous lui; l'église lui tombe sur la tête... La Révolution elle-même la brise, la démolit, elle la met en poudre, il lui faudra tout autre chose, quelque chose de fort, de profond, une réforme intime, non dans la discipline, mais dans l'esprit et dans la foi.

Tout cela pour l'avenir. Et 93 éclate, sur la tête de Grainville. La Terreur le retrouve prêtre, et elle met sur lui sa main pesante.

Il y avait à Amiens un proconsul violent, mais habile; cruel d'aspect, terrible, implacable en paroles; il usait de cette terreur pour se dispenser de verser le sang. Il fait venir Grainville : « J'ai promis, lui dit-il, la tête de soixante-quatre prêtres; tu en es et tout des premiers. Tu as des talents que j'honore; mais si j'épargne ta tête, je payerai de la mienne. Sauve-nous, marie-toi; sois patriote et citoyen. »

Ce mariage, acte innocent en soi, légitime, honorable, l'était-il lorsqu'on l'imposait au nom de la nécessité? Le vœu du célibat, ce vœu impie, contre nature, maudit cent fois par Grainville, comme la tyrannie du vieux monde, il lui redevint respectable lorsqu'il fut contraint de le violer par la tyrannie du nouveau. C'était au plus intime de l'homme qu'on s'attaquait ici, à ce qui lui restait seul (dans l'affaiblissement de ses croyances), je veux dire à la volonté. Il n'y consentit pas. Il réserva sa volonté entière, n'accorda à la force qu'une obéissance extérieure, épousa une parente d'âge mûr, et crut pouvoir continuer le célibat dans le mariage; il espéra qu'un tel hymen, semblable à ceux que les chrétiens contractaient dans les temps de l'Église primitive, ne serait autre chose qu'un lien fraternel.

État bizarre! plein de souffrances, de combats, de luttes secrètes. Plus de paix au foyer, le lieu même où tout homme cherche le repos et l'oubli est le centre de l'agitation et le champ de la guerre.

Beaucoup d'hommes qui vivent encore peuvent, en recueillant les souvenirs de leur jeunesse, se rappeler sans peine la tristesse infinie de ce temps. L'immensité des ruines, la perte de tant d'illusions, le deuil de tant de victimes, le deuil des principes même immolés et trahis, l'immense Sainte-Barthélemy législative des meilleures institutions de la Révolution, la République elle-même jetée par les fenêtres de Saint-Cloud; tout cela mettait dans les âmes qui conservaient quelque valeur un abîme de tristesse...

Qu'était-elle devenue, cette lumière de 89, devant laquelle le monde tomba un moment à genoux? Où était-il l'autel de la Fraternité, où nos fédérations amenèrent en un jour tant de milliers d'hommes, l'autel où tout un peuple mit son cœur, et qu'il trempa de larmes... Tout cela, disparu!... Un éclair dans le ciel!... Et le ciel s'était refermé!...

La gloire ne manquait pas, la gloire infatigable, meurtrière et terrible. Le temps des grandes destructions d'hommes avait commencé; l'on ne devinait pas comment il finirait. De victoire en victoire, de carnage en carnage, le monde s'acheminait sur la pente du néant. Plus d'un y avait goût, érigeait la mort en doctrine. De Maistre nous enseignait que l'extermination est le procédé favori de Dieu. Senancour écrivait sur la pierre d'une tombe son livre désolant de l'*Amour*.

C'est le moment où Grainville prit la plume. Son livre fut pour lui un ajournement du suicide. La première pensée de sa jeunesse, pensée amère et sombre, lui revint cette fois. Ici, ce n'était plus la mer et ses destructions qui lui dictaient la fin du monde; c'était cette mer d'hommes, écoulés sous ses yeux. Et combien les générations passaient-elles devant lui plus orageuses et plus rapides que les vagues aux falaises du Havre!

Lui-même, flot vivant, écoulé tout à l'heure, que pouvait-il contre la destruction? une seule chose, mais grande, qui est la vengeance de l'homme et sa victoire sur elle : La dominer et la décrire; lui dire :

« Tu m'emportes, c'est bien... Quoi que tu puisses faire, tu es si peu victorieuse que c'est de toi-même que je tirerai l'inspiration, l'âme nouvelle, et la vie d'avenir... »

Si l'on en croyait l'ingénieux éditeur du poëme, Nodier, qui n'en a nullement senti l'immense portée morale, mais qui a su très bien, et de la première source, les détails de la vie de l'auteur, ce poëme, conçu de bonne heure, mais négligé longtemps, aurait à la fin jailli tout entier dans une des dernières heures de désespoir. Sa femme, dit-il, m'a souvent raconté la soirée où le dernier élève de Grainville s'éloigna de sa maison. Les deux vieillards étaient assis au coin du foyer, et de temps en temps arrêtaient l'un sur l'autre un regard abattu. Les yeux de la femme roulèrent enfin quelques larmes qu'elle ne pouvait plus dissimuler. Grainville s'empara de sa main, et frappant son front comme pour fixer une illumination soudaine : « Rassure-toi, lui dit-il. Donne-moi ce papier inutile, cette encre, dont ils ne se serviront plus... Je te réponds de l'avenir ! » Son poëme était dès lors dans son esprit ; il l'écrivit d'un trait, et sans rature. (Voyez à la fin de ce troisième volume.)

L'ouvrage de Grainville, tel que nous l'avons, n'est qu'un plan étendu, un simple canevas du grand poëme qu'il rêvait. Le résumé que j'ai donné est, pour ainsi parler, l'ébauche d'une ébauche. Nous craignons bien qu'on n'y trouve plus rien de la grandeur de l'original.

Ceux, pourtant, qui ont un cœur, nous en sommes convaincus, sauront, sous la faiblesse de ce résumé, reconnaître et retrouver des idées fortes et grandes, des situations d'un pathétique sublime, telles conceptions éloquentes par elles-mêmes, de quelques mots qu'on les exprime.

La force du cœur est tout dans cette œuvre. Elle ne doit rien aux machines toutes faites du merveilleux convenu. Grainville n'emprunte rien au paganisme classique, rien au merveilleux chrétien. Le premier homme, le jugement, n'appartiennent pas au christianisme ; ce sont des idées communes à une foule de religions.

Nous ne voulons point comparer cette ébauche aux grands poèmes achevés de Dante et de Milton. Nous devons cependant remarquer, pour être justes, que l'un et l'autre, dans leur conception générale, sont dominés par la tradition. Milton l'a suivie pas à pas. Dante, qui la renouvelait de son puissant génie, emprunta cependant beaucoup, on le sent aisément, aux légendes perdues, beaucoup aux *Divines Comédies* populaires qui, depuis tant de siècles, se jouaient aux portes des églises.

Grainville n'a rien dû qu'à lui-même, à son temps, aux douleurs trop réelles de l'époque où il vécut. De tous les livres d'alors, le sien est le plus historique, en ce sens qu'il donne avec une vérité profonde, *l'âme même du temps*, sa souffrance, sa sombre pensée.

Cette pensée, il faut le dire, sortie de la douleur physique aussi bien que morale, n'en a pas moins en elle une âpre et sauvage poésie. Elle n'est autre que la faim et la famine, la terreur que produisit vers la fin du dix-huitième siècle l'apparent épuisement de la terre. Cette terreur, plus forte que celle des échafauds de 93, se retrouve à chaque ligne de l'histoire de ces temps. Nous avons dit ailleurs les causes qui depuis Louis XIV avaient insensiblement stérilisé le sol, jusqu'à ce que la Révolution rompît l'enchantement fatal, délivrât la nature en même temps que l'homme, et recommençât la fécondité. La terre se remit à produire sous la rosée de la justice. Malheureusement, ce bienfaisant effet de la Révolution ne se fit sentir qu'à la longue ; elle ne porta ce beau fruit que lorsqu'elle-même allait disparaître, et les bénédictions de la fécondité due à ses lois furent pour le gouvernement qui ne les avait pas faites. Tout le souvenir qu'elle laissa fut, au contraire, celui des maux accidentels que l'on avait soufferts. La disette et le *maximum*, les sanglantes émeutes des grains, de longues nuits d'attente passées à la porte des boulangers, voilà ce qui est resté dans l'imagination populaire.

Cette terrible préoccupation de la famine n'est pas, au reste, particulière à la France de ce temps. L'année même où Grainville semble avoir commencé d'écrire son poème (1798), un autre poème non moins de fiction, sous forme abstraite et sérieuse, paraît en Angleterre, un livre qu'on pourrait appeler l'*Économie du désespoir*. Je parle du livre de Malthus.

Cent voix répondirent à Malthus. Une littérature tout entière est sortie de ces voix gémissantes, qui furent le cri de la nature. C'est ce qu'on peut appeler les *poètes de la faim*.

Remarquable contraste. Le fond du livre de Malthus, son corollaire impie, c'est que l'amour est de trop en ce monde ; que, pour lui continuer à ce monde sa froide et misérable vie, *il ne faut plus qu'on aime*. Tout au contraire, le sens du poème de Grainville, ce qui en fait un livre aimable et bon, d'une lecture sacrée, c'est l'idée sublime et tendre (aussi spiritualiste que l'autre est matérielle et basse) que *l'amour est la vie même du monde*, toute sa raison d'être, *que le monde ne peut mourir tant que l'homme aime encore;* tellement que, pour obtenir que le monde se repose et meure, Dieu est obligé d'obtenir de l'homme *qu'il permette cette mort en cessant d'aimer*.

Combien Grainville aurait-il eu le droit de dire de son poème le mot qu'on a prodigué à des livres moins originaux : *prolem sine matre creatam* (fils engendré sans mère)!

Cette mère, s'il fallait la chercher, ce serait la douleur. Sous cette noble poésie qui relève tout et ne descend jamais à pleurer pour elle-même.

Grainville, pour se faire imprimer, s'était adressé à Bernardin de Saint-Pierre, qui avait épousé sa sœur, et il lui avait envoyé son livre. L'auteur de *Paul et Virginie* le lut probablement, car il se mit en quête, il recommanda le livre. Il trouva un libraire, mais non pas un public. A peine quatre ou cinq exemplaires sortirent du magasin.

Pour saisir l'attention du public, l'arracher un moment à ses préoccupations, il eût fallu, du moins, un livre ridicule, comme avait été celui d'*Atala*, dans la première édition qu'a supprimée l'auteur. Grainville échappa entièrement à l'attention de la critique. Personne ne blâma, ne loua. Tous négligèrent également le seul livre du temps dont la composition fût originale.

Cet oubli, ce silence, furent pour l'auteur le coup de grâce. Il se tint condamné sans appel par le sort. Son poème, son espoir et sa consolation dans ses sombres et dernières années, ce fidèle compagnon, ce noble ami, qui l'avait souvent relevé, dont la flamme le réchauffait encore à son foyer glacé, son poème, dis-je, l'avait quitté ; il était parti, hélas ! pour faire naufrage !... Il faut avoir produit soi-même pour savoir la tristesse de l'écrivain qui, son livre achevé, s'en sépare pour toujours et reste solitaire, privé du fils de sa pensée.

Toutes les réalités odieuses de sa situation le ressaisirent alors. Il recommença à sentir la faim, le froid. Il se retrouva vieux, dénué, misérable, seul. Que dis-je ? non, pas seul. La chétive habitation que la pension, l'école avait remplie, n'était plus occupée par le seul Grainville. Elle était divisée, comme la plupart des maisons du bas Amiens, entre plusieurs ménages d'une population indigente, bruyante, sale, presque toujours ivre. Grainville, relégué dans un rez-de-chaussée humide et sombre, à travers les faibles cloisons, avait tous les bruits, les échos, les contre-coups de cet enfer, cris des enfants, querelles des parents, commérages des femmes. Si différent de ses voisins, il devenait un objet de risée. On se moquait du vieux. On le singeait, on l'épiait. Il le croyait du moins. Il supposait que ses voisins rapportaient à ses ennemis tout ce qu'il pouvait dire ou faire, en amusaient la ville. Au coin même de son foyer, il ne se croyait pas en sûreté ; il disait à sa femme : « Parle bas, on écoute. »

Dans cette vie intolérable, qu'il eût quittée cent fois, sa femme le retenait encore. Peu à peu, cependant, autant qu'on peut conjecturer, il se dit qu'après tout, seule, peut-être elle serait moins malheureuse, qu'elle échapperait mieux à la dure malédiction qui avait pesé sur lui. Prévision très juste. Mme Grainville, aimable et cultivée, trouva, après la mort de son mari, de faciles moyens d'existence.

Grainville, depuis longtemps, avait la fièvre et ne dormait plus ; « Le 1er février 1805, à deux heures du matin, pendant une froide nuit, sous un vent glacé de tempête, il se leva pour rafraîchir sa tête ardente aux intempéries de la saison. Il traversa le misérable jardinet abandonné, ouvrit doucement la porte, la referma doucement et en mit la clé dans la poche de son seul vêtement. Des jeunes gens attardés qui passaient de l'autre côté, revenant d'une des folles soirées du carnaval, virent alors un spectre assez étrange qui se glissait sur le revers opposé, et, un instant après, ils entendirent un bruit pareil à celui d'un corps qui tombe. Le lendemain, quand les bateliers arrivèrent à leurs travaux, ils remarquèrent quelque chose qui flottait entre les glaces brisées, et ils le ramenèrent du harpon qui arme leurs longs pieux. C'était Grainville. »

Le mort fut, sans cérémonies, mené au cimetière.

On en parla le jour. Le soir, dans les salons, les dames s'accordèrent à dire que l'événement était triste, mais qu'enfin c'était là une juste punition de Dieu. Ce fut toute l'oraison funèbre.

Peu après, un étranger, un antiquaire anglais, chercheur infatigable des curiosités littéraires, le chevalier Krofft, vint résider à Amiens. Il connaissait *le Dernier-homme*. Il demanda avidement à voir l'original et puissant créateur du poème qu'il considérait comme la seule épopée moderne. Hélas ! il n'était plus !... Krofft pleura amèrement : « Ah ! dit-il, je l'aurais sauvé ! »

Sort cruel ! on quitte la vie la veille du jour peut-être qui l'aurait rendue chère !

Krofft n'eut pas de bonheur. Il arrivait toujours trop tard, et seulement pour enterrer les morts. Déjà en Angleterre il avait découvert, admiré les poésies de Chatterton, lorsque ce jeune poète venait de s'ôter la vie.

Aujourd'hui bien inconnu, Krofft vivra par cette larme que seul il versa sur Grainville, lorsque personne en France ne s'était intéressé encore à l'homme ni au poème. Dans ses notes sur Horace, l'Anglais enthousiaste, s'élevant au-dessus de tout amour-propre national, a dit ce mot sur le poème français : « Il ira jusqu'au dernier homme, jusqu'à la fin du monde, plus sûrement que celui de Milton. »

LIVRE II

ANGLETERRE. — FRANCE (1798-1805).

CHAPITRE PREMIER

Malthus (1798).

L'année 1798, l'année où je naquis, restera, par un signe lugubre, comme celle où les deux plus grandes nations poussèrent le cri de la désolation, le cri des extrêmes misères, *un appel à la mort*, l'anathème à la vie, à la fécondité, un appel à la fin prochaine.

Cette année où Grainville, d'une voix défaillante, commença son poème funèbre, est celle où un homme grave, un *fellow* de Cambridge, le professeur Malthus, dans une grande aisance personnelle, du fond de son repos, fait un précepte de l'appel à la mort, au célibat, à la stérilité.

Cela se comprend mieux pour la France, après tant de déchirements intérieurs.

Mais l'Angleterre, la maîtresse des Indes et la reine des mers, qui, partout, a supplanté la France, comment expliquer son cri de désespoir ? Je sais bien que l'Inde, épuisée par les établissements de Cornwallis, ne rapportait que par les places données à une certaine bourgeoisie, cliente de la couronne ; je sais qu'en 97 la grande révolte de la flotte avait imposé des réformes coûteuses, qu'enfin le complot royaliste en Fructidor avait exigé de l'Angleterre une horrible saignée d'argent. Elle se trouvait dans la position de ces grands propriétaires qui, ayant d'énormes fortunes et des dettes immenses, semblent toujours aux abois. M. Pitt, avec un rire diabolique, disait à ce peuple si riche et affamé : « Réjouissez-vous ! les Français en prenant la Hollande vous donnent un monde, une seconde Inde, les colonies hollandaises, Java, riche trésor, l'ombilic de la terre, d'où les richesses vous viendront par torrents. »

A cet hymne de joie qu'on eût cru ironique, l'Irlande répondait en montrant ses champs dévastés, ses pommes de terre que l'on plantait alors, et l'Écosse son pain d'avoine. Déjà on ne pouvait plus vivre dans les hautes terres ; les highlands descendaient et augmentaient la pénurie d'en bas. Les hommes, s'ils ne faisaient un peu de pêche, s'engageaient pour aller mourir aux Indes. Sauf Glascow, Édimbourg, le désert se faisait. Les femmes surtout, sèches et sobres, peu à peu rétrécissaient leurs estomacs, ou pieusement mouraient sans se plaindre.

Ces pauvres désolés, sur une terre qui n'avait plus d'hommes, refaisaient des couvents industriels, où leur patiente adresse et leur égalité admirable dans le tissage, créa le *fil d'Écosse*, recherché dans toute l'Europe.

L'Angleterre ne sait pas jeûner, comme l'Écosse. Chez elle se forma un être qui n'est tel nulle part ailleurs : le *pauvre*, dont l'industrie est de lever des contributions par paroisses, sur les gens aisés ou laborieux. Cela constitue un état que nous voyons déjà réglé par les lois d'Élisabeth. Fort au-dessus du pauvre se trouvent bien des hommes de vie analogue, mais de noms différents, les *sinécuristes* de divers genres. Ce nom ne pourrait sans injure s'étendre aux *fellows* des universités, anciens élèves qui, ayant pris leurs grades, avaient le privilège fort lucratif de prendre chez eux, pour les nourrir, les conseiller et les veiller un peu, quelques élèves riches et grands seigneurs. Métier commode qui n'imposait qu'une gêne, celle de *ne pas se marier*. Prescription difficile ; car cette vie aisée et douce semblait d'elle-même appeler le mariage.

Au moment où Godwin et autres (à l'instar de nos révolutionnaires) recommandaient le mariage et la fécondité ; à ce moment même, 98, Malthus, alors âgé de trente-huit ans, fit son livre pour prêcher la stérilité.

Livre remarquable, mais menaçant, funèbre, où il croit prouver par les chiffres que le travail de l'homme est incapable de multiplier les subsistances autant que s'augmente la population. Celle-ci par un fâcheux accroissement allant toujours bien au delà de nos facultés de créer et augmenter la nourriture, l'humanité en s'engendrant inconsidérément n'enfante que la famine, la misère et tous ses fléaux.

Qu'arrivera-t-il ? Que les hommes, repoussant les tribus humaines moins fortes, auront pour quelque temps des terres plus étendues à cultiver. Cela donnera un répit. N'importe ! Un peu plus tard la difficulté devra revenir la même.

Il est vrai que la guerre, les maladies, la petite vérole, qui règne en reine au dix-huitième siècle, sont des préservatifs assez bons contre la famine. Mais voilà la médecine, surtout la vaccine, qui veulent conserver l'homme, maintenir, augmenter les embarras du monde.

Puisque la mort n'agit pas assez contre l'encombrement, demandons secours à la médecine préventive. Tâchons de ne pas naître.

Ce livre, farci de chiffres souvent très incertains que l'auteur prend même dans les pamphlets payés de M. Pitt, n'en est pas moins, malgré cet étalage, analogue aux rêveries des millénaires, sur la fin du monde, qui, disaient-ils, doit s'affamer peu à peu et mourir de langueur et d'amaigrissement. Dès l'ère chrétienne où une religion de la mort fut annoncée et la fin prochaine du monde, on a vu par moments reparaître ces rêveries. Malthus, en les reproduisant, fait un roman plus désespérant que celui de Grainville, où l'idée sublime que l'amour conserve ce monde, que la vie du globe en dépend, jette une lueur consolante. Le dernier homme lui-même la suit parmi les ruines.

Dans Malthus, au contraire, ce n'est que ténèbres, et malgré le secours que la mort peut tirer des pestes, de la variole et de ses autres alliés, on n'entrevoit que trop pour les malheureux survivants les honteuses souillures qui remplaceront l'amour dans un monde où l'on s'interdit la fécondité.

Les riches seuls auront des enfants. Le pauvre est né seul, et seul il doit mourir ainsi qu'il est venu.

L'auteur a sous les yeux mille explications sociales de la misère et de ses causes, mais il se garde bien de les voir.

Moi je n'entreprends point de les énumérer. Voici pourtant ce que je dis :

Dans les temps de pauvreté, on peut agir de deux manières : ou en se resserrant et se refusant tout, ou au contraire en cherchant les moyens d'augmenter la production, en se créant d'autres moyens de vivre, des arts, des industries nouvelles.

En ce pays de France, misérable en comparaison, après les banqueroutes de Louis XIV et du premier Régent, sous Monsieur le Duc, on crut mourir. L'autorité follement défendit à Paris de s'étendre et l'entoura de murs. Que fit l'ouvrier de Paris? Il ne chercha pas des ressources aux champs qu'il n'eût pas su cultiver. Il créa un art sans sortir de Paris. Et il s'imposa à l'Europe charmée. Aux meubles de Louis XIV si chers, d'un si grand luxe, il en substitua de moins coûteux, plus élégants, dont les formes légèrement contournées, infléchies avec art, profitaient du hasard des racines et autres accidents de nature. On put avoir des meubles à bon marché. De 1730 à 1760 et au delà, Paris fabriqua pour l'Europe, se bâtit un nouveau Paris, le faubourg Saint-Antoine, et l'ouvrier se maria, eut une famille. Contrairement aux idées de Malthus, l'amour et la famille rendirent l'homme plus productif, plus travailleur, plus ingénieux.

Au même moment, un miracle pareil et plus grand s'accomplissait en Angleterre.

Par les inventions de Watt la nature fut doublée, décuplée, centuplée par les forces motrices qu'on eut partout à bon marché. Jusque-là, les torrents, les chutes d'eau en fournissaient, mais par moments, trop ou trop peu, et avec grande irrégularité. Ce furent des torrents tout nouveaux, et transportables, que l'on put installer partout, et faire fonctionner sans limite de temps ni de force.

CHAPITRE II

Watt et la machine. — Incroyable enrichissement de l'Angleterre.

La machine de Papin, l'idée simple de la force de l'eau bouillante qui soulève par moment un couvercle, et par là crée un mouvement, était déjà connue. Watt partit de cette invention première et peu à peu la perfectionna [1].

Ce qui m'attire le plus en tout ceci, c'est moins la machine que l'homme, sa grande originalité.

Il n'était pas plus machiniste que propre à tout art, toute science.

Nous avons heureusement la connaissance de ses parents pendant un siècle. On voit avec étonnement que cet enfant, maladif et précoce, de très bonne heure semblait savoir toute chose et d'avance résumait, en quelque sorte, la vie, les aptitudes de tous ses aïeux [2].

---

1. Voy. l'*Éloge de Watt*, par Arago.
2. Cette singulière faculté n'a encore été ni notée ni observée sérieusement.

Watt naquit dans le comté d'Aberdeen, peu pittoresque, agricole, et, quoique si près de la mer, étranger à la marine. Il n'eut nulle envie de voyager, resta tout entier à la réflexion.

Son bisaïeul, un cultivateur, en combattant pour les Stuart, sous Montrose, fut tué et ses biens confisqués. L'enfant semblait être de ces temps-là ; il savait toutes ces batailles, toutes ces aventures, et les racontait avec un charme si grand qu'on passait les nuits à l'écouter. S'il n'eût été Watt, il aurait été Walter Scott. Le célèbre romancier dit lui-même combien il fut impressionné de ses récits.

Son *grand-père*, recueilli par des parents éloignés, fut mathématicien, enseigna les mathématiques pour la navigation. Notre Watt tint de lui, et, dès six ans, cherchait ses amusements dans la géométrie.

Les *fils de ce grand-père* suivirent sa profession. L'un d'eux fabriquait des instruments pour la marine. C'est ce qu'essaya de bonne heure son fils, James Watt, le grand inventeur, qui, sans cesse, montait, démontait ses jouets ; l'un n'était pas moins qu'une petite machine électrique qu'il avait construite.

Ainsi, la vie, les aptitudes de tous ses parents antérieurs revenaient dans cet enfant singulier, et il avait pour tout des germes, des commencements, comme une espèce de seconde vue qui le dispensait presque d'apprendre.

Comme malade, il aimait, dévorait des livres de médecine, et même en cachette fit de l'anatomie.

Sur les rives du lac Lomond, il devint minéralogiste. Puis il analysa les minéraux, se fit chimiste, il fut frappé de voir à quel point l'air chaud et élastique, s'étendant, devient une force puissante : il était sur la voie de sa découverte.

Mais, avant tout, il voulut avoir un métier. Il alla à Londres. On n'y voyait pas bien les Écossais, depuis le ministère de lord Bute. Il n'y resta qu'un an, retourna à Glascow ; mais là, autre difficulté. Les ingénieurs de cette ville le regardaient, le traitaient comme Anglais, refusaient de le recevoir. Il fallut que l'Académie, alors si glorieuse par Adam Smith et autres inventeurs, l'établît dans un local à elle, une petite boutique où il construisait et vendait des instruments de mathématiques. Le soir, on s'y rassemblait volontiers pour l'entendre. Et l'échoppe devint célèbre. Ceci rappelle que Christophe Colomb, à Gênes, eut d'abord aussi une boutique de livres et de cartes de géographie.

Sa découverte date de 1769. Mais n'ayant pas réussi dans la première association qu'il fit pour l'exploiter, il eut la patience, l'incroyable courage d'attendre dix années, de changer de carrière, et, comme ingénieur, de creuser un canal (au lac Lomond) rival du canal Calédonien, puis un autre canal pour porter la houille à Glascow. Enfin, en 1774, il revint à sa découverte, s'associa avec un exploiteur de grande intelligence, Bolton ; et d'abord la machine servit à l'épuisement des eaux dans les mines de Cornouailles, qui donnaient en retour le tiers du charbon économisé. Enfin Watt transforma sa machine en un moteur universel.

Mais là encore il eut plusieurs difficultés. Dans la chambre des Communes, plusieurs faisaient obstacle pour la continuation de son brevet, entre autres le célèbre Burke. Il eut sept années de procès, où tantôt on lui disputait son invention, tantôt on prétendait qu'elle était préjudiciable aux ouvriers. Ces procès l'irritaient, le détournaient et l'avaient obligé de devenir légiste. Parmi ces contrariétés sa femme mourut, et le plus aimé de ses fils. Il en resta inconsolable, et se retira en 1798, cédant son brevet à l'un de ses fils, qui, avec l'associé de son père, créa la célèbre manufacture de Watt et Bolton.

Une partie, peut-être la plus curieuse, de cette grande ère nous est cachée : comment cet homme ingénieux et patient, aussi fort au point de vue moral que dans les choses mécaniques, se créa-t-il le monde d'auxiliaires qui, sous lui, purent réaliser ses conceptions? origine féconde de ce grand peuple d'ouvriers laborieux, consciencieux, qui surtout pendant trente années ont fait la supériorité de l'Angleterre, sa royauté industrielle sur le monde.

En 1798, ce grand résultat n'était pas visible encore, et sans doute Malthus, qui alors publiait son livre désolant, crut que la nouvelle invention, diminuant le travail, ôterait le pain à l'ouvrier et ne serait qu'une augmentation de misères. Les salaires crûrent sans doute pour ceux qu'on employait; mais l'établissement des usines qui travaillaient avec ces grandes machines, supprima peu à peu la petite industrie des tisserands, le travail en famille, si regrettable[1]. A Leeds, par exemple, il y avait quatre mille petits ateliers qui durent disparaître.

Quoi qu'il en soit, on ne peut comparer ces inconvénients passagers avec le bien universel qui résulta du système nouveau.

La machine qui promettait une si grande économie de la main-d'œuvre, paraissait renvoyer l'ouvrier. Mais elle augmenta tellement la fabrication par le bon marché tout nouveau qu'elle mettait en chaque industrie, que des masses d'ouvriers y trouvèrent leur compte, eurent des salaires élevés (comme ouvriers du fer, mécaniciens, etc.), même les ouvriers primitifs, tisserands, filateurs, que la machine semblait surtout déposséder, furent employés aussi dans le nouveau système, où la fabrication exigeait encore, en mille choses secondaires, l'assistance de la main humaine.

Ces avantages tournèrent au profit de la famille. Beaucoup se marièrent qui, dans l'ancien système, ne

---

[1]. Les détails sur l'ancienne industrie de *la laine*, qui fut la principale du Moyen-âge, se trouveront dans le grand et important ouvrage que M. Jules Quicherat doit publier sur ce sujet, et pour lequel il n'épargne ni soins, ni temps, ni voyages coûteux. — La savante Miss Toulmins Smith a publié, en 1860, les ordonnances relatives à ce métier, recueil préparé par son père. — Enfin, M. Brentano fils a fait, sur les *English Gilds*, un livre plein de recherches instructives. Cependant il néglige les passages si connus des chroniques où l'on voit les efforts que faisaient les Anglais pour attirer l'ouvrier étranger. — M. Quicherat, dont l'autorité est si considérable, croit, comme moi, que l'industrie anglaise se recruta surtout dans les émigrations du continent.

l'auraient pu, seraient restés compagnons et célibataires.

Le prix du vêtement et des outils en tout genre baissa tellement que les peuplades les plus pauvres purent se vêtir, avoir des instruments pour commencer quelque industrie. L'Angleterre, ce grand atelier, donna lieu à la création de milliers d'ateliers sur la terre.

La paix d'Amiens, négociée depuis mars 1802 et conclue en octobre; d'autre part, la paix de Lunéville ou d'Allemagne, en dispensant l'Angleterre de soudoyer l'Autriche, lui permit d'employer son argent dans les manufactures. De là ce miracle de production.

Le globe entier en fut pour ainsi dire renouvelé.

L'Angleterre, depuis bien des siècles, avait réclamé la gloire de fabriquer et de répandre ce grand bienfait (le premier dans le nord) : le vêtement qui nous réchauffe et nous permet l'activité.

Dès 1300, le vieux chroniqueur disait :

« O Angleterre! qui pourrait se comparer à toi ?... Tes vaisseaux, tes travaux vont sans cesse d'une extrémité à l'autre du monde. Les flancs des nations te bénissent, réchauffés des toisons de tes brebis. »

CHAPITRE III

Rupture de la paix (1803). — Lutte d'Hortense et Joséphine contre les frères de Bonaparte.

Ni Bonaparte, ni personne n'avait prévu la grande révolution industrielle de l'Angleterre. Il l'envisageait comme une puissance commerciale, et ne soupçonnait pas ce que démontrèrent les amis de Pitt, que la guerre faisant la mer déserte, et la livrant toute aux Anglais, leur serait plus lucrative que la paix elle-même.

Dans l'intérêt de l'industrie française qu'avec Chaptal et Berthollet Bonaparte croyait rétablir, il ajourna, c'est-à-dire refusa le traité de commerce que l'Angleterre marchande espérait obtenir de la France, traité semblable à celui qu'accorda Louis XVI, qui lui rouvrirait un débouché immense et nous inonderait de ses produits, mis à si bon marché par la machine. Cela n'arriva pas, et ce refus contribua plus que toute chose à rendre impopulaire en Angleterre une paix saluée d'abord avec un enthousiasme délirant.

Le mépris militaire de Bonaparte pour le mercantilisme lui avait fait croire que la torpeur de l'Angletere, augmentée par les bénéfices de la paix, durerait plus longtemps. Il recevait à Paris les Anglais, curieux de revoir cette ville après tant d'années, et fort surpris, en traversant la France, qu'on leur peignait toute en ruines, de la trouver si bien cultivée. Ils pouvaient se convaincre de la fausseté du tableau que leur faisaient les émigrés et l'Anglo Genevois sir Francis d'Ivernois. Tous les ambassadeurs de l'Europe étaient à Paris, qui ne fut jamais si brillant.

Fox y vint voir aussi ce prodige du jour. Quoique ébloui d'abord de la faconde de Bonaparte, il lui parut que ce beau parleur en disait trop, et souvent plus qu'il ne convient à un homme d'État.

Fox, au contraire, quoique ami de la France et fort humanitaire, se maintint dans l'attitude et les discours d'un très parfait Anglais. Qu'on en juge par une anecdote. Un jour qu'au Louvre, pendant l'Exposition de l'industrie, on regardait un fort beau globe de la terre, un des traîneurs de sabre qui suivaient le Consul s'avisa de dire : « Oh ! que l'Angleterre est petite ! — Oui, oui, répliqua Fox; mais elle contient les Anglais, qui veulent y vivre et y mourir. » Et étendant les bras sur les deux océans et les deux Indes, il ajouta : « Ils remplissent le globe tout entier et l'embrassent de leur puissance. » Bonaparte admira cette fière réponse[1].

Il était de bonne humeur et faisait jouer des comédies à la Malmaison par Bourrienne, le peintre Isabey et autres de ses familliers. Il voulait être aimable. Et, repoussant le chef-d'œuvre de Houdon[2], il confiait son effigie au gracieux Canova, un peu fade, qu'il faisait venir tout exprès d'Italie. Mais son artiste favori était le gentil Isabey, l'homme d'Hortense et de Joséphine.

Il l'a représenté deux fois dans ses portraits célèbres et si souvent gravés, se promenant à pied dans le parc de la Malmaison, et passant la revue au Carrousel. Il est à cheval, ce qui lui va mieux, car les Bonaparte, ayant les cuisses et les jambes courtes, ne font bien qu'à cheval.

Là il est dans sa gloire, entouré de son auréole, de ses invincibles généraux sur leurs fougueux coursiers et l'épée nue.

Dans ces occasions, la triste Joséphine était en seconde ligne. La reine du jour était sa fille Hortense, qui venait d'épouser Louis, bientôt roi de Hollande. Joséphine l'avait voulu ainsi pour diviser la ligue des frères contre elle, qui lui faisait craindre un divorce. Cette situation singulière de la famille du Consul et la faveur d'Hortense si visible était malignement dénoncée aux journaux anglais,

---

1. Rémusat, *Vie de Fox*.
2. Un jour, passant dans la galerie où était le buste, il le tira par le nez et en moqua disant : « Il est *bonhomme*, il est *bon homme*. »

qui prétendaient que la nouvelle mariée était déjà accouchée[1].

A part l'infamie, le scandale, il y avait une contradiction bizarre dans la situation. Ce restaurateur des autels qui, à ce moment même, chassait de Notre-Dame le clergé républicain pour y mettre le clergé du pape, l'homme que les nouveaux curés nommaient : *Christ de la Providence* — celui-là (selon le bruit public) — déshonorait son frère et sa belle-fille.

La chose est incertaine, mais ce qui la fit croire, ce fut la longue dispute qu'il soutint contre toute sa famille, pour faire son héritier cet enfant qu'on disait de lui[2].

Ces scandaleux caprices, renouvelés des tyrans de l'Antiquité, étaient partout affirmés, répandus par ses ennemis, pour montrer qu'en morale comme en politique cet esprit tyrannique s'affranchissait de toute loi[3].

En janvier 1803, faisant venir à Lyon la Consulte italienne, il avait réuni presque toute la Lombardie sous le nom de *république d'Italie*. Il s'en était fait président.

Et quand on s'en plaignit à Amiens, il répondit fièrement que sans cela les républiques italiennes,

---

1. Grande fureur de Bonaparte, qui, pour les réfuter, dit Bourrienne, donna un bal tout exprès.
2. Miot, t. II, donne là-dessus les plus grands détails.
3. « Je ne suis pas un homme comme un autre, disait-il dans les querelles qui naissaient de la jalousie de sa femme, et les lois de morale ou de convenance ne peuvent être faites pour moi. »

trop faibles devant l'Autriche, ne pourraient qu'être réunies à la France, comme le Piémont le fut bientôt.

Le Piémont d'un côté, et de l'autre la Suisse, qu'il dominait sous le titre de médiateur, le constituaient maître des Alpes.

Mais sa médiation s'exerçait contre la liberté. En Piémont, il ne vit qu'un vaste recrutement chez un peuple très brave. En Suisse, il ne fit guère que comprimer la révolution et l'égalité unitaire. Il releva partout les aristocraties.

En France, il avait fait rentrer les émigrés, et, autant qu'il pouvait, il leur rendait leurs biens.

Tous les ministères furent en effet réunis pour les choses graves en un seul (sous Maret-Bassano, ministre d'État). Le tribunat et le conseil d'État furent réduits à quelques membres. Enfin, un sénatus-consulte (4 août 1802) lui décerna le consulat à vie.

Bourrienne assure qu'au moment où l'Angleterre (en mai 1803) rappela son ambassadeur, Bonaparte en fut surpris, il n'avait pas prévu une rupture si prochaine. En effet, il avait accordé aux militaires d'innombrables congés.

Il savait bien que la paix d'Amiens n'était qu'une trêve ; mais il comptait que l'intérêt mercantile, et la prépondérance de la classe industrielle qui gouvernait sous Addington, feraient durer la paix. Cependant les amis de Pitt reprenaient en dessous.

On démontrait sans peine que Bonaparte, refusant d'ouvrir la France aux marchandises anglaises, étendant son influence sur le continent, la paix était plutôt un obstacle pour l'Angleterre, — un obstacle, un danger peut-être. Nombre d'agents mystérieux parcouraient l'Angleterre, et l'on surprit une lettre de Talleyrand qui ordonnait à l'un de ces agents, frère du secrétaire de Bonaparte, de sonder le port de Dublin, et de dire s'il permettait l'abordage de vaisseaux chargés de canons.

Cette mission secrète rappelait les surprises de Bonaparte et son procédé favori, qui lui avait réussi tant de fois.

La grande affaire de Malte ne se décidait pas. Loin de là, Bonaparte, chassé d'Égypte, semblait s'en rouvrir le chemin en s'étendant aux limites de l'Italie méridionale, obligeant la reine de Naples de recevoir une armée française dans la péninsule d'Otrante, qui regarde de si près les îles de Grèce et permet d'y passer d'un saut.

Quand on embrasse ce tableau en y ajoutant les remuements de l'Allemagne, on s'étonne sans doute de l'activité de Bonaparte, mais surtout on est frappé de son imprudence à commencer tant de choses à la fois qui se nuisaient entre elles. On le voit s'agiter comme une brillante comète qui se fait obstacle à elle-même par la multitude de ses rayons. Par exemple, ses idées maritimes de Saint-Domingue et de Tarente en face de la Grèce, de l'Égypte, irritaient les Anglais sans le fortifier. La grande affaire pour lui, eût été de n'agir que sur le continent, et par une somnolence apparente de favoriser à Londres le ministère d'Addington, au lieu que, par ces lancinations imprudentes, il excitait et fortifiait les amis de la guerre que lui-même attisait. En ceci, Bonaparte, trop visiblement, fut étourdi, imprudent, téméraire.

Sa seule excuse serait que les garnisons anglaises qui s'étaient retirées de plusieurs postes maritimes, pouvaient à volonté les reprendre le lendemain.

Ce n'est pas tout : Bonaparte, par sa réunion du Piémont à la France, puis par son immixtion dans les affaires d'Allemagne, bravait toute l'Europe, et surtout la Russie, protectrice déclarée du Piémont.

Donc l'Angleterre gardait Malte, se refusant à tout arrangement.

D'autre part, par ses journaux et les pamphlets atroces des émigrés, elle appelait sur Bonaparte la haine et le mépris du monde. Lui, qui avait présente la tragique fin du tzar Paul, préparée par la calomnie, pensait que ces diffamations étaient des préludes d'assassinat. Déjà la machine infernale avait prouvé que le parti des émigrés était capable de tout. Fouché n'étant plus ministre de la police, depuis l'explosion de la machine infernale, Bonaparte voulait y suppléer lui-même par d'ineptes petites polices militaires, qui ne lui donnaient aucune sécurité. Sa propre famille l'inquiétait ; il voyait Lucien si trouble et si violent, si pressé de faire déclarer l'hérédité du pouvoir souverain, qu'il dit à Joseph lui-même (moins impatient, plus somnolent) qu'il ne serait pas surpris si Lucien conspirait sa mort[1]. Il l'exila d'abord en Espagne, puis il le vit partir avec plaisir pour l'Italie.

D'où provenaient ces horribles soupçons ? De la lutte intestine qui travaillait la famille Bonaparte. Ses frères et sœurs avaient toujours fait la guerre à Joséphine, et en Brumaire il était prêt à la répudier.

Ses supplications éplorées firent croire à Bonaparte que, châtiée ainsi, pardonnée, elle serait la plus souple, la plus docile à tous ses caprices violents. Elle s'humilia tellement qu'elle garda le lit conjugal, c'est-à-dire l'occasion et la liberté des colloques de nuit.

Ainsi tout ce que les frères et sœurs disaient de jour contre elle, la nuit et sans témoin, elle le réfutait, le supposait peut-être. Elle assurait, par exemple, que Lucien lui avait conseillé de prendre un amant, d'en avoir un enfant. Les nouvellistes anglais répandaient plutôt un autre bruit : que Joséphine, toujours tremblante de la peur d'être renvoyée, avait eu l'infamie d'offrir sa fille à Bonaparte, qui aurait accepté, l'aurait rendue enceinte.

Hortense, alors florissante de ses vingt ans, était une personne cultivée, habile, ambitieuse. Fille d'une mère si intrigante, elle avait été formée de plus par

1. Miot, t. II.

la femme de chambre de Marie-Antoinette, la fameuse Mme Campan. Hortense, outre l'intrigue, avait une chose plus rare, la fixité dans son ambition. Personne plus qu'elle n'a entretenu avec persévérance, toute sa vie, la légende des Bonaparte.

Paris, tout aussi bien que Londres, croyait à ces bruits. Aussi l'aide de camp Duroc, le préféré d'Hortense, apprenant qu'on allait la donner à un autre, témoigna (de manière grivoise et soldatesque) sa joie d'être débarrassé d'un mariage qui pourtant eût fait sa fortune.

Les attaques des journaux anglais méritent peu d'attention. Ce qui a pu les motiver, c'est la conduite des Bonaparte eux-mêmes. Le Premier Consul exigea que son jeune frère Louis épousât Hortense, malgré la répugnance mutuelle que tous deux manifestaient l'un pour l'autre. On peut voir dans Miot les scènes violentes qui eurent lieu à ce sujet entre Napoléon et son frère.

L'ouvrage capital sur la grande et trouble année 1805 est le second volume de ces *Mémoires*. L'auteur, confident de Joseph, et par lui au courant de tous les secrets de famille, nous a montré sans voile l'oppression où Bonaparte tenait ses frères. Le plus modéré, et celui qui se plaignait le moins, dit franchement « qu'il désirait sa mort ».

Cette époque est celle où Joséphine, ayant remonté par Hortense, parle aux frères en impératrice, se fait sacrer et au sacre emploie leurs femmes humiliées à porter son manteau.

Miot donne ces détails, non seulement dans la vérité, mais dans l'enchevêtrement bizarre où ils arrivent coup sur coup. Il ne met pas d'un côté l'histoire intérieure et de famille, de l'autre l'histoire politique, il mêle les fêtes qui célèbrent le nouvel empire et où triomphent les deux femmes, Hortense et Joséphine, aux morts tragiques d'Enghien et de Pichegru, au procès de Moreau, et des dix royalistes guillotinés.

Ce mélange barbare d'exécutions, de fêtes, nous rappelle, en 1804, les *Vies des Césars* de Suétone, ou mieux, les drames indigestes où Shakespeare accumule la vie, la mort, les noces et les enterrements.

Le 18 février 1803, Bonaparte, se livrant devant l'ambassadeur d'Angleterre à ces vaines improvisations qui par moments échappaient à sa verve méridionale, regretta que l'Angleterre n'eût pas fait avec lui le partage de la domination du monde. A cette maîtresse des mers il eût donné un traité de commerce, « même une part dans les indemnités et dans l'influence sur le continent ».

Les Anglais, peu crédules à ces belles paroles, en croyaient plutôt un rapport de Sébastiani, inséré dans *le Moniteur*, qui étourdiment expliquait les vues de Bonaparte sur l'Égypte et sur l'Orient.

D'autant plus que les Anglais tenaient fortement Malte, le rocher qui, avec Gibraltar, surveille la Méditerranée. Ce fut une des causes de la rupture de la paix.

Que voulait réellement cet esprit trouble et plus influencé par les siens qu'on ne l'a dit ? Hortense et Joséphine certainement goûtaient fort la paix. Lui-même avait voulu rappeler l'ambassadeur anglais, qui n'en continua pas moins son chemin. Et en même temps, il faisait la vaine démarche d'offrir à Louis XVIII une grosse pension. Ces démonstrations pacifiques étaient, je crois, sincères à ce moment. Il avait accordé beaucoup de congés. Les troupes si nombreuses qu'il avait sur la côte, selon Miot et Bourrienne, étaient là beaucoup moins pour l'entreprise improbable de la descente en Angleterre que pour imposer à la France, à Paris. Il disait brutalement à son conseil : « Si l'on veut que la chose soit faite par le civil, il faut se dépêcher ; car je sais que l'armée est prête à me proclamer empereur. »

Mensonge, l'armée n'y songeait pas. L'esprit républicain n'était pas encore amorti.

CHAPITRE IV

Conspirations royalistes contre le futur empereur. — Enghien, Moreau, Pichegru, Cadoudal (février-mai 1804).

Les royalistes continuaient à intriguer contre Bonaparte, qui avait toujours montré une faveur singulière à leur parti. Il leur rouvrait la France, leur rendait leurs biens, tant qu'il pouvait.

Hortense et Joséphine, entourées, conseillées par de vieilles dames du faubourg Saint-Germain, en tous sens travaillaient pour eux. Que pouvait de plus Bonaparte, sinon de rappeler le roi, ce qui, inquiétant les acquéreurs de biens nationaux, eût fort bien pu produire une révolution sanglante?

Mais ce trône, où il semblait poussé par la nécessité, à qui le destinait-il? Au fils d'Hortense qui, élevé par elle et Joséphine, par leurs dames royalistes, fût devenu un parfait gentilhomme, un parfait émigré. Ainsi, par ce honteux circuit, l'empire et la grandeur de Bonaparte devaient fatalement revenir au parti royaliste.

La machine infernale avait montré assez son ingratitude et son peu de scrupule. Il était vraisemblable qu'avant l'empire il tenterait un coup. Pitt, arrivant au ministère, avait demandé, obtenu soixante millions de fonds secrets.

L'irritation naturelle des Anglais, que Bonaparte alarmait sans cesse par sa fantasmagorie de Boulogne, ses simulacres d'embarquement, leur faisait désirer la mort d'un homme si entreprenant, audacieux. Le *Morning Chronicle* l'annonçait comme prochaine.

Les Anglais, depuis Cromwell, passaient sur le continent pour imbus des doctrines de l'assassinat politique : *Oportet unum mori pro populo*. Ils réimprimaient à Londres le fameux pamphlet : *Killing no murder* (Tuer n'est pas assassiner). Ils semblaient vouloir ainsi avertir, effrayer Bonaparte. Leurs journaux appelaient son Consulat un gouvernement *viager*. Par une maladresse, qui peut-être n'en était pas une, leur ambassadeur à Paris était ce même lord Witworth qui l'avait été en Russie lors de la mort de Paul. Grand seigneur, doux, poli, mais dont la fâcheuse figure rappelait sans cesse au Consul que, par un simple coup de bistouri, on lui avait enlevé le Tzar, son allié, la conquête de l'Orient, et rendu pour jamais aux Anglais la royauté des mers.

Le Premier Consul, comme homme, était plus important que Paul, et sa mort plus désirable à l'Angleterre, qui n'avait pas besoin de s'en mêler : d'enragés royalistes brûlaient de s'en charger.

Le héros de ceux-ci, le meunier Cadoudal[1], vaillant homme, très fort et très féroce, faisait de cette grande aventure le rêve, le roman de sa vie. Il avait eu jadis une audience de Bonaparte, qui aurait voulu le gagner, l'acquérir. Cadoudal ne se consolait pas de n'avoir pas profité de ce moment pour l'étrangler. Mais il se faisait une fête de l'attaquer plutôt au Carrousel, au milieu de sa garde, de le tuer dans un sanglant combat. Il n'en faisait mystère, et disait ce projet à qui voulait l'entendre[2].

Le pacifique ministère Addington le gardait comme un bouledogue de combat. Et par une singulière franchise, il disait à Bonaparte que, si Malte lui était rendue, il éloignerait cet instrument de mort, et le ferait passer en Amérique.

A la rupture, le Premier Consul fit arrêter les Anglais qui voyageaient en France en même temps qu'il occupait le Hanovre, le bien propre du roi d'Angleterre. Point grave et très sensible, qui plus qu'aucune chose peut-être avait décidé la mort de Paul et pouvait décider celle de Bonaparte.

C'était au moment où il avait réussi en tout et arrivait au but, qu'il apercevait son danger. Le sénat lui offrait l'*empire*. Bien plus l'*hérédité*, ce qui convenait aux frères, à la furieuse impatience de Lucien, mais nullement aux femmes. Elles désiraient l'*adoption* pour le fils d'Hortense. Aussi

---

1. Voy. les beaux articles de Lejean (*Biographie bretonne*).
2. C'est ainsi que le Romagnol Pianori eut l'insigne audace d'attaquer Napoléon III, aux Champs-Élysées, à midi.

quand le sénat parla d'hérédité, Bonaparte fit cette réponse bizarre : « Dans dix ans, j'y songerai », c'est-à-dire quand l'enfant aura quatorze ans (c'est la majorité des rois)[1].

C'est en de tels moments où l'on tient à la vie que la mort, qui est si maligne, aime à s'offrir, se présenter, avec son *rictus* ironique, qui semble dire : Et moi, vous m'oubliez !... Serai-je de la fête ? »

Nullement rassuré par ses petites polices, Bonaparte croyait voir, du Rhin et d'Angleterre, venir des armées d'assassins. Fouché, l'ancien ministre qui avait gardé son monde, continuait à surveiller, l'avertissait et augmentait ses craintes, lui écrivait : « L'air est plein de poignards. »

Mais un limier si bon et si connu avait cet inconvénient d'éloigner trop bien l'ennemi. Les Anglais avaient envoyé le jeune Berry à la falaise de Triville ; il vit qu'on l'attendait et n'osa débarquer. Savary, que Bonaparte y plaça, resta là un mois à attendre.

Du côté du Rhin, les Anglais avaient force émigrés, leurs pensionnaires, entre autres le jeune Condé, duc d'Enghien. Les royalistes prétendent que, depuis deux ans, il restait là près de la Forêt-Noire, retenu par la chasse, la passion des Condé, et aussi par l'amour. Il ne pouvait choisir une position plus irritante pour Bonaparte. Strasbourg était plein

---

1. Voy. Miot, t. II, p. 167 et suiv.

d'agents royalistes, de dames et de curés, qui, depuis Pichegru, faisaient la correspondance avec l'émigration. Le prince, jeune et audacieux, passait, dit-on le Rhin, pour aller s'amuser dans la grande ville. Au portrait de Versailles, sa figure, jeune et fine, n'en est pas moins très sèche et d'un enfant capable de tragiques résolutions.

L'homme principal de la conspiration, Pichegru, déjà venu de Londres, était à Paris[1]. Mais assez inutile, fort méprisé. Le temps l'avait trop démasqué. En 97 sa correspondance autrichienne, en 98, ses bons avis à Souwarow pour nous faire battre, étaient trop bien connus. Les Anglais avaient en lui un triste auxiliaire, qui n'eût pas ébranlé l'armée[2].

Aussi, comme disent avec raison les bonapartistes, Pichegru ne pouvait rien s'il ne réussissait à corrompre Moreau, qui avait gardé plus de prestige. Moreau, se sentant nécessaire, ne voulait pas travailler uniquement pour les royalistes, mais d'abord pour lui-même, disant avec assez de vraisemblance que l'armée n'était point du tout royaliste, et que, pour arriver au roi, il fallait d'abord la transition d'un dictateur.

L'entrevue des deux traîtres au boulevard de la Madeleine, qu'on dit avoir été supposée, est hautement vraisemblable. Pourquoi? C'est qu'on avait absolument besoin de Moreau, que son nom seul

1. 4 janvier 1804.
2. Miot, Bignon et autres.

donnait quelque chance à l'entreprise. Sans lui, un assassinat de Bonaparte, un coup frappé avec succès par Cadoudal et autres royalistes, eût bien pu tourner contre eux et servir aux républicains.

Georges était à Paris, et on prétendait l'avoir vu rendre des devoirs à un personnage mystérieux. Ce n'était pas Berry, puisqu'il n'avait pu débarquer. Donc, c'était Enghien, qui, disait-on, avait avec lui pour mentor Dumouriez, homme capable et si dangereux. Ces bruits troublèrent fort Bonaparte, et quoiqu'on lui eût dit que le jeune Condé était encore près de Bade, il voulut à tout prix sortir d'inquiétude.

Le margrave de Bade, récemment agrandi par lui, était son obligé, et voulait l'être davantage. Il espérait s'introduire dans la famille impériale de Russie ; il eût été ainsi parent des deux grandes puissances du monde. Dans de telles circonstances, Talleyrand même crut qu'on pouvait sans détour demander diplomatiquement l'extradition d'un prince qui, si près de la France, ourdissait, disait-on, contre elle des complots. On envoya au margrave un homme insinuant, Caulaincourt. « Et le prince allemand consentit [1]. »

Il aurait pu avertir Condé. Mais en même temps l'arrestation s'était faite : un régiment de gendarmes l'avait enlevé, amené à Strasbourg, à Paris. Bonaparte ne l'attendait pas si tôt, n'avait pas donné

---

1. Voy. Miot, t. II, p. 155.

d'ordre, de sorte qu'il y eut presque un jour entre son arrivée à Paris et sa translation à Vincennes. Bonaparte ne consulta personne ; sa femme seule put intercéder ; il fut inflexible. Il écrivit ce jour-là plusieurs lettres, s'enferma jusqu'à ce que tout fût fini, irrévocable, irréparable.

Certes, on ne pouvait dire qu'on eût pris Enghien en flagrant délit. Il était hors de France, dans la situation de tant d'émigrés qu'on laissait rentrer tous les jours. D'ailleurs, s'il était coupable, en relations avec Cadoudal, Pichegru, on devait s'en éclaircir, au lieu d'user contre lui seul d'une précipitation sauvage.

Mais l'instinct du Corse s'éveilla dès qu'il vit la proie dans ses mains. Il lui donna des juges militaires, des colonels de la garnison de Paris. Ces officiers, habitués à voir fusiller des chouans et des émigrés, n'y firent nulle différence. L'un d'eux était Hullin, l'un des vainqueurs de la Bastille, et commandant de Paris, homme pourtant fort humain, puisqu'il exposa sa vie en voulant sauver le gouverneur De Launay, et, par un grand courage, lui mettant son chapeau.

Le prince n'écrivit pas, mais dit qu'il voulait parler au Premier Consul. On avertit Réal, qui avait alors la police. Il dormait, fatigué, et avait donné ordre qu'on ne le réveillât pas. L'exécution eut lieu au petit jour, selon la loi, à six heures du matin, sous les yeux de Savary (Rovigo), envoyé tout exprès.

Cette précipitation barbare était inepte. Bonaparte, en l'ordonnant, avait travaillé contre lui. C'était un de ces accès de férocité dont il n'était pas maître, comme celui qu'il avait eu en apprenant la noyade des cent jacobins condamnés à tort pour la machine infernale. Il s'écria : « N'importe, j'en suis débarrassé. »

Il avait tout à gagner à ce qu'on dévoilât par ordre la persistance des ténébreux complots anglais, l'envoi de Cadoudal, l'homme d'exécution, et le débarquement tenté, manqué du duc de Berry. On pouvait croire sans trop de peine que le duc d'Enghien serait arrivé en cadence.

L'homme qui avait le plus à craindre la lumière dans ce procès et qui risquait d'être submergé dans la boue, était certainement Pichegru ; tant de fois convaincu de trahison contre sa propre armée, et déjà gracié en Fructidor pour sa trahison autrichienne, il n'était revenu que pour mieux mériter la mort par sa trahison russe. Chaque année l'avait enfoncé, enterré au dixième cercle de l'enfer et de la honte. Il n'avait qu'un moyen de fuir son jugement, c'était de s'étrangler. C'est ce qu'il fit (16 avril 1804), dans l'espoir qu'on imputerait sa mort à Bonaparte [1].

---

1. Il y eut doute, en effet; tout le monde trouva que cette mort subite arrivait bien à point.

CHAPITRE V

La folie de Bonaparte pour le fils aîné d'Hortense. — Joséphine lui impose une démarche humiliante.

La mort du duc d'Enghien fit grand bruit dans les cours européennes, créa au Premier Consul beaucoup d'ennemis parmi les princes, indifférents aux catastrophes des peuples, mais fort sensibles dès qu'on les touche eux-mêmes. Le seul qui cria fort et prit le deuil fut justement l'empereur Alexandre, qui aurait pu se taire, entouré qu'il était des meurtriers de Paul, mais qui servit d'organe aux émigrés.

On a dit, répété, sous la Restauration, que Paris fut ému. Rien de plus faux. Talleyrand donna un bal trois jours après[1]. Longchamps, l'exposition des modes du printemps, fut magnifique, inaugura les toilettes de l'empire, propres aux femmes grasses, comme l'était alors Hortense.

---

1. Peut-être par ordre.

Paris, dans la réalité, plaignait peu cette émigration remuante, qui s'agitait sans cesse et nuisait aux affaires. « Napoléon, disait-on, va répudier Joséphine, et pourra épouser une princesse de la maison de Bade. Le margrave, qui vient de se montrer si bon sergent de Bonaparte, lui donnera pour femme une princesse de sa famille ; ce qui fera le citoyen Bonaparte beau-frère de l'empereur Alexandre [1]. » Un beau gage pour la paix du monde !

La légende de Joséphine, comme on voit, n'avait pas commencé.

Ce qu'il y a de vraiment merveilleux dans cette vie, c'est l'adresse avec laquelle cette femme, en quatre ans, se releva de l'extrême avilissement à la suprême grandeur, et, bien plus, à cet incroyable succès de maîtriser, comme on va voir, un homme qui se croyait si absolu et si maître des autres.

Elle l'aimait fort peu. On le vit bien en Italie, où, au bout de huit jours, partageant ses triomphes, elle bâillait, avait hâte d'aller retrouver à Paris son monde intrigant d'agioteurs et de marchandes à la toilette. Elle tenait peu à l'homme, beaucoup à la position. En 98, au retour d'Égypte, Bonaparte, la trouvant si salie, si connue, voulait la renvoyer [2]. Il craignit de nuire à l'opération de Brumaire, de déplaire aux banquiers qui fournissaient les fonds. De plus, elle s'aplatit tellement sous le châtiment et la honte, qu'il désespéra d'en trouver jamais une

---

1. Miot, t. II, p. 167.
2. Voir la scène dans Mme de Rémusat, p. 147.

plus patiente, et plus habile aussi à ramener le faubourg Saint-Germain.

La maladresse surtout des frères de Bonaparte, leur furie d'ambition, aidaient fort à la relever ; le caractère doux et pliant d'Eugène, les grâces d'Hortense, et la peur même qu'elle avait ou simulait de lui dans les commencements, tout ce manège lui plut fort.

Au printemps de 1804, Joséphine avait remonté tout à fait. Le goût singulier de Bonaparte pour l'enfant d'Hortense, ses grands projets pour ce nourrisson, mettaient sa grand'mère au plus haut.

Mais bien loin que sa passion lui adoucît le cœur, il croyait par la mort des Bourbons qu'il disait vouloir tous tuer, s'il se pouvait[1], assurer, préparer avec certitude l'élévation de l'héritier de son choix.

Dans l'exécution sanglante de douze royalistes qu'on préparait, Joséphine et Hortense ne purent obtenir que deux grâces : celles de MM. de Polignac et de Rivière, deux jeunes gens pour qui priait tout le faubourg Saint-Germain.

Mme Bonaparte fut plus puissante pour servir les intérêts de son petit-fils. Poussée par la passion, elle se démasqua, démentit tout ce qu'on croyait de sa douceur timide. Elle obtint de Napoléon qu'il ferait une visite solennelle à Louis, où Napoléon lui décla-

---

[1] Miot, t. II, p. 227.

rerait tous ses projets pour la grandeur de l'enfant qui lui était cher. Chose délicate ; mais Bonaparte, qui avait presque élevé Louis, semblait ne pouvoir être fort embarrassé devant lui. Il l'était cependant ; et, pour se rassurer, ou pour étourdir cet homme faible et maladif, il imagina une chose ridicule : ce fut d'arriver chez lui à l'improviste, comme dans un tourbillon, avec une escorte de trente cavaliers qui suivaient sa voiture au galop, sabre nu.

Sa meilleure escorte était Joséphine, qui, le voyant hésiter, montra plus de courage et dit nettement à Louis qu'une loi sur l'hérédité était faite, qu'il fallait obéir aux lois ; qu'il s'agissait d'être homme dans ces grandes circonstances, où d'ailleurs il trouverait son avantage.

Puis elle en vint à lui dire que, d'après la loi qu'on venait de faire, le droit de succession ne serait conféré qu'aux membres de la famille qui auraient seize ans de moins que le Premier Consul, et que son fils était le seul qui remplît cette condition ; qu'il serait l'héritier.

Louis fut indigné, ainsi que Joseph, qui, dès qu'il sut la chose, s'emporta violemment, maudit l'ambition de Napoléon, et souhaita lui aussi sa mort comme un bonheur pour sa famille et pour la France [1].

1. Miot, t. II, p. 179-180.

CHAPITRE VI

Le sacre. — Le pape à Paris. — Triomphe d'Hortense et Joséphine sur les frères.

Bonaparte avait dit à Volney, lors du Concordat : « Ce sera la vaccine de la religion ; dans vingt ans on n'en parlera plus. »

Ce mot et celui d'Égypte où, parlant de Mahomet, il écrit à Menou : « notre prophète », ne doivent pas faire illusion. Par sa patrie, sa mère et sa première éducation, Bonaparte fut un gentilhomme italien catholique.

L'impression des cloches de Rueil, qui, disait-il, réveillait en lui ses souvenirs d'enfance, n'était pas un mensonge. Ces dispositions augmentèrent à mesure qu'il s'entoura, lui et sa femme, des gens de l'ancienne Cour ; qu'il tint à s'attacher les vieux noms historiques du faubourg Saint-Germain ; qu'il prit pour idéal, d'après Mme de Genlis, la cour de Louis XIV. Ce qui lui plaisait fort dans cette époque, c'est que le catholicisme de Bossuet y fut un excellent *instrumentum regni*. Il comprenait fort bien que cette religion de l'obéissance est devenue, par la puissance croissante de la confession, une police très efficace. C'est ce que disait effrontément Fouché à un évêque : « Monseigneur, votre métier ressemble bien plus qu'on ne croit au mien. »

Après le Concordat, Joséphine, pendant deux ans, fit tout pour fortifier en Bonaparte les dispositions religieuses, espérant par là obtenir le comble de ses vœux : le *mariage religieux*, qui lui manquait et qui eût été sa complète réhabilitation dans son monde du faubourg Saint-Germain. Hortense ne put lui obtenir ce qui eût paru une rupture avec la Révolution même.

Mais à la mort du duc d'Enghien, il accorda une chose qui ne pouvait manquer d'amener l'effet désiré ; il invita le pape à venir à Paris pour jouir du triomphe de la religion et sacrer celui qui l'avait restaurée. Le pape, s'il venait et sacrait l'empereur, allait sans doute sacrer la bienfaitrice de l'Église, et préalablement exiger le *mariage religieux*.

Cela voulait du temps. Il fallait qu'on fût un peu loin de la tragédie de Vincennes et de l'exécution des dix royalistes qu'on condamnait à mort. Ce grand massacre juridique se fit au dernier jour de mai, deux mois juste après la mort d'Enghien. Comment convier le pape à venir sitôt dans ce Paris sanglant ? Mais telle fut l'impatience de Bonaparte que, dès le 10 mai, avant que le sénat ne l'eût déclaré empereur[1] (18 mai), sans en parler à Talleyrand, il chargea le légat Caprara d'inviter le pape à venir le sacrer. Le sang d'Enghien le brûlait apparemment. Il avait hâte de masquer cette tache rouge en mettant par-dessus l'huile du sacre.

Le 10 juin, nouvelle insistance cette fois par une lettre du cardinal Fesch[2], oncle de l'empereur. Deux fois, le cardinal ministre Consalvi fait consulter une assemblée de cardinaux, sous le sceau du secret. Dans cette consultation, que nous avons, on parle des droits de l'Église, sur ses terres d'Italie et sur la question des évêques constitutionnels ; mais nullement sur la question d'honneur, d'humanité, la honte qu'il y aurait à tourner le dos aux Bourbons malheureux, dont l'un vient d'être assassiné, pour suivre la fortune, consacrer l'usurpation, oindre le meurtrier[3].

Cette glace de prêtre fait frémir.

Pie VII, dans la froide note où il consent, avec toute espèce de formes modestes, n'insista pas moins sur les conditions les plus altières du cérémonial, celles qui mettent le prince au plus bas devant le prêtre : *le baisement des pieds.*

Il est évident que le pape avait des espérances qu'il n'osait avouer (sous peine d'être accusé de simonie). Par de vagues paroles qui n'engageaient à

---

1. Artaud, t. I, p. 452.
2. Ce fut lui qui bénit le mariage de l'empereur et de Joséphine, mais en secret, devant deux aides de camp.
3. Artaud, t. I, p. 453.

rien, on lui faisait croire que Bologne, les Légations, Avignon, lui seraient rendus. Tout au contraire, Bonaparte, l'hiver même et pendant le sacre, se préparait à changer ces pays qu'espérait le pontife, en un royaume d'Italie, à se sacrer lui-même à Milan de la couronne de fer des rois lombards.

Il ne se fiait pas tellement au sacre qu'en même temps il n'ait voulu un meilleur titre, plus décisif : une approbation, au moins simulée, de la France. Partout, dans les départements, on ouvrit des registres, où, sous les yeux des fonctionnaires, chacun était tenu d'exprimer son vœu pour le nouvel empire.

Et en même temps, pour don de joyeux avènement, il créa les droits réunis, donna le code criminel et la grande loi sur la police générale.

Cependant le pape différait son voyage. Pour le décider, il fallut la menace. Bonaparte lui signifia que, si dans cinq jours il ne tenait pas parole, on abolirait le Concordat, c'est-à-dire qu'on soustrairait la France à l'obéissance de Rome.

En attendant Bonaparte semblait absorbé par ses mesquines disputes de famille. Fort charmé d'avoir vu Lucien partir pour l'Italie, il voulut apaiser Louis, le créa général et conseiller d'État. Il fit Joseph colonel, en attendant qu'il le nommât colonel général des Suisses. Il donna même à celui-ci le vain titre de Grand-Électeur avec un logement au Luxembourg.

En même temps, il lui reprochait de voir les républicains, entre autres le général Jourdan. En réalité, ce qui les brouillait surtout, c'était le triomphe prochain de Joséphine.

Événement singulier en effet pour tous ceux qui la connaissaient, et sa carrière si longue dans la galanterie. A seize ans, rejetée par son premier époux Beauharnais, que de campagnes en ce genre elle avait faites! Tous la connaissaient, à Paris et ailleurs. Et il fallait un grand courage au pape pour venir la marier, la sacrer. Une personne plus réfléchie qu'elle eût triomphé modestement, et se serait fait pardonner. Mais non : elle voulait humilier les frères de l'empereur.

Revenons au pape. Les variations singulières de Napoléon dans sa réception n'indiquent ni ignorance ni grossièreté soldatesque, mais la dualité de deux esprits qui s'agitaient en lui. Certain défaut d'égards qu'il marquait pour le pontife était vu volontiers par sa cour militaire. Ses généraux disaient avec plaisir : « Il ne dépendra plus des prêtres. »

Il alla au-devant, près de Fontainebleau, mais en habit de chasse. Il monta le premier (c'est la politesse italienne qui permet de donner la droite à celui qui monte le second). Son escorte, composée de Mamelucks, ne dut pas plaire au pape, qui se voyait, pour entrer à Paris, entouré de ces mécréants.

Le jour de la cérémonie, il fit attendre le pape une grande heure. Arrivé à l'église, il se mit à genoux, mais sans se soumettre à l'humiliante cérémonie stipulée par le pape : le baisement des pieds. Au grand étonnement de tous, il se couronna lui-même et couronna l'impératrice, — ce qui rendait le pape fort inutile, simple témoin, figurant immobile. Cependant, à la fin du sacre, le pape récita l'oraison qui demande que le souverain détruise l'infidélité, et celle qui se montre, et celle qui se cache ; c'est la base de l'inquisition[1].

Napoléon paraissait fatigué, ne faisait que bâiller (dit de Pradt, maître des cérémonies du clergé). Le soleil, longtemps obscurci, finit par se montrer un peu dans cette froide journée. C'est tout ce que remarque *le Moniteur* du 3 décembre. Il se garde de dire l'accueil bruyant que firent les troupes en ligne aux officiers du pape, qui, montés sur des mules, en costume grotesque, le précédaient. Ce fut un tonnerre de risées dont retentirent les Tuileries. Bonaparte, comme on l'a vu, avait eu soin de les envoyer à Notre-Dame à l'avance.

Le 4 décembre et les jours suivants, rien, rien au *Moniteur*, qu'une distribution des aigles, et un article sur l'iman de Moka, prince absolu, religieux, militaire à la fois.

Le pape se sentit joué, resta encore un peu à Paris, où sa douceur finit par faire bonne impression, mais il refusa de voir à Milan le sacre italien de Napoléon.

---

1. Artaud, t. I, p. 510.

Celui de Paris s'était passé tranquillement, sauf un cri d'un jeune inconnu, qui s'écria : « Point d'empereur ! » Napoléon, surpris qu'il n'y eût pas d'autres désordres, dit : « C'est une bataille gagnée ! »

Moi, qui étais sur le boulevard (j'avais six ans), je ne remarquai rien, dans cette journée glaciale, qu'un morne et lugubre silence.

Il n'y avait eu de bataille que dans la famille de l'empereur. Joseph, plutôt que de mettre sa femme à la queue de Joséphine, avait voulu se démettre de tout, se retirer en Allemagne. Ce qui l'adoucit un peu, c'est qu'il fut convenu que, dans le procès-verbal, on ne mettrait pas : *porter le manteau*, mais *soutenir le manteau*.

Il obéit, et Napoléon en fut si charmé qu'il lui déclara avec effusion que, depuis leur dispute, il n'avait pas eu de repos. « Non pas que je croie que vous seriez capable, comme Lucien, d'acheter la grandeur par un crime, quelque avantage que vous trou-viez à ma mort[1]. »

La soumission de Joseph avait été amenée par des menaces brutales, des mots de capitan : « Je suis appelé à changer la face du monde... Vous êtes mon ennemi si vous refusez de venir au sacre... Où sont vos moyens d'attaque ? votre armée contre moi ?... Tout vous manque. Je vous anéantirai[2] ! »

Cette comédie ridicule n'était jouée que pour obéir aux deux femmes, Hortense et Joséphine, qui

1. Miot, t. II, p. 237-238.
2. *Ibid.*, p. 240-241.

voulaient terrifier les frères et leur faire accepter leur éloignement de la France, pour laisser le trône à l'enfant. Ils furent inébranlables. Joseph refusa la royauté de Lombardie. Sur son refus, on l'offrit à Louis; mais il fut trop choqué de l'idée de Joséphine, qui, sans pudeur, comme pour confirmer les bruits qui couraient, voulait garder ici l'enfant près de Napoléon. Il déclara que, s'il allait en Italie, ce serait à condition d'emmener l'enfant et la mère.

Cette condition mit Napoléon dans une étrange fureur. Hors de lui, il saisit Louis par le milieu du corps, et violemment le jeta hors de l'appartement[1].

1. Miot, t. II, p. 257.

LIVRE III

ALLEMAGNE.

CHAPITRE PREMIER

Allemagne politique.

Le mot célèbre de Sieyès sur la prétendue universalité de Bonaparte ; — un maître qui sait tout, qui peut tout, veut tout faire, — ne fut sans doute qu'ironie, sauf le dernier mot sur l'aveugle et imprudente volonté qui lui faisait multiplier de plus en plus ses embarras.

Au moment où la paix d'Amiens, si imparfaite, était difficile à entretenir, on a vu comment il se créa mille ennemis, non seulement en affichant par l'affaire de Saint-Domingue ses prétentions coloniales et maritimes, mais en irritant tous les souverains par la mort du duc d'Enghien, par la réunion du Piémont, ce qui, avec sa violente médiation suisse, avait l'effet réel d'une vraie *mainmise* sur les Alpes, c'est-à-dire sur le cœur du continent européen.

En même temps, il commençait inconsidérément à remuer une chose énorme : l'Allemagne. Ce gros corps, indigeste, faible par sa dispersion, lui paraissait paralytique. Il avait vu pourtant avec quelle vigueur rapide la petite Prusse sous Frédéric avait agité l'Allemagne du Nord. Et il savait mieux que personne que la lenteur des Autrichiens dans ses campagnes d'Italie tenait aux routines du conseil aulique, aux directions des Anglais, qui souvent firent avorter les plans des généraux de l'Autriche.

Dans l'impatience d'un homme du Midi, il n'appliquait à ces populations qu'une grossière arithmétique. Avec Talleyrand à Saint-Cloud, ou sur le Rhin avec Dalberg, il n'examinait rien que le calcul, ajoutait tant d'âmes à la Prusse, et tant à la Bavière, au Wurtemberg, etc.

Ces populations allemandes peu mobiles, en effet, si on les laissait dans leurs anciennes divisions et dans les habitudes inertes des vieux gouvernements, il les remua étourdiment comme une poussière humaine, et leur donna une mobilité qui n'était pas l'activité encore, mais qui devait la préparer.

Il faut le dire, dans ce grand corps, beaucoup de choses habituées ensemble par une longue cohésion, quoiqu'en réalité hétérogènes, paraissaient faire unité.

Si Bonaparte eût mieux su l'histoire, celle du passé de l'Allemagne, il aurait vu que, malgré sa roideur apparente, c'est une race variable et très flexible. L'Allemand, justement parce qu'il est fort disciplinable, a été plusieurs fois, par exemple sous Frédéric, le premier soldat de l'Europe. Pourquoi ? C'est qu'avec la rudesse extérieure de l'individu, il est né pour être *camarade* et pour agir d'ensemble.

Voilà pourquoi des hommes, du reste pacifiques, casaniers d'instinct, et par moments très enfermés dans la famille, se sont trouvés si aptes à la discipline militaire, propres à marcher en corps d'armée.

Cette faculté d'association est une grande force, si une nécessité, une émotion la réveille. Chose souvent assez lente chez cette race, bien moins impressionnable que d'autres. Mais si cette émotion arrive enfin, elle est susceptible de prendre un crescendo prodigieux, une force redoutable.

Cette force a plusieurs fois apparu en ce que la littérature a de plus clair, dans les hautes formules qui résument tout. En présence de la fatalité visible, de la tyrannie de Louis XIV, et de ses atteintes à la conscience, Leibniz (reprenant dans Aristote l'antique *philosophie de l'énergie*), dit : *L'homme est une force active.*

A quoi la basse Allemagne, Spinoza, oppose *la substance* comme notion universelle et fondamentale. Voilà les deux écoles qui feront, tour à tour, le développement de l'Allemagne. Leibnitz avec raison objecte à Spinoza : « L'idée de *cause* est la première en nous, et ce n'est même que par elle que nous avons idée de la substance. »

Les deux philosophes l'emportent tour à tour. Si, dans ses moments de langueur, l'Allemagne, en paraissant grandir, s'étend dans le brouillard, dans l'inertie de Spinoza, elle ne tarde pas à s'éveiller, par le retour à la doctrine et au sens de la *force vive*.

On pouvait deviner que, par ces *ricorsi* naturels de la logique et de l'histoire, l'Allemagne aurait un retour héroïque sur elle-même, qu'après son critique Lessing, et l'auteur de *Werther*, inspiré de Spinoza, la thèse de la *cause morale* et de la *force vive* reprendrait sa faveur, que le stoïcisme prévaudrait, et qu'alors l'Allemagne, les quarante millions d'Allemands, comme un seul homme, se lèveraient contre la France.

Pour obtenir cet effet violent, que fallait-il? Endurcir l'Allemagne, et par une pression tyrannique et cruelle faire cesser l'état somnolent qu'une vie plus douce eût prolongé. Le faux lien fédératif de l'empire sous le césar allemand avait continué ce sommeil. L'association religieuse opérée par Luther n'avait agi que sur une moitié de l'Allemagne. Frédéric II, par l'association militaire qui réunit à ses armées tant d'étrangers de toute nation, ne fut pas non plus pour elle un suffisant unificateur. Napoléon eut cet effet, cette force par des moyens barbares, moins encore par la guerre que par une pesante oppression qui n'est ni guerre ni paix.

Avec ce cruel chirurgien, plus le patient criait de

douleur, plus il était serré ; plus, contre sa nature et contre ses habitudes, il était obligé de se durcir, de ramasser ses forces, de concentrer ses nerfs, ses muscles. C'est en ce sens que Bonaparte a été le bienfaiteur de l'Allemagne par des opérations qui réveillent et donnent envie à l'opéré de poignarder l'opérateur.

Mais au moins, en détruisant la révolution en France, la propagea-t-il en Europe ?

En tout pays la tradition du dix-huitième siècle, la libération de l'idée qui fait l'affranchissement de tout le reste, fut violemment outragée par lui comme *idéologie.* L'Italie, qui, au dernier siècle, suivait de si près la France, fut cruellement découragée quand il défendit aux municipalités la vente des biens ecclésiastiques, et par cela même maintint les couvents, toute la vieille crasse monastique ; deuxièmement, quand il expulsa notre clergé républicain, et que le pape, consentant à marcher dans le sang d'un Bourbon, vint le sacrer et absoudre le meurtre.

Le code Napoléon, énervant, détruisant la puissance paternelle, établissant l'égalité des partages, fut d'abord reçu avec joie, et l'on crut que l'activité augmenterait. Ce fut le contraire ; tous les frères, dans leur petite égalité, demandèrent des emplois, et se firent des commis, oisifs et serviles. La bureaucratie pullula.

Ces commis de l'empire, rogues et durs, avec une tenue demi-militaire, et se croyant tous colonels, firent partout exécrer la France. L'empereur, dans les consulats, mettait des hommes à lui pour observer, surveiller le pays, faire outrageusement la police en pays neutre! Souvent, même comme ambassadeurs, il envoyait de ses sabreurs farouches, non pas méchants, mais violents, colères, terribles d'attitude, comme était Lannes.

Les Français perdirent le renom d'urbanité et de douceur qu'ils avaient eu toujours.

Même les pires de l'ancienne monarchie avaient cela, du moins, qu'ils changeaient peu les habitudes, suivaient volontiers les routines. Les nouveaux commis, issus de la Révolution, variables comme elle, et absolus comme l'empire, étaient l'effroi, l'horreur de leurs administrés.

Ce résultat éclata violemment quand Bonaparte entra vainqueur en Allemagne; mais, même avant, lorsqu'en 1803, sous le prétexte d'exécuter le traité de Lunéville, il se chargea de régler les indemnités dues aux princes dépossédés sur la rive gauche du Rhin, ne consultant que rarement et pour la forme la diète de l'empire et la Russie, nommée aussi médiatrice. L'empereur Alexandre, malgré son amitié pour le roi de Prusse, en plusieurs choses favorisait l'Autriche, la grande puissance militaire qui avait été, pouvait être encore son alliée dans un conflit européen. En le voyant ainsi flotter, les princes allemands s'adressèrent à la France, qui ne flottait pas. Et tout se traita à Paris.

La Bavière se détacha la première du grand corps

germanique et se fit notre cliente, comme elle l'avait été sous Louis XV; elle fut accueillie de Bonaparte comme ennemie de l'Autriche; n'est-elle pas la voie qui conduit à Vienne? L'idée de Napoléon, bizarre pour un ami du pape, était de détruire les Électorats catholiques, dont les cinq voix assuraient à l'Autriche la prépondérance sur les quatre voix protestantes. De sorte qu'il n'y eut plus dans l'Empire d'autre État ecclésiastique que l'Électorat de Mayence, qu'on transféra de Mayence à Ratisbonne et qu'on laissa aux mains du coadjuteur Dalberg, le Talleyrand de l'Allemagne; il flattait Bonaparte de l'idée d'un empire intermédiaire (la Confédération du Rhin).

Ce fut un grand changement dans les habitudes allemandes, européennes, que de voir ces antiques évêchés disparus. Les prélats souverains, jadis despotes absolus et cruels [1], s'étaient fort adoucis; ils donnaient refuge à ceux que la tyrannie militaire avait chassés d'ailleurs.

Bonaparte supprima cette zone pacifique du Rhin, et poussa les populations peu satisfaites sous le joug des États militaires. Il favorisait fort ceux-ci, spécialement la Prusse, que, dans sa courte vue et son imprévoyance, il voulait faire la protectrice de l'Allemagne du Nord. Grâce à lui, celle qui, la première, nous avait attaqués, fut récompensée de la neutralité servile [2] où elle s'était tenue depuis la

---

1. Voy. ma *Sorcière*, au quinzième et au seizième siècle.
2. Hardenberg, t. VIII, p. 261.

paix de Bâle. Évitant de mécontenter l'Angleterre, sans être tenue de suivre franchement la France, elle avait étonnamment augmenté sa population ; de sept millions d'âmes l'avait portée à neuf. Attrapant encore le crédule Napoléon, elle lui escroqua un demi-million d'âmes, lui donnant pour ses arrangements italiens une garantie fort inutile. Alexandre approuva, en considération de la belle reine de Prusse et de la jeune aristocratie qui commençait à dominer dans cette cour.

Sous un ministère avili, sous un roi médiocre, peu estimé des siens, la Prusse n'avait pas moins poursuivi une carrière d'améliorations qui lui donnèrent d'abord trop de confiance, mais, après ses malheurs, contribuèrent à la relever. Elle entra particulièrement dans la voie de cette éducation forte, mais strictement automatique, qui semble avoir pour but de rendre tout homme semblable à tout homme, éducation qui a fortifié l'État, mais qui a paralysé le talent, glacé le libre *genius*.

Les officiers devinrent une caste, ne pouvant se marier qu'avec un certain revenu et des femmes d'une certaine naissance.

Enfin le gouvernement pénétra dans les arrangements mêmes de la propriété privée, de manière à en empêcher l'extrême morcellement.

Cette tendance aristocratique étonne d'autant plus que partout, en Allemagne comme en Italie, c'étaient bien moins les nobles que les paysans qui se déclaraient pour leurs rois et leurs anciennes dynasties contre la France. Même sous Bonaparte, elle leur semblait identique à la Révolution.

Ces pauvres peuples de Souabe, du Palatinat, sans avoir l'idée nette de la patrie allemande, y tenaient par leurs habitudes, leurs *lieds* et la musique, les airs nationaux, les légendes, ils en avaient un culte instinctif et le pressentiment.

Leurs nobles maîtres, au contraire, se roulaient devant Bonaparte, s'étouffaient rue Saint-Florentin chez Talleyrand, et demandaient l'aumône à ce Méphistophélès au pied boiteux, mendiants insatiables, qui disaient toujours : « Excellence, encore tant d'âmes, s'il vous plaît! »

CHAPITRE II

Renaissance littéraire et morale de l'Allemagne. — L'École critique et fantaisiste.
L'école de l'énergie (avant 1806).

Une chose fait grand honneur à l'Allemagne. C'est que chez elle la renaissance sociale et politique est partie surtout de l'Idée.

Belle méthode et profondément naturelle.

Sous des formes très différentes, la France a procédé de même. Et la philosophie y a précédé tout.

Descartes et Leibniz inaugurent, chez les deux nations, le mouvement qui, plus tard, étendu par nos encyclopédistes et les écoles issues de Kant, arrivera enfin aux résultats pratiques. Je voudrais dans ce court chapitre faire, selon mes forces, une chose difficile, expliquer comment la pensée pure, échappée au brouillard théologique qui, au dix-septième siècle, avait fait rétrograder l'Allemagne et la langue allemande, s'élança et donna à l'âme nationale des forces tout à fait imprévues[1].

L'Allemagne, après Frédéric, revient à elle-même, à sa langue. Mais celle-ci a-t-elle retrouvé, même chez ses plus grands écrivains, cet accent simple et fort qui m'émouvait tant dans Luther?

Le pesant militarisme, issu de la Guerre de Trente-Ans, devait fort l'alourdir. L'homme, enrégimenté, noyé dans ces grandes masses, perdait la vigueur du sens individuel. Et, d'autre part, les derniers luthériens, piétistes, chloroformaient, tant qu'ils pouvaient, le Moi.

Klopstock, en se croyant esclave de la mythologie chrétienne, commença à l'humaniser malgré lui par les embellissements fantastiques de l'art, la rapprocha de nous. Chose curieuse, l'année où paraît *la Messiade* (1748), est celle aussi des débuts dramatiques du grand douteur et critique Lessing.

Lessing, né dans un pays slave, la Lusace, était-il de souche allemande? Cet esprit vigoureux et tout

---

1. L'espace et bien des choses me manquent pour traiter ce vaste sujet. Pendant dix ans (de 1828 à 1838), j'eus une passion très vive pour l'Allemagne, les antiquités allemandes, et j'étudiai (parfois avec le secours du meilleur, du plus grand savant, Jacob Grimm) les idiomes variés de cette vaste langue, mais toutefois moins en linguiste qu'en amateur passionné des mœurs et du génie que ces idiomes révèlent.

Je m'arrêtai à Luther. Chez lui, la phrase est nette encore, autant que vivement énergique. Au dix-septième siècle, elle s'embarrasse fort, et semble devenir un serpent qui tord ses longs replis, s'efforce et mord sa queue. C'est sans doute ce qui éloigna Frédéric et lui fit oublier les mérites de cette langue, supérieure à toute autre pour l'accent, la vibration.

C'est au théâtre de Francfort, en 1828, que ceci me frappa d'abord. L'accentuation puissante du mot *freyheit*, liberté, me fit penser, le comparer au *libertas* des Latins, au *libertà* des Italiens (*Libertas, quæ* tandem respexit inertem. Virgil. — *Libertà* molto le desiato benè. Pétrarch.)

d'abord indépendant (ayant passé par les mathématiques, les écoles de médecine), se trouve être à Berlin le secrétaire de Voltaire. Ces deux hommes de tant d'esprit n'arrivent pas à se comprendre, mais plutôt se haïssent. Lessing fait trop d'efforts pour éviter la France. Il écrit volontiers contre nos philosophes, dont il a les opinions. C'est avant tout un douteur, un chercheur. « Je ne voudrais pas, dit-il, de la possession du Bien suprême ; c'est sa recherche que je veux. » Au prix de lui, Voltaire est un apôtre. Ses disciples, ses missionnaires ont établi, prouvé l'identité morale du genre humain [1].

Lessing, dans son *Nathan-le-Sage*, pose l'égalité des trois religions musulmane, juive, chrétienne. Dans ses manuscrits de Wolfenbuttel, il critique à la fois et les chrétiens et leur adversaire Bayle.

Ayant donné l'essor au doute illimité, il voit avec chagrin que rien n'est plus facile. C'est cet esprit flottant qui tout naturellement règne aux grands passages du monde, je veux dire, aux villes impériales du Rhin, de tout temps satiriques, vouées à l'ironie. Ce que veut et travaille Lessing, c'est tout simplement la nature chez Goethe.

Son grand-père, ouvrier tailleur, sa grand'mère, aubergiste, lui ont inoculé l'esprit moqueur du compagnonnage allemand. Son père, riche et honorable magistrat, sa mère aimable et fantaisiste, lui donnent, sous un extérieur magnifique, imposant, les

---

1. Anquetil-Duperron.

dons brillants d'une imagination qui se prendra à tout, embrassera le monde.

C'est une chose merveilleuse de voir comment les Allemagnes, pour parler comme Comines, — ou, si l'on veut, l'Allemagne s'est répandue de toutes parts. Lierre immense, qui, s'infiltrant, a dominé et transformé des races souvent d'énergie supérieure, celte, slave, italique. L'Allemagne du Rhin, vinicole et celto-wallonne, a produit en Goethe la plus vive clarté, en Beethoven la plus haute énergie où cette race pouvait parvenir.

Que de choses, dans Goethe, sont plus françaises qu'allemandes, une surtout, bien caractéristique, qui le rapproche des nôtres, si féconds en Mémoires personnels! Parmi ses pensées d'art, de philosophie, c'est lui-même (il l'avoue) qui se raconte presque toujours. Mille choses, qu'on croirait d'invention, sont des événements, légèrement modifiés, de sa vie, souvent de simples souvenirs.

Deux sujets tout allemands, et propres au Rhin antique, le préoccupent d'abord. Un hasard l'avait initié à l'alchimie mystique, à ses légendes ténébreuses. Comme Lessing, il regarda d'abord le sujet de *Faust*, qu'il traita, mais plus tard, dans un tout autre esprit.

Puis, étudiant à Strasbourg, il mit la main encore à un sujet tout allemand et cher à la jeunesse des universités : la légende des derniers chevaliers du Rhin, la grande épée, le gantelet du fameux Goetz de Berlichingen. Mais les parades chevaleresques d'étudiants, ce monde resserré, ce n'était pas le grand public.

Le succès européen, universel, de la *Nouvelle Héloïse* l'avertissait assez que, pour avoir un succès populaire, rien ne vaut un roman de passion. Étudiant diplomate à Wetzlar, il en eut une, et l'arrêta à temps. Il n'en prit juste que ce qu'il fallait pour s'inspirer. S'il alla plus avant par écrit, et mena Werther au suicide, ce fut par complaisance pour l'exagération sentimentale des étudiants allemands.

Il lisait Spinoza, mais n'entrait pas encore dans la doctrine de l'indifférence absolue. La page où le jeune homme couché dans l'herbe, voyant les combats des insectes qui bruissent, s'élève à l'idée du grand Tout qui se dévore lui-même, cette page, dis-je, est tout ce qu'il donne au système, de peur de refroidir son livre.

Quoique Werther, par sa Charlotte, semble bien appartenir à la bourgeoisie allemande, l'auteur participait foncièrement à l'esprit français. C'est par là qu'il plut à Weimar et à d'autres petites cours d'Allemagne. En 92, le duc de Weimar l'emmène, comme en partie de plaisir, à cette campagne de France qui devait être courte, n'ayant pour but, disait-on, que de rétablir Louis XVI[1].

---

[1]. Goethe suivit l'armée partout, fut à Valmy. Son récit est admirable de limpidité. Point du tout partial. On voit comment, avant les fatales guerres de Bonaparte, les deux peuples se haïssaient peu. Il note l'esprit d'ordre, d'économie du paysan français.

Il donne plusieurs anecdotes peu connues qui marquent l'héroïsme,

Goethe raconte tout, très bien, mais avec impassibilité. Dans la retraite et par des boues immenses, enfoncé par moments dans un fourgon, il étudie un traité de physique, esquisse des scènes du *Faust*. On voit qu'alors ce grand esprit tournait déjà vers la Nature et loin des préoccupations morales.

Cet état très flottant de Goethe était celui de l'Allemagne, prête à le suivre dans la fantaisie, à applaudir son grand drame satirique et panthéistique. A l'exemple de ses princes, elle était alors détournée des réformes sociales qui, au temps de Rousseau, l'avaient préoccupée. Au moment du succès de l'*Émile*, les Allemands avaient jugé mieux que Rousseau lui-même que l'éducation de l'enfant supposait celle de l'homme qui doit l'élever, qu'il fallait former à la fois *et l'élève et le précepteur*. Ce fut la grande vue de Basedow; par son éducation philanthropique, il entreprit d'élever non seulement l'enfant, mais le citoyen en tous ses âges. Dans ses institutions et dans ses livres étonnants pour l'époque comme prédications hardies de la liberté, il tendit à ce double but[1].

Comment ces livres courageux, qui n'eussent pu paraître en France, parurent-ils en Allemagne? C'est

---

l'enthousiasme du moment. Non seulement le commandant Beaurepaire se brûla la cervelle, mais d'autres, à qui l'ennemi donnait la vie, en firent autant. Une anecdote plus belle, et vraiment adorable, est racontée par Goethe (24 septembre 92) : c'est que, dans la pénurie où étaient les deux armées, les Français, voyant les Allemands affamés, partagèrent avec eux le peu de vivres qu'ils avaient.

1. Voy. mon livre sur l'éducation, *Nos fils*, au chapitre de Pestalozzi.

qu'entre ses princes si absolus il y avait émulation, rivalité en plusieurs choses. Tandis que la Prusse, le Wurtemberg primaient brutalement par l'éducation militaire, d'autres, tels que Weimar, éclataient par l'encouragement donné aux arts, et même quelquefois par certain esprit de liberté. Basedow et ses beaux ouvrages d'histoire, de politique, eussent eu en Allemagne une grande influence pour réveiller le sens pratique, si par malheur ils n'avaient apparu au moment du triomphe de la fantaisie.

Il voulut voir Goethe, le rencontra dans un bal entre deux contredanses, n'en fut pas bien reçu. L'élégant jeune homme craignit que la connaissance d'un tel libre penseur, aux habitudes populaires, ne déteignît sur lui.

Les Allemands, qu'on croit moins serfs de la mode que les Français, la suivaient en bien des choses avec une grande timidité. Ils tournèrent également le dos à Basedow.

Kant même, malgré sa gloire, son énorme réputation, fut retenu par ses formules et son langage abstrait fort loin du grand public. La séparation de la Raison pure et de la Raison pratique semblait commode à l'esprit allemand, qui volontiers s'éloignait de celle-ci. D'ailleurs Kant recommandait tellement l'obéissance aux lois bonnes ou mauvaises, qu'il semblait dire : « Mon système n'est pas de ce monde. »

Le génie allemand à qui Lessing avait donné l'audace critique, et Goethe beaucoup d'éclat, s'étendit par une littérature nouvelle, et surtout par Herder ; plus mobile que n'étaient les Allemands d'alors, par ses voyages de Russie, il avait entrevu l'Asie, le monde ; il avait inspiré le goût de la philosophie de l'histoire.

L'étude de la géographie, née en Suisse aux écoles de Pestalozzi, fut portée par Ritter et autres géographes en Allemagne. Mais non pas le génie, les méthodes indépendantes, qui étaient le fond de l'éducation chez Pestalozzi.

Le théâtre allemand, par Schiller, prit un élan de sensibilité où s'éveillait le cœur, la fibre humaine. Cette âme noble et charmante avait de grandes pensées, de grands projets, et il avait écrit que « le théâtre doit faire l'éducation du genre humain. » Mais savait-il sa route ?

On est porté à en douter quand on le voit indécis et faible, protestant, dans sa *Guerre de Trente-Ans* ; et dans sa *Marie Stuart* adoptant les traditions catholiques [1].

Son amitié pour le sceptique Goethe fit honneur à son cœur, mais put bien augmenter les fluctuations de son esprit.

Par bonheur, en dessous, dans la jeunesse des universités, à la noble école d'Iéna, un ferme noyau stoïcien s'était déjà formé, et depuis plusieurs

---

[1]. Comment se fait-il que bien d'autres, et des historiens sérieux, aient adopté les récits romanesques de la compilation de Jebb, faite au moment pour pousser nos séminaristes à l'assassinat d'Élisabeth ?

années réagissait contre l'influence de Goethe et l'école de la fantaisie.

Nous, amis de la liberté et point du tout séduits par la gloire militaire, nous n'avons pas l'âme indécise, et quand la France d'alors fatiguée en vient à se délaisser elle-même, à suivre la malheureuse fascination de Bonaparte, nous sommes ravis de voir la liberté se faire un refuge dans les écoles allemandes. C'est pour nous un bonheur que l'indépendance se crée un petit nid, tout intérieur, dans les doctrines métaphysiques et dans le cœur de quelques jeunes gens.

Il n'y eut jamais plus beau spectacle et rien qui montre mieux la force expansive de l'Idée pure.

C'est, comme je l'ai dit, un grand avantage pour l'Allemagne, de toucher par les bords à des races étrangères fort énergiques. Ainsi, au treizième siècle, elle emprunta aux récits scandinaves le sujet des *Niebelungen*, et le traita avec génie. En 1800, le grand professeur Fichte, né en haute Lusace, un pays jadis slave, s'empara avec hardiesse de la philosophie de Kant, et lui donna un caractère sublime d'indépendance.

Il avait en Suisse et en Pologne vécu au milieu des orages. Il entreprit une apologie de la Révolution française. Enfin, quand elle s'assombrit, devint méconnaissable à ses amis, Fichte, alors même, ne recula pas, nous fut fidèle, publia son *Apologie* (d'après les théories du *Contrat social*) du droit d'insurrection contre la tyrannie.

Combien l'Allemagne d'alors avait un libre esprit !
A ce moment même, le gouvernement de Weimar
lui offrit la chaire de philosophie à Iéna (1794).
Là il trouva une noble jeunesse, qui de plus
en plus s'affligeait des tergiversations de la Prusse
et de l'attitude honteuse qu'elle donnait à l'Allemagne. Ce fut le germe primitif de la résurrection.

Fichte trouvait la spéculation embarrassée par la
dualité qu'admettait Kant entre la Raison pure et
la Raison pratique. Il supprima cette distinction qui
paralysait tout et ne reconnut qu'un principe, tout
pratique, l'*action*, l'action personnelle, la personne,
ou le *Moi*.

« Mais, lui dit-on, cet univers, ce mouvement
immense et varié, cette scène du monde dont nous
sommes environnés, qu'en faites-vous ? »

Ici, il faut voir l'homme. Fichte avait l'extérieur
d'un héros des *Niebelungen*. Peu grand, il est vrai,
mais fort, sanguin, et doué d'une puissance invincible d'affirmation, qui subjuguait l'esprit.

« Si l'univers, lui disait-on, devient problématique, que deviendra la Patrie, l'Allemagne ? »

Fichte ne dit pas : « Périsse l'univers ! » Il fut
clément pour la réalité, dit froidement : « Je ne
lui défends pas d'exister, mais comme une simple
conception de mon esprit. »

Dans cet idéalisme si haut tout disparut, la bassesse actuelle des gouvernements allemands, et ce
qui allait venir, la défaite d'Iéna, l'insolence de

Bonaparte. Ce n'était plus que de simples êtres de raison et la tyrannie du néant.

Parmi les étudiants d'Iéna, et probablement les auditeurs de Fichte, se trouvait un gaillard de la sauvage Poméranie, le célèbre Jahn, un gymnaste admirable dans tous les exercices du corps, qui enseigna et répandit son art. Plus tard, nous verrons l'époque des teutomanes chevelus, un peu ridicules parfois, mais d'une vraie grandeur patriotique. On commença à dire, à croire que les anciens Allemands étaient les plus forts des hommes. Et on mêla les vieilles légendes scandinaves de Sigfried, etc., avec les *Niebelungen* allemands du treizième siècle. Mais n'anticipons pas sur tout cela.

Les étudiants, très nombreux, et qui formaient comme une jeune nation, n'eussent pas répandu leur esprit sans la langue qu'ils avaient commune avec le peuple. Je parle de la langue musicale.
On le remarque très bien dans tous les arts qu'on pourrait dire allemands, spécialement dans l'harmonie musicale, le grand art où plusieurs instruments font chacun leur partie. On le voit même aux populations rurales, assez grossières pour tout le reste. Les paysans, l'hiver, s'associent à merveille pour ce qu'on appelle la *musique de chambre*. L'été, les concerts en plein vent permettent de faire agir d'ensemble plusieurs groupes d'exécutants. Et quand l'exécution est plus parfaite encore et

mieux disciplinée, elle permet aux foules mêmes d'y prendre part.

Langue propre à l'Allemagne, et dont les Français, trop épris de leurs airs nationaux ou de musique italienne, comprenaient rarement le sens. Les symphonies de Beethoven, en présence même des tyrans, prêchaient, haranguaient l'Allemagne, l'imprégnaient de leur mâle harmonie.

Beethoven, fils d'un chanteur, d'un ténor de la chapelle de l'Électeur de Cologne, mélodiste jusqu'à vingt ans, n'apprit l'harmonie qu'à Vienne, lorsque son maître l'Électeur, dépossédé par Bonaparte, vint en Autriche. Le jeune homme fit alors sa première symphonie (en *ut majeur*), puis les autres aux années suivantes.

Ces symphonies, qui furent, on peut dire, la musique par légions, par tribus, retentirent au loin. Leurs échos créèrent à l'Allemagne une âme commune, et furent pour elle ce que nos fédérations avaient été pour la France de 90.

Il faut que je m'arrête ici ; sinon, j'enjamberais deux années, et je me retrouverais au lendemain d'Iéna.

CHAPITRE III

Ni la France, ni l'Allemagne, ni l'Angleterre ne voulaient fortement la guerre. Retour et déclin de Pitt (1805).

L'incendie couvait dans l'Allemagne, mais il était encore loin d'éclater. On y était fort partagé. Plusieurs regardaient Bonaparte comme le restaurateur de l'ordre, le continuateur de la Révolution en ce qu'elle avait de meilleur. La grande ruine qu'il faisait sur le Rhin, la brusque sécularisation des États ecclésiastiques, était loin de déplaire aux ennemis nombreux du Moyen-âge.

Si les Allemands s'irritaient, c'était de voir leurs princes tendre la main à l'étranger pour recevoir de lui des débris de l'Empire. On s'indignait contre la Prusse qui, sans se compromettre avec l'Angleterre, s'enrichissait par la faveur de Bonaparte.

Celui-ci, au contraire, avait bien du monde pour lui. Beaucoup en étaient éblouis. On l'admirait d'autant plus qu'en ses commencements il était une énigme. Tant qu'il resta consul, les uns voulaient y voir un autre Washington qui se dévoilerait un matin. Les autres, en sa figure problématique, voyaient un génie d'Orient, tout au moins un glorieux tyran militaire qui allait mieux ordonner ce monde. Beaucoup d'ardents esprits en étaient fanatiques.

Le grand artiste Beethoven, chassé de son pays, le Rhin, par les nouveaux arrangements qui dépossédaient son maître l'Électeur de Cologne, n'en célébra pas moins le *héros* dans son premier essai d'harmonie qu'il fit à Vienne. Jusque-là mélodiste, il s'essayait à faire marcher d'ensemble des armées d'instruments.

C'était encore le consulat, la république. Mais dès qu'il vit le *héros* se démentir, devenir empereur, Beethoven, détrompé, le confondit dans la foule des intrigants ambitieux, raya son nom. Il effaça le chant qui, sans doute, chanté aux deux rives du Rhin, leur eût servi de pacte d'alliance.

Telles étaient les dispositions des artistes de l'Allelemagne; Schiller venait de faire sa *Jeanne d'Arc;* Goethe, quoique très peu partisan de Voltaire, n'en acceptait pas moins *Tancrède* et telle autre de ses tragédies pour le théâtre de Weimar. Les grands succès étaient ceux de Kotzebue, de ses drames imités de Diderot.

On ne prévoyait pas que la France, par les ambitions de Bonaparte, allait se trouver brouillée avec toute la terre, non seulement avec l'Angleterre (mai 1804), mais bientôt avec la Russie par ses arrangements d'Allemagne, d'Italie, et surtout par une chose vaine, d'ostentation. Il tenait l'Italie par un gouvernement qui semblait italien. Il n'avait nulle raison de provoquer l'Europe en se créant roi d'Italie et prenant à Milan le vieux joujou lombard, la couronne de fer. Nulle raison que d'éblouir la France. Il avait pris à Aix l'épée de Charlemagne, à Bruxelles la couronne de Charles-Quint. Il est vrai qu'avec ce bric-à-brac il avait Gênes et les marins génois pour son vain projet d'Angleterre.

M. Lanfrey a parfaitement conté ses tergiversations dans cette folie. D'abord, il avait eu l'idée hasardeuse, inhumaine, qu'on lancerait des petits bateaux qui périraient en foule, mais plusieurs pourraient arriver. Les hommes du métier lui firent comprendre que rien ne serait possible sans la protection d'une flotte, et que d'ailleurs les vaisseaux qu'on rassemblait de points très différents ne pourraient passer en une seule marée. Cela le refroidit. Il dit alors que tout ce grand effort n'était qu'une feinte, un prétexte pour se préparer à une guerre continentale.

Nos soldats ne s'en doutaient pas, ils n'auraient jamais compris que ces parades d'embarquement étaient un moyen de faire la guerre en Allemagne. On s'était trop joué, en conscience, des grands élans du cœur qu'on provoquait, ajournait, détournait. Que de fois ces hommes héroïques avaient accepté la mort en esprit, et, de volonté, s'étaient dévoués !

Pourquoi ? Pour la grande cause qui avait déjà fanatisé Paul, pour arracher aux Anglais la liberté des mers. Le monde des rivages, toutes nos côtes étaient captives. Grande, tentante chose, d'affranchir l'Océan (de l'Angleterre à l'Inde) par un passage si court. Cela semblait valoir le sacrifice de la vie.

C'est la disposition où il trouva cette armée, la première, certes, qui fut jamais au monde, lorsque dans son orgueil, d'un tertre de Boulogne, il s'en vit entouré et lui distribua les aigles.

Le célèbre tableau de David, où Gros aussi et toute l'école ont dû travailler, ce tableau, qui est à Versailles, haut en couleur, un peu grossier, est d'autant plus un très vrai portrait de l'armée et des soldats d'alors. Ceux-ci, n'ayant plus la maigreur nerveuse, la figure hâve du soldat jacobin, sont sanguins, avec des figures joviales. On les sent bons enfants, moins capables d'excès que ceux qui vinrent plus tard, mais fiers et très jaloux de la *Grande-Armée* qui naquit d'eux, et qui dura jusqu'au démembrement barbare qu'en fit Napoléon (1808).

Ces scènes de Boulogne semblaient bien une comédie. Car les bois des vaisseaux, coupés dans nos forêts (ceux d'Anvers, par exemple, dans la forêt de Soignes), voulaient pour la plupart deux ans encore avant de pouvoir tenir la mer.

Le 17 septembre 1805, Napoléon enfin déposa cette feinte, prolongée tant d'années, sans avoir pu lasser l'ardeur crédule de nos soldats. Il dit au conseil d'État qu'il partait pour l'Allemagne ; qu'il serait prêt avant l'Autriche, ayant rassemblé l'armée à Boulogne ; qu'il lui fallait, en janvier 1806, les conscrits qui auraient vingt ans en janvier 1807 ; et de plus la réorganisation de la garde nationale. — Sorte d'appel tardif qu'il faisait à la nation.

L'armée partit de Boulogne, et traversa la France en parfaite discipline, sans qu'il y eût un seul déserteur. J'ai dit combien ces vrais soldats furent fiers, sévères pour les conscrits qui, en traversant l'Allemagne, avaient un peu pillé. Les vieux leur dirent : « Avant de combattre avec nous, videz vos sacs d'abord. »

Miot affirme que la guerre n'était nullement souhaitée en France. Tout était revenu dans les voies du travail.

On aurait pu en dire autant de l'Angleterre, sans les alarmes que lui donnait Bonaparte par sa *fantasia* et ses simulacres d'embarquement : le tout vain, mais très provoquant, nos voisins, à ce moment même, étaient, comme la France, entraînés au travail, non pas agricole, mais manufacturier. La révolution des machines commençait à s'opérer, et la partie la plus active de la population tournait sa passion, ses capitaux, de ce côté.

Ce n'était pas l'affaire du sacre français ou italien, ni celle des indemnités allemandes, qui auraient décidé l'Angleterre à se battre et à se détourner de la grande nouveauté, l'affaire industrielle, qui lui apparaissait dans un charme magique d'infinie perspective.

La grande affaire récente de l'Inde, la conquête du Carnatic, avait même été à peine aperçue. Ces grandes choses lointaines, l'acquisition du Cap, et bientôt celle de Java, touchaient surtout une certaine Angleterre, qui y trouvait des places pour ses fils. Mais la majorité, les classes qui recrutaient le plus le Parlement, étaient bien moins sensibles à ces fruits de la guerre lointaine.

De là la solitude, l'abandon progressif de Pitt. Il croyait en 1805 retrouver l'Angleterre où il l'avait laissée.

En mars 1803, au moment de la rupture avec la France, il se croyait si sûr de son succès, qu'il refusait le pouvoir à moins que tout le ministère ne fût refait par lui, uniquement composé des siens. Et quelques mois après, ayant voulu en vain se faire centre d'un groupe et repoussé de Fox, qu'il appelait à lui, il eut le chagrin d'accepter six ministres d'Addington, puis Addington lui-même. De sorte qu'il se trouva devenu le chef du ministère qu'il avait remplacé. (Voy. Cornwall-Lewis.)

Conduite étrange, cruellement caractérisée par Sheridan, qui nota l'insidieux appui que Pitt avait donné d'abord au rival qu'il voulait détruire.

Cette accusation d'excès de finesse et de perfidie ne l'humilia pas trop, ce semble. Il fut bien autrement touché d'une affaire qui lui montra sa décadence, son affaiblissement, son peu de crédit parlementaire. On accusa un de ses intimes d'une malversation, il essaya en vain de le couvrir. La

Chambre passa outre, et, sans faire attention à lui, censura l'accusé. Pitt sentit cela, comme un coup de stylet au cœur. Il eut beau rabattre sa coiffure sur ses yeux. On vit pleurer cet homme si fier.

Pour comble de chagrin, son rival Addington voulait se retirer, ce qui aurait perdu Pitt auprès du roi. Il eut le dégoût et la nausée terrible d'être forcé de le prier de rester, d'avouer que cet Addington, tant méprisé de lui, lui était nécessaire.

Dans ces misères qui abrégèrent sa vie, il avait un soutien qui l'aidait fort : l'insolence croissante de Bonaparte, ses outrages, ses provocations, son mépris de tout droit des gens. Sous la couronne de fer qu'il venait de prendre à Milan, il insultait l'Europe d'une manière extravagante. Son *Moniteur* était plein d'articles injurieux aux autres peuples, aux têtes couronnées, articles qu'il dictait lui-même.

Il se chargeait de faire en pays neutre une police révoltante. Il eut même l'idée d'enlever le roi de Suède en pleine Allemagne.

Il menaçait, cherchait à surprendre partout des négociants anglais. On prétendait qu'il avait dit qu'à Berlin même, et sous les yeux du roi, il pourrait enlever le ministre d'Angleterre.

Pitt, peu aimé, avait un allié plus sûr que la faveur publique : *la haine de Bonaparte*. A ceux qui se plaignaient de ce qu'avaient coûté les dernières guerres, il disait froidement que celle qu'il préparait coûterait plus encore.

Il tint parole, et profitant du miracle imprévu

d'un tel accroissement de richesse, il conçut le plan gigantesque, improbable, qu'il réalisa cependant, de soudoyer l'Europe, la nouvelle coalition augmentée par les masses innombrables du Nord, d'amener contre Bonaparte des armées de cinq cent mille hommes.

CHAPITRE IV

Triomphe d'Ulm. — Désastre de Trafalgar (octobre 1805).

Ce qui frappe dans Bonaparte, c'est l'identité de ses procédés : des effets de surprise, qui, toujours répétés, toujours les mêmes, semblaient ne pouvoir tromper personne.

Et chez ses adversaires on eût dit toujours la même complaisance à attendre, arriver trop tard en tout, à se laisser surprendre.

Ces succès immenses et faciles eurent le très grave inconvénient que Napoléon et les siens se méconnurent, en quelque sorte, crurent n'avoir plus besoin des moyens de persuasion, de propagande, qui avaient fait la force des armées révolutionnaires, leur ferme foi. Nous avons tout à l'heure, d'après Goethe, cité la conduite des Français de 92, qui, après Valmy, donnèrent aux Prussiens en retraite, affamés, non seulement des vivres, mais des journaux républicains. En 97, on a vu, après Fructidor, combien de républiques germèrent tout à coup de la terre. Effets magiques, d'une électricité subite, et comme d'une épée flamboyante que l'épée d'Austerlitz, l'épée d'acier, quoique victorieuse, ne remplaçait nullement. Il y a ici une terrible différence : c'est que celle-ci n'agit point à distance, comme faisait l'épée de la Révolution.

Autre malheur. Napoléon, par des succès souvent faciles, peu achetés, créa dans son armée une méprise profonde sur les vrais caractères de l'esprit allemand, une ignorance mutuelle des deux nations. L'armée française, cette rouge armée, gonflée de sang, telle que nous l'avons vue tout à l'heure à Boulogne et dans le tableau de David, crut trop facilement à la débonnaireté allemande, surtout après le singulier événement d'Ulm, où trente mille hommes se rendirent prisonniers.

Le procédé de Napoléon, pour produire ce miracle, avait été fort simple et peu mystérieux. Il avait son armée toute prête à Boulogne, et déjà il avait acheté vingt mille chevaux. Dans l'espace d'un mois, tout fut transporté sur le Rhin. Quantité de voitures, mises en réquisition, furent chargées de soldats. Il resta à Strasbourg jusqu'au dernier moment, et en même temps pour amuser les Autrichiens que Mack et un des archiducs avaient groupés en Souabe, à Ulm, il faisait apparaître sa cavalerie aux divers débouchés de la Forêt-Noire.

Que faisaient les Autrichiens de la leur, l'une des premieres du monde ? Personne alors, pas même

Napoléon, n'avait l'idée bien nette de l'usage qu'on peut faire de cette arme pour éclairer, observer tout autour. Les Américains les premiers, et, après eux, les Prussiens l'ont bien compris, aux temps les plus récents.

Le malheureux Mack, que l'injustice de l'histoire a rendu ridicule, n'était pas le vrai chef de son armée. Officier de naissance obscure et de rang inférieur, il avait pour supérieurs réels les princes et hauts seigneurs qui se trouvaient dans cette armée. Ils le dirigeaient, lui inspiraient leur folle confiance. On lui montrait au Tyrol et aux Alpes de grandes forces autrichiennes. Au nord, il y avait des Français; mais la Prusse était là pour les retenir et les empêcher de passer. A l'Est, les Bavarois n'étaient pas trop sûrs, il est vrai. Mais ils étaient entre Mack et l'Autriche, qui pouvait leur tomber dessus, s'ils faisaient un faux mouvement. Enfin, à l'horizon, au loin, on croyait voir les masses russes, qui avaient promis d'arriver vers le 1er octobre. Quoi de plus rassurant que ce tableau? Au moindre mot, ces fiers seigneurs lui auraient rappelé ses malheurs d'Italie, qui lui laissaient sans doute un excès de timidité.

Un matin, il est investi, les Français occupent tout autour les hauteurs. L'empereur lui envoie M. de Ségur. Tout est conté parfaitement dans les *Mémoires* de Rapp, et avec une bonhomie alsacienne que Ségur n'y aurait pas mise. Le pauvre Mack ignorait tout, et, à chaque révélation, s'exclamait, s'écriait. Il avait vécu là comme Robinson dans son île, et ne savait rien du reste du monde.

Il croyait sa gauche gardée par la Prusse, qui sans doute empêcherait l'armée française du Hanovre de passer, l'obligerait de faire un grand détour : on lui apprit que cette armée, sous Bernadotte, sans tenir compte des Prussiens, avait passé, soi-disant pour rentrer en France, mais que, tournant à l'est, elle avait été à Munich, que les Bavarois lui livraient. Ce corps et quelques autres, réunis, faisaient cent mille hommes que Mack avait à l'est, entre lui et l'Autriche, tandis que l'armée de Boulogne, arrivée de l'ouest, l'enfermait, le serrait de près.

Désespéré, il s'en prenait aux Russes, qui, dit-il, arrivaient. On lui prouva que les Russes étaient loin. Il croyait avoir des vivres pour huit jours, mais cela était faux. Sa perte était certaine : il se rendit.

Spectacle étonnant et nouveau : une armée prisonnière sans avoir pu combattre. Trente mille hommes rendus d'un coup.

Événement lamentable pour l'Autriche, mais, selon nous, funeste au bon sens de notre armée, qui se fit une idée très fausse du grand pays où elle entrait.

Ce prodigieux succès porta terriblement à la tête de l'empereur, qui, en ce moment, perdit terre, se crut vainqueur, non seulement de l'Allemagne, mais de l'Angleterre même.

Il semblait moins en Allemagne qu'en mer : il y avait envoyé ses flottes, pour frapper un grand coup sur l'Angleterre, pendant qu'il envahirait l'Allemagne. Afin de détourner l'attention des Anglais, l'amiral Villeneuve, en rade à Toulon, avait ordre de cingler vers les Antilles. Nelson, qui avait mission de garder la Méditerranée, ne manquerait pas de le poursuivre. Le coup du génie, c'était de se dérober à temps, de se porter sur Brest et de se rendre maître de la Manche. Bonaparte gourmandait rudement Villeneuve, accusait sa lenteur. Il écrivait incessamment à Decrès, ministre de la marine, des choses violentes, furieuses.

Napoléon, destiné d'abord à la marine, le corps le plus en faveur à Versailles, et dont un membre gouverna longtemps la reine, avait conservé une grande partialité pour ce qui restait en France de ce corps aristocratique. Son principal secrétaire, Champagny, était un officier de marine. Quelques officiers *bleus*, c'est-à-dire roturiers, s'étaient peu à peu élevés, mais avec une lenteur qui n'allait pas à l'impatience de Napoléon. L'armée de terre, si rapide dans ses succès, lui voilait la situation, lui faisait oublier les difficultés techniques de la guerre de mer. Qui croirait même que lui, officier d'artillerie, il entassait au hasard des masses inexpérimentées sur ses vaisseaux, sans les exercer au tir maritime, c'est-à-dire les dépêchait, on peut dire désarmées, à une mort certaine.

On parle toujours de la Terreur de 93, mais fort peu de cette Terreur maritime de Napoléon, si cruelle, si sauvage, et qui n'enveloppait pas seulement les riverains de la mer. Dans plus d'un département éloigné de la mer, les préfets, aiguillonnés par des ordres impérieux, lançaient de tous côtés une active gendarmerie qui ramassait les jeunes paysans et les traînait par les routes, vers les ports, où, sans exercice préalable, on les entassait aux vaisseaux. La *presse* anglaise, si dure, avait pour consolation des succès certains, l'attente de la victoire. La *presse* française était d'autant plus désespérante que tous ceux qu'elle enchaînait, traînait, savaient parfaitement que, par ces chemins de misère, on ne les menait qu'à la mort.

Notre défaite de Trafalgar en est la preuve lamentable. Villeneuve, poursuivi par Nelson jusqu'au Mexique, lui échappa, mais pour venir se heurter à la pointe du Finistère, contre l'escadre de l'amiral Calder. Ce combat, s'il ne fut pas pour nous une déroute, avaria tellement notre flotte que Villeneuve dut se rendre à Cadix pour la réparer. C'est là que vint le rejoindre Nelson.

Nous avons plusieurs récits de l'horrible catastrophe, mais peu de détails sur ces rigueurs, cette chasse aux hommes qui avait précédé. M. Forgues, dans son bel abrégé de la vie de Nelson, nous donne ses bravades, ses fières et colériques paroles. M. Thiers excuse de son mieux Bonaparte. M. Lanfrey, dans son récit, excellent du reste, s'occupe fort de l'amiral Villeneuve, le plaint comme une victime de la fatalité, des exigences tyranniques de l'empereur.

Villeneuve, d'une bonne noblesse de Provence, et qui sans doute par là plaisait à Napoléon, au parti rétrograde, si puissant par Hortense et Joséphine, avait du courage, de l'instruction. De quinze ans à quarante et un, il avait rapidement parcouru toute la carrière maritime jusqu'aux plus hauts grades. Parmi mainte action d'éclat, il avait eu un malheur, celui d'être arrivé tard au désastre d'Aboukir, et celui de partir tôt, croyant, non sans vraisemblance, qu'il ne remédierait à rien, ne ferait qu'augmenter le malheur, au lieu qu'il le diminua en emmenant et en sauvant quatre vaisseaux.

Ce souvenir d'Aboukir eût pu arrêter un esprit crédule aux présages, comme était Napoléon. Mais Villeneuve était ami du ministre Decrès, alors aimé de l'empereur, parce qu'il faisait sur la marine certaines économies au profit des troupes de terre.

C'est là qu'on peut admirer l'*homo duplex*. L'empereur, si passionné pour les succès de sa flotte, dans le détail trouvait très bon qu'on économisât sur elle pour l'armée, dont en lui-même il jugeait les victoires beaucoup plus certaines. De sa main droite il volait sa main gauche.

L'aimable caractère de Villeneuve devait le pousser aussi. Il était brave, mais doux, un peu hésitant. Quand Napoléon entraîna l'Espagne dans son alliance et se vit à la tête de deux nombreuses marines, son impatience ne connut plus de bornes. Les lenteurs de Villeneuve le désespérèrent; il l'accusa de pusillanimité; il lui nomma un successeur, l'amiral

Rosily, qui devait le renvoyer en France. Plutôt que d'attendre cet affront, le malheureux sortit de Cadix, se battit, perdit tout.

Tous les officiers français et espagnols furent consultés et dirent qu'on était mal armé, mal équipé, qu'on périrait. On envoya cet avis à Decrès, qui le garda pour lui.

Des matelots paysans qui ne savaient point manœuvrer, point tirer, et que, selon l'ancienne méthode, on faisait viser au mât, au lieu de tirer en plein bois dans la coque des vaisseaux, comme faisaient les Anglais; — ces malheureux furent amenés en présence du furieux Nelson, certain de sa victoire. Le capitaine Lucas et autres de nos Français montrèrent un grand courage. En vain.

Nelson avait dit : « la pairie ou Westminster ! »

Il fut tué. Mais sa mort n'affaiblit en rien cet affreux désastre. Nos vaisseaux étaient si lents, qu'ils ne se sauvèrent pas, attendirent leur destin.

Un peuple fut noyé.

L'empereur écrivait toujours des choses furibondes à cette flotte, qui n'existait plus.

Il était d'autant plus irrité et cruel qu'il devait en dessous trop bien sentir : *Tout était de sa faute*, et sans remède. — Réparable ? jamais !

Villeneuve, épouvanté, se réfugia dans la mort. Il se coupa la gorge (20 octobre 1805).

CHAPITRE V

Austerlitz (2 décembre 1805).

Ce grand revers avait pourtant ceci d'heureux qu'il empêchait définitivement Bonaparte de pousser plus loin la folie de mettre une armée en mer avec le risque d'un échec vingt fois plus grand que celui de Trafalgar.

Les Anglais, calculant d'après les habitudes de publicité de leur gouvernement, croyaient la France fort abattue. Elle savait à peine l'événement. Le *Moniteur* n'en dit rien, encore moins les autres journaux. Il courut à peine un bruit vague de certains revers maritimes.

La nouvelle, au contraire, éclata chez nos ennemis. A la joie des Anglais, les Russes, les Autrichiens, crurent, au moins, que l'armée française était découragée, démoralisée. L'armée ignorait tout. Elle en était encore à son triomphe d'Ulm, et n'avait rien dans l'esprit que ce spectacle inouï d'une grande armée prisonnière ; elle croyait marcher à la victoire.

Bonaparte savait seul qu'il était dans ce grand péril. Plusieurs armées, encore à distance, approchaient, pouvaient le cerner. C'est longtemps après, en 1809, à Wagram, qu'il a dit le vrai motif de l'extraordinaire confiance qu'il témoigna alors. On disait après Wagram : « Vous auriez eu plus de succès si vous aviez laissé l'ennemi vous entourer. — Oh ! mais, dit-il, cette armée de Wagram, ce n'est plus l'armée d'Austerlitz ! »

La route de Vienne étant libre et la ville abandonnée, il y entra avec le plus grand calme. Non seulement il recommanda de bien traiter les habitants, du reste nullement hostiles, mais, usurpant gracieusement le rôle affable et bienveillant du véritable souverain, il recommandait aux siens de ménager et protéger tout ce qui tenait aux lettres et aux arts.

Parole toute pacifique et prudente, au milieu des périls dont l'ennemi le voyait entouré. On le croyait déjà perdu. Les Russes, sous Kutusoff, évidemment ne reculaient que pour attendre les renforts qui leur arrivaient et de derrière et de côté ; ils reculaient, mais en livrant des combats souvent heureux. D'autres Russes venaient de Silésie. La Prusse, malgré ses tergiversations, accomplissant la promesse faite à Alexandre, venait aussi, il est vrai, lentement.

Voilà pour le nord. Au midi, l'archiduc Charles

avançait. Masséna, avec une armée trop faible, n'avait pu le retenir. L'archiduc l'avait devancé de plusieurs journées et déjà était passé d'Italie en Moravie.

L'empereur était ainsi au centre d'un cercle d'ennemis, qui peu à peu l'enserraient. Toutefois, il se voyait si fort avec son armée invincible, qu'il ne rougit pas de négocier, et ne désespéra pas de détourner le torrent russe dans un lit nouveau, la conquête de l'empire ottoman.

On a cru que cette négociation de Napoléon était une ruse de guerre, un moyen de gagner du temps. J'en doute. Comme il ne jugeait jamais que sur les intérêts, il croyait, non sans apparence, qu'Alexandre avait plus à gagner en se jetant dans la Turquie que dans cette stérile campagne d'Allemagne.

Il écrivit à Alexandre dans des termes plus que polis, flatteurs et un peu ridicules.

A quoi le jeune Tzar, lui-même doux et poli, mais dont les émigrés conduisaient la main, répondit par une lettre altière, inconvenante, où il l'appelait *monsieur* et l'assurait de *sa parfaite considération.*

Napoléon avala le déboire, et pendant qu'il proposait un armistice, il fut violemment attaqué par les Russes.

N'importe, il n'en demanda pas moins une entrevue à Alexandre, qui ne daigna y aller, lui envoya seulement son aide de camp, le jeune Dolgorouki. Sur la proposition de Bonaparte de faire des conquêtes ailleurs, il dit fièrement : « La Russie est assez grande. »

C'était le 13 novembre. Les Français, encore dispersés, n'ayant pas l'armée de Bernadotte, n'avaient que cinquante-huit mille hommes ; les Russes en avaient déjà quatre-vingt-deux mille. C'était pour eux le moment d'attaquer. Le 20 novembre, les deux armées furent à peu près en équilibre ; Napoléon eut cent mille hommes.

Mais les Russes-Autrichiens attendaient d'autres troupes, faisaient venir des vivres qui leur manquaient : ils allaient être bientôt de beaucoup les plus forts.

Pourquoi furent-ils si pressés de combattre ? On ne le sait pas, disent les historiens.

C'est parce que leurs jeunes chefs, qui, dès le commencement, avaient intrigué contre le prince Charles, et croyaient qu'il resterait en Italie, le voyaient avec peine revenir, et voulaient vaincre avant son arrivée.

Autre motif très vraisemblable, dont on doit tenir compte. Alexandre, chevalier de la reine de Prusse, espérait par sa victoire délivrer seul la belle princesse de l'ogre Bonaparte, et n'en aurait pas eu l'honneur si, pour le faire, il eût attendu l'assistance des Prussiens, l'arrivée du bouillant prince Louis et de tant d'autres, voués au culte de la reine.

Voilà qui est bien romanesque, dira-t-on. Mais le serment au tombeau de Frédéric, qu'imposa la reine à Alexandre, le constituait gardien et défenseur de la Prusse[1]. Chose plus forte, les conditions

---

1. Hardenberg, t. IX, p. 14, 55.

que le Tzar mit d'abord, le 3 novembre, aux secours russes, conditions dont, en décembre, il dispense le roi de Prusse, indiquent assez qu'entre eux il y avait plus qu'un lien politique, mais un lien bien autrement fort, une amitié resserrée par leur admiration commune pour la beauté héroïque qui prêchait la guerre et la gloire.

Les historiens militaires, et, d'après eux, MM. Thiers et Lanfrey ont marqué lumineusement, autant que le permettait un si immense tableau, la position des deux armées, et celle même des corps différents qui combattirent à Austerlitz. Nous ne reproduirons pas après eux ce détail, si difficile à comprendre pour qui n'a pas la carte sous les yeux.

Nous remarquerons seulement ce que déjà nous avons observé pour d'autres affaires non moins importantes, c'est que plusieurs des dispositions du grand capitaine, dispositions justifiées par un succès si magnifique, étaient scabreuses en elles-mêmes. Il fallait qu'il eût dans ses mains, comme il l'a dit lui-même, un instrument infaillible : je veux dire une armée telle qu'avec elle on pouvait tout risquer.

Par exemple, l'abandon des hauteurs de Pratzen, laissées à l'ennemi, la concentration de l'armée française sur un terrain bas et étroit, et comme dans une espèce d'entonnoir, observant un grand silence, et regardant comme une proie le cercle d'ennemis qui l'environnait, n'était habile qu'avec une armée exceptionnelle qui ne s'étonnait de rien. Avec d'autres soldats, rien n'eût été plus chanceux.

A une heure de l'après-midi, Bonaparte était maître de Pratzen, le centre des alliés était anéanti ; leurs deux ailes combattaient encore, mais sans communication, sans moyen de se rejoindre. La Garde russe s'avança pour reprendre le plateau de Pratzen, et mit un instant en désordre un de nos bataillons. La Garde française s'élance alors, et Rapp fait prisonnier Repnin à la tête des chevaliers gardes.

Une action plus décisive se passait aux étangs, si nombreux dans cette plaine humide. L'artillerie, en passant sur un des ponts qui les traversent, s'enfonça, et les troupes qui l'accompagnaient furent rejetées sur un autre étang alors gelé. Napoléon, qui vit ce désastre, fit tirer dessus les canons qu'il avait sur les hauteurs. Toute la glace s'effondra. Des milliers d'hommes disparurent, mais plusieurs ne purent se noyer dans ces eaux peu profondes ; ils luttèrent, et le lendemain on entendait encore les cris, les gémissements de ceux qui ne pouvaient mourir.

On dit que les alliés couvrirent de vingt-sept mille morts cette vaste plaine d'Austerlitz ; huit mille Français avaient aussi péri.

Cette scène affreuse m'a été contée dans les moindres détails par un témoin, alors bien jeune, et qui, avec la vive et forte mémoire qu'ont les enfants, n'en avait perdu aucune circonstance.

Cet enfant, l'un des fils du général ministre Pétiet, était alors page de l'empereur, et se tenait derrière lui, lorsqu'il vit l'ennemi aller d'abord aux marais, puis sombrer tout à coup, s'engouffrer dans les glaces. C'est ce que Bonaparte avait prévu. Et, comme il arrive au chasseur qui voit le gibier lui venir, il eut un accès de sauvage hilarité. Dans ces moments, Napoléon avait un *tic* désagréable : il chantonnait. Cette fois, il lui revint certain air d'opéra-comique, où un sot tombe de lui-même au piège préparé; les acteurs lui chantent : « *Ah! comme il y viendra! larira.* » Le désaccord si choquant de cette chanson vulgaire, chantée par une voix fausse, à cette heure suprême, frappa l'enfant de manière à ne l'oublier jamais.

Voyant le succès établi dans toute la plaine, Bonaparte avisa qu'il était tard, l'heure de dîner. Selon ses habitudes sobres, on lui donna sur une petite table son poulet et du chambertin.

Le jeune Pétiet versait à boire. On amena des prisonniers, et l'enfant, derrière l'empereur, put observer à l'aise l'accueil qu'il leur faisait.

Repnin, l'un des premiers, était sans doute le fils de ce cruel ambassadeur qui fut l'horreur de Varsovie, et dont Rulhière nous a laissé un si terrible portrait. Napoléon, sans souci des Polonais, toujours nombreux dans nos armées, lui fit un accueil aimable et ne le retint pas.

Puis s'avança une figure dont Pétiet fut bien frappé, un émigré devenu général russe, qui croyait toucher à sa dernière heure. L'enfant tremblait pour lui. Il fut bien surpris de voir l'empereur verser

un coup dans son propre verre d'argent, et dire :
« Buvez, monsieur le comte. Cela remet toujours le
cœur ! »

Il y parut. Le prisonnier, jusque-là fort pâle, reprit
couleur à l'instant[1].

Instructive anecdote, qui montre que, d'Austerlitz, le vainqueur voyait Paris, le faubourg Saint-Germain.

Avec ces dispositions si tendres au parti rétrograde, cette communion avec l'émigré, il était bien disposé à recevoir le conseil que lui apportait Talleyrand : « Ménagez l'Autriche. »

Le boiteux ne disait rien au maître qu'il n'eût dans l'esprit, ou qu'il n'eût fait déjà à Léoben, à Campo-Formio.

Il exigea de l'Autriche de l'argent, mais ne toucha en rien à ses provinces intérieures et vitales. Le Tyrol, qu'il lui prit pour le donner à la Bavière, était un beau champ pour l'insurrection, mais il contribuait pour peu dans les armées régulières. Venise, aussi, qu'il lui retira, le Frioul, la Dalmatie, étaient d'un faible secours militaire. L'Autriche resta ce qu'elle était, prête à se rétablir peu à peu et à nous faire la guerre de 1809.

Austerlitz, fort admiré, renouvela pour l'Europe l'effet tout fantastique de Marengo. Cependant les

---

1. Le célèbre tableau de Gérard tant de fois reproduit par la gravure nous a conservé cette scène.

Mémoires de Ney, qui partout révèlent la main habile de Jomini, montrent combien le plan de cette campagne était peu arrêté et changea sur la route.

La rapidité, tant vantée, de la marche de Bonaparte faillit lui être fatale, puisque, par les maladies et la dissémination de ses forces, il fut un moment réduit à cinquante mille hommes. « Nous ne fûmes sauvés, dit Ney, que par l'ignorance de l'ennemi. »

Qu'attendaient ses admirateurs sérieux, après cette victoire qui abattit l'Autriche, découragea les Russes, décida les Prussiens à subir la condition qu'ils avaient toujours repoussée?

Ils attendaient de lui une chose. C'était qu'il en tirât parti.

Son armée était intacte encore, tout au moins de cent mille soldats invincibles, les premiers du monde ; elle n'avait perdu que huit mille hommes.

Les Russes se retiraient en ordre, mais en hâte, par la traverse et non pas par le chemin où on eût pu les suivre. Pourquoi cela?

C'est que, de Napoléon, ils attendaient de l'audace, non pas une prudence timide.

Ils pensaient que les Français se dirigeraient au nord pour insurger la Pologne autrichienne, qui depuis dix ans les appelait. L'incendie partant de là, nul doute qu'il n'eût gagné la Pologne russe et prussienne.

Magnifique aventure qui eût enlevé l'Europe de

frayeur, d'admiration, eût tenté un héros, mais non un politique. Ce grand incendie lui fit peur. Il n'osa s'en approcher. Il prit l'inspiration au plus bas, chez celui qui lui disait : « Ménagez l'Autriche, c'est-à-dire le parti rétrograde dans toute l'Europe. »

CHAPITRE VI

Indécision d'Alexandre. — Mécontentement de la Russie et de l'armée russe contre Alexandre.

Je m'arrête ici, un moment, pour regarder Alexandre. Son caractère, loin d'être exceptionnel, est l'un des plus ordinaires en ce siècle. Il s'exprime d'un mot. C'est l'*indécision*.

Est-ce le caractère russe, la mobilité slave ? Je ne le nie pas. Mais beaucoup plus la vague sentimentalité qui fait la grâce, souvent le fond fuyant et incertain des femmes allemandes du Midi. Un livre unique, admirable, rend cela très sensible : c'est la *Correspondance*, ce sont *les Conversations d'Alexandre et du prince Adam Czartoryski* (Paris, 1865).

Beau livre, plein de pleurs. En le lisant, je me crus à Florence, à Santa-Croce, où la Czartoryska, morte, sur sa tombe, elle aussi, pleure encore.

Vous commencez, c'est la nature, son incertain sourire qui va se nuancer. Deux jeunes gens de dix-huit ans se promènent dans un jardin, au court été du Nord, et se confient, quoi ? des amours ? Non. Mais des romans héroïques, le projet, l'espérance d'être vertueux et parfaits. Cela en grand secret. Catherine règne encore. Et si Catherine le savait ? Le jeune Tzar ne met nulle borne à l'utopie. Il dit au Polonais : « Pourquoi l'hérédité ? Le droit, c'est l'élection populaire. »

Puis un grand blanc arrive, une lacune qui semble plutôt une tache noire. C'est le règne et la mort de Paul. Le fils qui succède, éploré, n'en garde pas moins avec lui le cortège des meurtriers. Alexandre, triste pour la vie, se hâte de rappeler Adam Czartoryski, c'est-à-dire sa jeunesse, rêveuse et vertueuse, autrement dit : sa conscience.

Que dit le prince Adam ? Nullement un roman, mais une chose politique et pratique : « Réunissez les membres épars de la Pologne, sous une royauté constitutionnelle. Que la Prusse rende Posen et Varsovie. » La Galicie viendra plus tard.

La Prusse eût été indemnisée en Allemagne par la sécularisation du Rhin, ou en Hanovre. Point de guerre avec Bonaparte, dans ce projet. Mais le mot, l'idée du Hanovre soulevait le parti anglais, tout-puissant à Berlin.

Les Anglais de Russie avaient tué Paul. Les Anglais de Berlin réussirent mieux par une machine moins funèbre, mais tragique par les résultats, l'amitié du roi de Prusse, l'impression de sa belle reine sur un jeune Tzar de vingt-cinq ans. J'ai dit l'audacieuse adresse de la reine, qui, agenouillant son mari et son hôte au tombeau de Frédéric, leur fit jurer amitié, éternelle alliance au profit de la Prusse, autrement dit : *la mort de la Pologne.*

On accusait le plan de Czartoryski d'être français. A tort. S'il arrangeait Napoléon, en brouillant la Prusse et l'Angleterre pour le Hanovre, d'autre part, la Russie, n'ayant plus d'inquiétude du côté polonais, pouvait se tourner vers l'Orient et le disputer à Napoléon.

Ce plan avait un grand défaut. Il était trop prudent. Les Polonais en rêvaient un, sublime et impossible. N'ayant plus les Cosaques ni les membres extérieurs de la Pologne qui l'avaient tant aidée au Moyen-âge, ils voulaient, réduits à eux-mêmes, dominer l'immense Russie, c'est-à-dire que le petit absorbât le grand, l'immense.

Ajoutez que l'accord des trois puissances du Nord rendait leur effort impuissant, leurs tentatives chimériques. Si, au contraire, les Russes avaient pu regarder vers les conquêtes d'Asie, ils auraient eu besoin à coup sûr de la Pologne, d'un grand peuple civilisé, qui, réuni, eût pesé d'un grand poids dans leurs affaires, même eût pris l'ascendant d'une civilisation supérieure.

Les lettres du prince Adam, en 1806, sont très belles. La liberté respectueuse qu'elles respirent partout, indique et son parfait bon sens et le cœur d'un ami. C'est l'éloge d'Alexandre d'avoir eu un tel conseiller, quoique sa versatilité, la faiblesse de son caractère lui aient rendu de bonne heure ces sages conseils intolérables. Adam ne craint pas de lui rappeler les avertissements qu'il lui donna avant Austerlitz, lui prédisant que si, par sa présence, l'armée devenait la cour même, il serait enveloppé par une foule d'intrigues qui gêneraient les généraux. Il parle avec une hardiesse admirable de la Prusse et de la faiblesse d'Alexandre qui, après quelques jours d'entrevue, ne considéra plus dans la Prusse un État politique, mais « *une personne qui lui était chère* et envers laquelle il croyait avoir des obligations particulières à remplir ». (Page 31.)

« Les opinions et sentiments de Votre Majesté pour les personnes qui avaient eu sa confiance éprouvèrent un grand changement, lequel fut noté à Berlin... La prédilection sans bornes que Votre Majesté montra pour la Prusse, donna à votre gouvernement une attitude vacillante. »

Même courage en parlant d'Austerlitz, où la jeune cour d'Alexandre ne faisait qu'injurier les Autrichiens, et, dans une matinée passait, d'un excès d'abattement à un excès d'assurance. Les uns voulaient quitter la partie sans coup férir, et les autres se battre au plus tôt pour revenir vite (p. 39). Il blâme aussi l'empressement d'Alexandre à s'exposer comme un soldat, puis à emmener l'armée tout de suite après la bataille. « Comment eût-on supposé qu'une seule bataille perdue mettrait la Russie hors de jeu ? » (Page 53.)

Dans un petit billet, écrit au crayon, par lequel Alexandre répond, ou plutôt, ne répond à rien, on voit bien son obstination et sa frivolité, qui ne s'appuient sur nulle bonne raison. On y voit que les longues et belles lettres, si sévères et si courageuses, ne sont pas l'œuvre du prince Adam tout seul, mais du comité russo-polonais qui avait conseillé Alexandre jusqu'au moment de sa passion pour la Prusse. Le Tzar regrette seulement que cette lettre confidentielle lui arrive mise au net par un copiste.

Il ne dit rien d'un article bien grave où l'on entrevoit le mécontentement de la Russie (p. 10) : « Dans le cas où la guerre arriverait dans l'empire, je ne répondrais ni des Polonais, ni même des Russes. Déjà ceux-ci endurent avec peine que la gloire de l'État soit diminuée, et que l'amour-propre national reste humilié. Si les frontières sont entamées, on en accusera Votre Majesté, et les propos divers qui circulent à Moscou et à Pétersbourg ne sont pas propres à tranquilliser sur ce sujet[1]. »

1. Lettre du 22 mars 1806.

CHAPITRE VII

L'âme de la Grande-Armée (1806).

Voilà la première fois depuis des siècles qu'on la voit, cette grande Russie, lever un peu la tête, mettre son mot dans le débat, mot menaçant, la leçon du tzarisme.

La Grande-Armée dura de 1805 à 1808. Bonaparte, pour la dénaturer et en abaisser le niveau, eut besoin de la démembrer. Il lui ôte son âme.

Entre Boulogne et Austerlitz, candide encore et soulevée d'un grand cœur, elle gardait en majorité cette foi, cette illusion : « Qu'il avait fallu un génie, un invincible capitaine pour mettre à la raison l'Europe, et que sous lui la Grande-Armée était le bras de la Révolution. »

L'affaire d'Ulm lui avait donné un injuste mépris pour l'Allemagne, mais toutefois avec cette croyance bienveillante : « Elle se délivrera par nous. »

C'étaient là de grandes pensées. On peut juger la

hauteur où se tenait le moral des Français, lorsque, après cette marche meurtrière de cinq cents lieues en trois mois, nos soldats, si loin de la France et n'en recevant rien, l'armée s'enfonçant en Allemagne, et traversant une grande forêt, par un mouvement de gaieté héroïque, se para de branches de chêne [1].

Elle savait bien pourtant que trois armées, autrichienne, prussienne et russe, s'avançaient pour l'envelopper.

Elle avait vu sur le Rhin, elle voyait sur le Danube, ces monuments de servitude, ces lourdes ruines féodales, sous lesquelles ces grands fleuves, l'âme même de la contrée, passent esclaves humiliés.

Le pire de cet esclavage était dans la foule des seigneurs qui prétendaient ne relever que de l'empire, et qui pesaient sur l'Allemagne par leurs justices capricieuses, vexatoires, vénales. Mille tragédies énigmatiques se passaient dans ces antres de la féodalité. L'histoire, si connue, de Gaspar Haüser, l'enfant élevé dans la nuit, puis assassiné, montre assez que, dans un tel ordre de choses, il n'y avait pas plus à attendre de sûreté que d'ordre et de justice.

Les Allemands, dans mille écrits, avaient déploré cet état confus, tyrannique, quand Napoléon, en 1804, parcourut les bords du Rhin, la chaussée dont il devait faire la plus belle route du monde. Dalberg et autres

---

1. *Mém.* de Ney, p. 274.

lui montrèrent, et dans les îles et au plus haut des corniches des monts, ces châteaux, faits pour le peintre, et maudits du voyageur, du marchand, qu'ils regardent passer d'un œil louche. Bonaparte, jugeant par Richelieu, Cromwell, ces grands destructeurs de châteaux, crut qu'en nettoyant l'Allemagne de ces seigneurs immédiats, il remplissait le vœu de la grande majorité du peuple allemand lui-même.

C'était une opération délicate et compliquée que l'étranger ne pouvait accomplir que très mal, en faisant des exceptions ou des justices aveugles et brutales. Ce qui pourtant justifie la mesure en masse, c'est qu'en 1816, bien loin de revenir sur elle, ceux qui s'en plaignaient le plus la continuèrent, la complétèrent, en médiatisant encore plusieurs petits princes.

Il faut dire aussi que les nôtres, hier soldats jacobins, et maintenant devenus les soldats du grand empire, d'après ce double préjugé, traitaient souvent peu révérencieusement ces petites souverainetés, vénérables aux Allemands par l'antiquité. Une anecdote que je tiens de première source me fera comprendre. Un jeune chirurgien français, nommé Mouton, étant en logement chez la vieille princesse de ***, trouva que la dame et ses gens manquaient d'égards pour sa qualité de Français, de membre de la Grande-Armée. Alors l'insolent étourdi écrit une lettre violente, injurieuse, à son hôtesse; la lettre commençait ainsi : « Princilione de ... » Le reste en style de Vadé. La grande dame fit une chose terrible : elle envoya la lettre à Napoléon. Celui-ci, un jour de grande revue, debout sur un tertre qui dominait tout, fait une scène dramatique : « Où est-il, ce misérable ? Qu'on l'amène ! qu'on le fusille ! Je n'ai pas gagné la victoire pour outrager les vaincus ! » On l'amène, on le soutient, pâle, chancelant, et plus mort que vif.

Chacun frémit. L'empereur regarde d'un autre côté, n'y pense plus.

Ces hommes étourdis, souvent violents, comme ce jeune chirurgien, étaient enfants de caractère et se gouvernaient eux-mêmes fort mal dans leurs continuelles alternatives entre les privations et les excès. Les officiers étaient plus misérables encore que le soldat, parce qu'ils s'interdisaient le pillage des vivres.

Un régime si inconstant, tantôt nul, tantôt abondant, produisit des maladies, ou plutôt *une* maladie, toujours la même (la gastro-entérite). C'est ce que Broussais le premier devina. Ce vaillant Breton, né à Saint-Malo, avait été deux ans soldat. A vingt et un ans, en 1803, il entra comme médecin dans l'armée. Sa méthode s'appliquant à une maladie qui variait peu et qu'on aurait pu appeler la maladie de la Grande-Armée, dut peu varier. Elle eut, ainsi que son livre des *Phlegmasies*, achevé et imprimé en 1808, des succès admirables[1].

1. La principale médication de Broussais était la saignée.

Même après Napoléon, les générations qui avaient tant souffert sous lui, et dont le sang, par les alternatives du jeûne, du chaud et du froid, s'était allumé, eurent recours à l'eau comme le plus puissant des calmants. L'hydrothérapie devint la panacée universelle. De là la vogue de Priessnitz, — créateur du traitement, vers 1825. La foule des malades reconnaissants qu'il avait guéris, lui élevèrent un arc de triomphe.

L'armée était assez lettrée, si j'en juge par plusieurs militaires que j'ai connus et qui auraient mérité une grande notoriété, mais qui sont morts dans le silence.

Foy, avec ses quatorze blessures, et son refus aux adresses et au vote de l'empire, fut fort retardé, laissé de côté jusqu'à Waterloo. Mais d'autant plus, dans les repos que lui laissait son artillerie à cheval, il lisait insatiablement Virgile et Tacite.

On peut en dire autant de Courier, si absorbé dans l'étude qu'il ne s'était pas aperçu de l'insurrection de Rome et faillit y périr. En Calabre, dépouillé de tout par les brigands, ayant perdu ses chevaux et son argent, il n'eut regret qu'à son Homère.

Outre ces noms si connus, j'en pourrais citer d'autres qui le furent à peine, et dont l'esprit ne montrait pas moins combien le vrai caractère français brillait dans la Grande-Armée. J'ai déjà parlé de M. de Fourcy, esprit aimable, un peu changeant, qui se prêtait à beaucoup de choses. En parlant de

Saint-Simon, au premier volume, j'ai dit que jeune officier il le suivait partout. A l'âge de trente ans, capitaine dans l'artillerie de la garde, il employait volontiers ses loisirs en essais poétiques dont plusieurs furent de très beaux vers[1]. Ce qui l'attristait le plus, c'était ce singulier métier de tuer par un boulet, à distance, des inconnus dont plus rapproché, peut-être, on aurait été l'ami. L'habitude et la routine, l'ignorance d'une autre carrière, le fixèrent dans celle-ci qu'il détestait (jusqu'à Wagram, 1809).

Dans cette cruelle bataille, gagnée comme on sait, par l'artillerie, deux choses le révoltèrent. D'une part, l'état d'ivresse où la jeune armée se plongea après la victoire. Mais, pendant la Bataille même, un spectacle affreux l'avertit. Les Français et les Hongrois, qui s'étaient vus dans tant d'affaires, n'en avaient les uns pour les autres que plus d'admiration et de sympathie. Dans le champ brûlé du soleil, presque en feu, où nos batteries volantes étaient arrivées, un grenadier hongrois, homme magnifique, se mourait. L'officier français avait disposé des manteaux sur des fusils pour lui faire un

---

1. Ceux-ci semblent avoir été faits sur les champs de bataille, et dans l'idée consolante que toutes ces générations qui meurent successivement se retrouveront un jour :

> Dirai-je ces races humaines
> Qui tour à tour ont existé,
> Et qui du temps rompant les chaînes,
> Se retrouvent contemporaines
> Dans les champs de l'Éternité?

peu d'ombre. Le mourant, dans son délire, implorant en vain la mort, se souleva et d'une main frénétique il cherchait un pistolet pour tirer sur ses bienfaiteurs.

Cette scène sauvage frappa le Français au cœur. Il refusa les grades, les récompenses auxquels il avait droit, et quitta son triste métier.

J'ai connu aussi des soldats, des hommes sans aucune culture, qui pour la douceur des mœurs, la bonté, les qualités morales, valaient peut-être autant que les hommes supérieurs.

Michel, soldat des charrois, aujourd'hui aux Invalides, fut un véritable saint. Je n'ai jamais vu une douceur si inaltérable. Son seul défaut était la crédulité, qui le rendait martyr de sa charité infinie. Retiré après la guerre dans une petite boutique, il donnait tout ce qu'il gagnait. Les intrigants affluaient, n'étaient jamais refusés. C'était un faux Polonais. C'était un faux général. Michel donnait toujours.

Dans la vie prodigieusement agitée, variable, que menait la Grande-Armée, le mal, c'était surtout l'impossibilité pour toute nature, même d'élite, de se créer les habitudes qui mènent au perfectionnement.

Si Bonaparte avait laissé au soldat, au défaut de toute vertu, au moins *une grande passion*, nul doute qu'il n'y eût entretenu une flamme profitable à ses succès mêmes.

Si, en quittant Austerlitz, il eût conduit l'armée

victorieuse dans la Pologne autrichienne, certainement l'incendie qui aurait gagné les Polognes russe et prussienne, eût paralysé pour longtemps les puissances du Nord, mais surtout créé dans l'armée un immense *Sursum corda!*

CHAPITRE VIII

La Banque se joue de Bonaparte. — Ouvrard fait agir ensemble Bonaparte et Pitt (1805).

Bonaparte avait horreur de la banque et du crédit.

D'après le Palais-Royal, le Perron et les scènes de l'agiotage, il supposait que banquier et voleur étaient synonymes.

Le crédit lui était suspect, comme force libre, qu'on ne peut emprisonner, qui franchit les lieux, les temps.

Pour suppléer à l'insuffisance des six cents millions qu'il tirait de France, contre le milliard annuel de l'Angleterre, il ne rêvait d'autre ressource que les contributions *noires* qu'il extorquait aux États faibles, sous prétexte de les protéger, d'après le procédé connu de Rob-Roy et autres voleurs, qui vendaient aux voyageurs leur protection contre le vol.

Le fait, certes, le plus curieux de l'époque, c'est

qu'aux années 1804-1805 il se trouva néanmoins l'instrument des banquiers qu'il détestait.

Dans le long intervalle de dix-huit mois qui s'écoula entre la rupture de la paix (mars 1804) et la guerre (octobre 1805), la Banque ne perdit pas son temps, elle profita de cette époque douteuse, et trouva l'ingénieux moyen de se servir de Bonaparte même.

Les rois de la finance à Paris étaient principalement :

Le célèbre inventeur Séguin, chimiste, membre de l'Institut, connu surtout par les chaussures perméables au moyen desquelles le million de soldats de la République pataugèrent avec tant de gloire ;

Collot, fournisseur de l'armée d'Italie, et fournisseur de Brumaire, qui prêta les fonds du grand jour, et fonda proprement l'empire ;

Ouvrard, enfin, l'ingénieux spéculateur, dont la fortune variable réussit, tomba, souvent se releva heureusement. Homme de ressources infinies, et d'audace incomparable.

Barras, son intime ami, lui avait fait l'honneur ruineux de lui céder sa Tallien. Ouvrard s'y refusa d'abord, disant : « Je ne suis pas assez riche. » Mais ensuite il réfléchit qu'après tout rien n'étendrait plus son crédit que de le voir acquérir une beauté si coûteuse. La cession se fit publiquement à l'Opéra. L'effet désiré fut produit. Les actions d'Ouvrard montèrent.

Napoléon ne l'aimait pas, sentait en lui une puissance cynique, indépendante, sur laquelle il ne pouvait rien.

Les Anglais, même avant la guerre, croyaient Napoléon à bout de ressources, disaient : « Comme extraordinaire, qu'a-t-il, sauf la Banque de Gênes et ce que lui paye l'Espagne ? Ce sera bientôt fini. »

L'Espagne, si misérable, comme un os séché, ne rendait rien.

Là-dessus se présente avec grâce cet adroit et hardi Ouvrard, prêt à tout, répondant de tout, même de magnétiser, de remettre sur pied un mort.

Dans ses promesses bizarres de ressusciter l'Espagne, il avait une chose sérieuse, un talisman dans la manche qui lui répondait de tout.

La formule d'évocation que ses *Mémoires*[1] déguisent un peu, lui fut probablement fournie par les sorciers d'Amsterdam, les grands banquiers de Hollande, qui jugèrent très froidement que les Anglais, malgré leur patriotique colère, n'en seraient pas moins charmés de faire une bonne affaire avec l'ennemi, et qu'ils en auraient le temps. Ils eurent en effet près de deux années.

Bonaparte était si peu intelligent de ces choses que, même pour le servir, il fallait le tromper d'abord lui, et le ministre qu'il avait pris pour guider son ignorance, le dévot Barbé-Marbois.

Le plan d'Ouvrard et sans doute de la Banque de

[1]. Ouvrage charmant, plein d'intérêt, qu'il écrivit dans ses longues prisons, et que, dit-on, Mauguin corrigea.

Hollande, était comme la lune, qui toujours montre un côté, cache l'autre.

Le côté que l'on montra à Bonaparte, ce fut le grand ascendant que la France avait alors sur le vrai roi d'Espagne, le prince de la Paix, favori de la reine et du roi ; il espérait que Napoléon lui créerait une position indépendante et solide en Portugal.

Ce favori avait quelques bons sentiments, peu de génie, point d'énergie, d'activité. On était si misérable que la cour ne bougeait pas, n'ayant pas même de quoi suffire à ses petits voyages. Ajoutez que la famine, une grande cherté des vivres désolait le pays. Ouvrard, le grand empirique, dit qu'il allait remédier à tout.

La reine, parfaitement d'accord avec le roi, prenait plaisir à montrer qu'elle favorisait le prince de la Paix, et combien il était puissant. Voilà Ouvrard, l'agioteur, qui se trouve admis dans l'intérieur, la familiarité du roi des Espagnes et des Indes.

C'est le bienfaiteur du pays. Du premier coup il fait cesser la famine, obtient de Bonaparte et des Anglais la sortie des blés de France. Avec sa facilité brillante, il étonne le prince des ressources qu'on va trouver et de la renaissance qu'il prépare au pays. Miracle ! à l'instant l'argent coule. La prudente banque d'Amsterdam ne fait nulle difficulté de prêter à cette monarchie qui semblait ruinée. L'enthousiasme monte au comble.

Au point que le successeur de Charles-Quint et de Philippe II signe avec l'agioteur un traité de société :

« Société entre le Roi et Ouvrard, qui assure à celui-ci, pour toute la durée de la guerre, le commerce exclusif des deux Amériques; l'extraction, la disposition de toutes matières d'or et d'argent; la faculté de faire dans ces Amériques des emprunts garantis par leurs trésoreries, et remboursables par elles. »

La mer même, hostile et sauvage, s'aplanit. Lingots, piastres arrivent du nouveau monde. L'Espagne, par la Hollande, qui garde un gros bénéfice, paye à Napoléon les subsides promis.

Mais Ouvrard, ce grand poète, entrevoit, découvre un bien autre horizon : la mine immense et sans fond de l'Église espagnole, en Espagne, en Amérique.

Au premier mot qu'il en dit, on pâlit et on craint tout. « Que va dire l'Espagne? que dira le pape? » Le prince de la Paix recule; Ouvrard ne recule pas.

Justement le pape arrivait à Fontainebleau (décembre 1804). Cette chose horrible, impie, ne l'étonne pas. Le clergé sera indemnisé en rentes solides de ces biens douteux, qu'il perdrait tôt ou tard.

Aussitôt dit, aussitôt fait. L'audacieux Ouvrard réalise la chose à l'instant. Il établit ses agents dans toute l'Amérique. La piété, la répugnance des peuples n'y font nul obstacle. L'opération commence avec succès.

Il reste une difficulté : la mer, couverte de flottes anglaises. Comment convaincre M. Pitt?

On lui dit que la Compagnie des Indes a besoin de ce numéraire, qui peut venir par la Hollande.

On lui dit que les États-Unis, au défaut de l'Angleterre, se chargeraient de ce transport lucratif.

Londres s'accorde avec Amsterdam pour fournir à Bonaparte des ressources contre les Anglais. M. Pitt se rappelle sans doute qu'en l'autre siècle, au siège de Gênes, les Anglais vendaient eux-mêmes aux assiégés les boulets qu'on tirait sur eux.

Victoire! Ouvrard voit les deux ennemis, Pitt et Bonaparte, dociles à faire arriver ses piastres américaines.

Le commerce, comme une loi supérieure, domine la guerre elle-même, et la religion; le pape lui a cédé.

Ici, on est tenté de croire (comme le spirituel et clairvoyant M. de Pradt) que Bonaparte était fou par moments, au moins prodigieusement étourdi. Comme je l'ai dit, souvent de sa main droite il luttait contre sa main gauche.

Au moment où il lança ses flottes avec une si furieuse impatience, à Trafalgar, comment ne réfléchit-il pas que vainqueur il allait décourager les Hollandais, qui avaient la complaisance de lui apporter les piastres, les lingots d'Amérique? S'il était vaincu, comme il advint, ce terrible désastre les avertirait que la spéculation du transport était scabreuse pour ne pas dire impossible, et que leurs capitaux, ballottés sur la mer, risquaient à chaque voyage de couler au fond de l'eau.

Ceci était déjà passablement fou. Mais voici qui l'est davantage. Les associés d'Ouvrard à Paris, surtout un certain Després, tentèrent Napoléon en se chargeant de fournir des vivres à sa flotte, c'est-à-dire de le mettre à même d'accomplir sa grande folie.

Sur le gage incertain de ces piastres qui flottent en mer, et peut-être n'arriveront pas, ils obtiennent du ministre Barbé-Marbois d'être associés à la Banque de France, et, concurremment avec elle, de toucher, escompter de solides valeurs du Trésor. Barbé-Marbois, tout en reconnaissant le danger, y cède. Pourquoi ? Le principal auteur de la mesure est un homme sûr, de la clique dévote, *un homme de Dieu*, qui est assidu tous les jours à la messe de Saint-Roch [1].

Là-dessus la défaite de Trafalgar arrive, arrête les piastres d'Amérique, et noie tout à la fois nos flottes et l'aventureuse Compagnie. Elle semble entraîner le Trésor avec elle. On s'étouffe aux bureaux, mais on n'est plus payé. Bonaparte, qui toujours a peur de Paris plus que du monde entier, entend d'Austerlitz ce petit tumulte et le ricanement de Londres. Après avoir bâclé la paix avec l'Autriche, et un semblant de paix avec la Prusse, il se hâte de revenir.

Il revient dans une grande colère. A l'instar des

---

[1]. Barbé-Marbois, fort exact, pour ses commis, faisait lui-même, le matin, la revue de ses bureaux, et voyant Després absent pour une heure, sut qu'il allait en hâte à Saint-Roch entendre une messe. Cela lui inspira une confiance illimitée.

petits enfants qui crient plus que personne quand ils ont fait une sottise, il s'en prend de la sienne à tout le monde. Il chasse Barbé-Marbois et son *homme de Dieu.* Il rappelle Ouvrard d'Espagne, et prend aux associés de la Compagnie tout ce qu'ils ont. Pour n'être pas volé, il vole ; il les ruine. Cependant le nouveau ministre reconnaît que, sans eux, l'État aurait fait banqueroute, et qu'ils ont eu au moins le mérite d'avoir réduit d'un quart les traités usuraires que les receveurs généraux avaient obtenus de Bonaparte.

Celui-ci, au reste, après avoir donné un grand spectacle de fureur et fait craindre qu'Ouvrard ne fût fusillé, le voyant si calme, lui-même se calma ; il se contenta d'exiler quelques dames du noble faubourg, qui, dit-on, avaient propagé la panique. Mme de Luynes, qui échappa par son immense fortune, fut punie davantage, humiliée, devint dame de Joséphine.

Bonaparte menaça la banque d'Amsterdam et les Hope, qui sourirent. Tous leurs trésors sont volatils.

Enfin, outré, il dit à Ouvrard : « Vous avez abaissé la royauté au niveau du commerce. »

On le déclare garant pour quatre-vingt-sept millions, et il ne sourcille pas.

« Eh bien, dit Bonaparte, j'irai compter avec l'Espagne. On peut tout avec cinq cent mille hommes. »
— On peut tuer la poule aux œufs d'or.

Après ce grand combat, qui reste debout ? Le

capital, qui vaincra à la longue. Mobile, et ne pouvant être atteint, par cela même il est une forme de la liberté.

L'attitude d'Ouvrard, après sa débâcle, me semble magnifique : celle du sage d'Épictète.

Il se laissa enfermer à Sainte-Pélagie, qui fut son Louvre, où tout lui obéit.

Il se vengea en donnant à Bonaparte, partant pour sa grande folie de Moscou, un très sage conseil, dont il ne sut pas profiter[1].

---

1. Ce qui prouve qu'Ouvrard était un homme vraiment supérieur, c'est qu'il avait deviné (sans doute d'après la forme des embarcations hollandaises, faites pour aller dans les eaux basses) que la Baltique, pleine de bas-fonds, le long des côtes d'Allemagne, ne permet qu'aux barques d'y circuler sans crainte des grands vaisseaux qui ne pourraient les y suivre sans risque d'échouer.

En 1811, Ouvrard écrivit à Bonaparte que sa grande armée de Russie mourrait de faim et de misère, s'il ne faisait filer des vivres, et des secours de toute espèce, au moyen des barques qui pourraient arriver aux fleuves et les remonter. (Voy. *Mém.* d'Ouvrard, t. I.)

CHAPITRE IX

Iéna.

Napoléon, suivant d'abord la politique de Sieyès et du Directoire, avait cru la Prusse une alliée sûre, l'avait agrandie, enrichie étourdiment des dépouilles de l'Allemagne. Il avait cru que cet État, si peu aimé des Allemands, les contiendrait, lui répondrait de ceux du Nord.

Puis, quand il vit la Prusse tergiverser, il l'accusa de perfidie. A tort. Si, en réalité, elle était double, elle l'était bien moins de politique que d'incertitude entre les deux partis du roi et de la reine, qui la faisaient agir en des sens différents.

La Prusse n'est pas simple [1], mais très variée d'origines. Son petit noyau slave, mêlé d'Allemands, a été de bonne heure un asile contre deux tyrans, l'Autriche et Louis XIV, qui, par leurs ineptes persécutions, ont doté ce pays stérile de populations

---

1. Non simple et une, comme l'a dit à tort M. Lanfrey.

patientes, résignées, énergiques, courageuses à supporter tout. Ces populations abjurèrent la France, mais n'acquirent pas les qualités allemandes, la douceur imaginative, rêveuse et poétique qui nous touche dans l'Allemagne.

Frédéric-le-Grand, élevé par nos réfugiés qui lui donnèrent une trempe extraordinaire, aidé par les subsides anglais et attirant par son génie les éléments les plus militaires de l'Europe, mordit les Slaves, et prit d'abord la Silésie, puis proposa le partage de la Pologne.

La Prusse, composée ainsi d'éléments hétérogènes, s'unit par la pression d'une éducation dure, qui, commencée de bonne heure, continuée imperturbablement, et sans souci des diverses natures, pliant Cologne et écrasant Posen, fait des êtres qui semblent analogues. Mais, Dieu! si vous ouvrez le cœur, quelle étrange diversité!

Cette opération contre nature laisse-t-elle à ces races leur fécondité intérieure? J'en doute. On peut acquérir du dehors de grands savants, même un grand général, un machiniste éminent de la guerre. Tout cela ne vient pas du sol. Ce sont de pures importations.

Quant à la force totale, la solidité de cohésion, toutes les fois qu'elle existe dans une création quelconque, cette belle qualité se montre par la grâce dont cette création est douée. L'assimilation des provinces de France a bien ce caractère. Et même aux îles Britanniques, la basse Écosse s'est très bien assimilée à l'Angleterre, que ses grands Écossais (Watt, Adam Smith, Walter Scott, etc.) ont tant glorifiée.

En Prusse, les éléments sont réfractaires et s'assimilent moins. Tout y semble de fer. Mais est-ce en solide fer forgé, ou en fer creux de fonte, qui est si casuel?

Pour revenir, Napoléon à Austerlitz avait été ému d'orgueil et de colère contre ses ennemis. L'autriche et la Russie, jusqu'à la veille de la guerre, avaient cherché à l'amuser. La Prusse avait reçu et abrité tout ce qui avait pu se sauver d'Ulm. Son armée s'avançait : était-ce contre ou pour Napoléon? Les Français en doutaient, étaient fort indignés de cette incertitude.

Pour lui, blessé de Trafalgar, il ne pensait qu'à la mer, à l'Angleterre. Voilà pourquoi il fit trois choses. Il voulut s'assurer de Naples, de la Hollande, ces deux grands postes maritimes; il les confia à ses frères Joseph et Louis, fort incapables. De plus, il obligea la Prusse de prendre aux Anglais leur possession continentale du Hanovre. Acte très tyrannique, qui lui faisait grand'peur et non moins aux Hanovriens, qui ne l'ont jamais aimée.

La Prusse n'eut pas une heure pour se décider. Elle signa après Austerlitz. Elle était jusque-là divisée entre deux partis.

Celui du roi qui, avec son ministre Haugwitz, avait longtemps suivi la France, et docilement avait subi ses dons, son amitié dominatrice.

L'autre parti était celui de la reine, de la jeune cour, parti encouragé par la Russie et l'Angleterre. La reine, belle et audacieuse, entreprenante, rêvait d'être un grand homme, une Marie-Thérèse, une Catherine de Russie, ou comme la mère d'Alexandre si puissante sous son fils. Les Allemandes, en ce siècle, affectaient les rôles virils, montaient à cheval, passaient la revue des troupes. Et celle-ci posait, adorée comme la blonde *Germania*, l'idéal de la patrie allemande.

L'originalité de la situation, c'est que ce parti, qui devint à la longue le parti patriote, ne soutenait alors que les vieilles idées.

Au contraire, le ministre tant détesté, Haugwitz, avec le roi, très honnête homme, penchait pour les idées nouvelles contre les rétrogrades allemands. La sécularisation des évêchés du Rhin, la suppression de tant de justices féodales, se firent sous lui. La bonté du roi s'étendit jusqu'aux Polonais. Il élargit leurs prisonniers, et même leur témoigna sa bienveillance en prenant l'uniforme polonais pour recevoir Dombrowski, le célèbre général, et surtout en permettant le mariage d'une princesse de son sang avec le prince Radziwill, réfugié à Berlin.

Sous ces rapports, le roi et son ministre Haugwitz représentaient le parti libéral. La guerre de la France à l'Autriche, l'abaissement de celle-ci parut à bien des gens la mort du Moyen-âge.

Telle fut l'opinion du célèbre Jean de Müller, le grand historien suisse. La guerre d'Austerlitz dut lui apparaître comme la glorieuse continuation des anciennes victoires de son pays sur les Autrichiens. Si savant dans le Moyen-âge, dont il connaissait tant les mœurs, il s'applaudit (disait-il) « de voir que tout ce qui était vieux, rouillé, insoutenable, périt, et périt par la France. »

Jean de Müller n'était pas traître, comme disaient les Allemands. Et d'abord il n'était pas Allemand, mais Suisse. Et, comme le roi de Prusse, il clignotait, ne voyait pas bien clair dans un temps si obscur.

Le roi eût voulu pouvoir fermer l'Allemagne aux deux partis. Mais la reine, comptant toujours sur Alexandre et son serment, poussa son mari en avant et le mit en danger, sans réfléchir que peut-être Alexandre arriverait trop tard.

Le roi était perdu s'il n'eût cédé à Bonaparte. Il lui fallut, sous peine de guerre immédiate, accepter le Hanovre, au risque d'irriter les Anglais.

On croit que le ministre prussien à qui Napoléon ingérait cette médecine se flattait sourdement d'en avaler une autre, plus agréable. Il espérait Hambourg, les villes hanséatiques, cette belle fenêtre sur les fleuves et la mer que le tyran le forcerait d'accepter.

Vain leurre. Napoléon n'en était plus à se fier à la Prusse; non seulement il avait mis un de ses frères en Hollande, mais entre les Pays-Bas et l'Allemagne il avait posté Murat et son duché de Berg, un petit État militaire qui semblait une avant-garde de la Grande-Armée, et qui, en effet, sur le territoire allemand, s'assura de mainte place forte.

Ce n'est pas tout. La Prusse avait aussi espéré que, s'il démembrait l'empire, en séparant l'Allemagne occidentale, il la mettrait sous le patronage de la Prusse. Pour le démembrement, il eut lieu en effet, mais non à son profit. La Confédération du Rhin qui, outre le Wurtemberg, Hesse, Nassau, Berg, etc., comprenait de plus le grand royaume méridional, la Bavière, ne pouvait guère être mise sous la direction d'une puissance si contraire aux Bavarois. Napoléon lui-même se fit chef de la Confédération (juillet 1806), et se montra peu favorable à une fédération des États du Nord, que la Prusse essayait de former à part. Ses variations lui faisaient toujours douter si elle serait amie ou ennemie.

Napoléon, à cette époque, se félicitait à tort d'un événement. Pitt venait de mourir. Austerlitz et le chagrin, dit-on, l'enlevèrent à quarante-neuf ans. Bonaparte, qui connaissait mal l'Angleterre, ne savait pas qu'en elle il avait un Pitt éternel.

Elle dépensait beaucoup d'argent, peu d'hommes. De sorte que la guerre, toute ruineuse et irritante qu'elle fût, la lassait peu, l'effrayait peu. A la mort de Pitt, on essaya de le remplacer en créant un ministère mixte, qui eut en tête le grand orateur Fox, nom glorieux, faible direction. Fox malade était près de sa fin.

Bonaparte imaginait, d'après les bons rapports qu'ils avaient eus à Paris, que Fox faiblirait pour lui.

Mais à tout ce qu'il proposait, offrait, le ministre faisait même réponse : « L'Angleterre ne peut traiter que de concert avec la Russie. »

Bonaparte, trop finement, imagina que, sous cette obstination, il y avait une chose que l'on ne disait pas : « l'affaire du Hanovre donné à la Prusse ». Il crut que Fox, en traitant, craignait de mécontenter le roi, toujours épris de son duché. — « Qu'à cela ne tienne, dit-il, nous l'ôterons à la Prusse, le rendrons au roi d'Angleterre. »

Cela dit tout bas ; mais dans un pays de publicité tout transpire, tout est su. Au Parlement, le parti contraire à la paix ne manqua pas de révéler la chose et de la répandre à grand bruit.

Ce fut un tonnerre dans l'Europe. Bonaparte voulait pourtant si, pour la paix du monde, il ôtait le Hanovre à la Prusse, l'indemniser ailleurs. Mais ce don, naguère tant refusé et infligé de force, maintenant était cher à la Prusse, et elle y attachait l'orgueil national.

Elle fit ressortir la sauvage autocratie que Bonaparte s'arrogeait sur l'Europe, prenant dans ses combinaisons nouvelles les indemnités nécessaires chez des puissances amies.

Rien n'aboutit. L'Angleterre refusa le Hanovre, heureuse d'avoir créé à la France, dans la Prusse, un ennemi éternel. Et la Prusse, qui n'avait d'abord pris le Hanovre que malgré elle, n'en fut pas moins trahie, délaissée des Anglais.

Alexandre, de même, se conduisit mal avec elle.

Peut-être que ses parents, petits princes d'Allemagne, qui aimaient peu la Prusse et la reine, ralentirent son zèle. L'armée russe n'arriva pas. « La Russie, dit-on, est si loin! » — Loin par terre, mais fort près par mer. La mer était libre et facile. On eût pu envoyer au secours l'élite de l'armée.

Quoi qu'il en soit, la guerre devenait inévitable. L'irritation nationale était montée à un degré étonnant de violence, et la jeune noblesse prussienne se précipitait à l'aveugle.

Bonaparte y contribuait de son mieux, provoquant, par sa tyrannie, ses violences, une lutte si inégale. Il était, comme on a vu, infiniment sensible aux piqûres des journaux, brochures, pamphlets de toute sorte. La ville de Nuremberg, occupée par la Prusse, était le guêpier de ces mouches irritantes. Elle s'était fort compromise elle-même avec Bonaparte, ayant servi de refuge à tout ce qui parvint à s'échapper d'Ulm. La cavalerie de Murat, ardente et rapide, ne le fut pas assez. Elle les atteignit presque; parvenue aux portes de la ville, elle les vit avec fureur s'ouvrir aux fuyards autrichiens, se fermer au nez des Français.

Les pamphlétaires qui écrivaient ailleurs, à Berlin, à Vienne, comme Gentz, dans sa véhémente brochure l'*Asservissement de l'Allemagne*, s'imprimaient, se vendaient à Nuremberg, qui les expédiait partout. Le libraire Palm et quelques autres faisaient ce dangereux commerce. Napoléon, furieux, imita Louis XIV, qui, pour des attaques bien moindres, avait fait enlever des gazetiers sur les places d'Amsterdam. Le roi de Bavière intercéda pour un de ces libraires, le sauva. Mais Palm fut condamné, jugé par une commission, fusillé.

Cet acte d'une tyrannie féroce mit le feu aux poudres. Et plus encore les articles injurieux du *Moniteur* contre la reine de Prusse. Le prince Louis, cousin du roi, jeune homme ardent, fougueux, plein de qualités héroïques, dit, hors de lui : « Cela, c'est la mort même. » Et il courut se faire tuer dans un des combats qui se livrèrent avant la bataille d'Iéna.

Il le fut un des premiers. A la tête de l'armée, dont les officiers inexpérimentés étaient la plupart fort jeunes, on avait mis un septuagénaire, le duc de Brunswick, homme éminent, qui avait pourtant contre lui et le fameux manifeste qui irrita tant la France, et la retraite de Valmy. Envoyé près d'Alexandre, il en avait obtenu la promesse d'un secours de soixante-dix mille hommes qui n'arrivèrent pas.

La Prusse, réduite à elle-même, livra la bataille à l'armée infiniment plus forte et plus aguerrie de Napoléon[1]. Le duc de Brunswick, tout d'abord blessé à la tête, perdit les yeux, mourut bientôt avec d'atroces douleurs. Il y eut proprement deux batailles. L'une gagnée à Auerstaedt par Davout, quoique mal secondé du jaloux Bernadotte. L'autre bataille, celle proprement d'Iéna, fut gagnée par l'empereur même[2].

1. Elle comptait cent trente mille hommes.
2. L'empereur se montra aussi jaloux de Davout qu'il l'avait été de Masséna.

Ce qui est moins connu, mais certain, confirmé par le témoignage du Prussien Hardenberg, c'est que la grande majorité de l'armée vaincue, composée de bourgeois, s'en prit à ses officiers mêmes, accusant ces jeunes nobles de lâcheté, quoiqu'ils ne fussent réellement coupables que d'inexpérience et de forfanterie. Ils avaient dit qu'ils dédaignaient les attaques partielles, qu'ils ne voulaient que de grandes batailles rangées. Ce qui fit dire à Bonaparte : « Je les servirai à souhait [1]. »

Il voulut faire une *entrée* en règle à Berlin, ce qu'il n'avait pas fait à Vienne.

A Potsdam, il visita avec respect l'appartement du grand Frédéric, et vit qu'en sa dernière lecture il s'était arrêté sur le livre de Montesquieu : *Grandeur et décadence des Romains*.

Ce qui le frappa fort et dut l'irriter, ce fut de voir que la reine de Prusse, au moment d'Iéna, lisait les *Mémoires* de Dumouriez, ses plans d'invasion de la France.

Il descendit au caveau de Frédéric. Sur le tombeau était toujours son épée. Il la prit, dit : « Ceci est à moi. »

Ainsi, des deux côtés, la haine fut mêlée à la

Il cherche d'abord par le silence à cacher qu'il y ait eu deux batailles livrées en même temps ; puis, il réduit celle que livra Davout et qui fut l'action capitale, — que Bonaparte n'avait pas prévue, — au rang d'un simple épisode. Ce n'est que tardivement, lorsqu'il n'a plus à craindre que ce succès le diminue aux yeux de l'armée qu'il accorde à Davout le titre de duc d'Auerstaedt. (Voir les *Mém.* de Davout et du général Philippe de Ségur).

1. *Mém.* de Rapp, p. 71.

guerre, et la victoire avait l'air d'une vengeance. Toutefois, l'armée victorieuse ne fut point logée dans Berlin. La garde impériale eut seule cet honneur, et peut-être même seulement les officiers de la garde.

Un d'eux se trouva par hasard adressé à une maison française de nos anciens réfugiés. Il eut l'agréable surprise d'y être reçu par deux demoiselles parlant très bien le français, mais peut-être trop bien, dans une sévère correction. Il crut plaire et obtenir grâce en disant qu'il remerciait le sort qui justement l'avait adressé à une famille française. « Française ? non, dirent-elles sèchement, mais Prussienne... Nous sommes, nous restons Prussiennes. »

Cet officier lui-même m'a conté la chose, avec douceur et sans rancune.

CHAPITRE X

Le décret de Berlin. — Servitude du continent.

Les grands projets du consulat, qui prétendait, avec l'empereur Paul, défendre la liberté des mers, furent cruellement retournés par Napoléon; pour arriver à ce but, il n'imagina d'autre moyen qu'une servitude de la terre, très vexatoire, et mit tout le monde contre lui.

La juste horreur qu'a laissée son système ne doit pas nous faire oublier l'odieuse tyrannie qu'exerçaient alors les Anglais sur toutes les marines du globe. Non seulement, par le droit de visite, ils s'arrogeaient la police des mers, un droit d'inquisition sur tout le commerce du monde, mais, en exerçant ces visites, ils enlevaient, s'adjugeaient les meilleurs matelots, les prétendant Anglais et échappés de leur marine.

Bonaparte s'était ligué avec la Russie, l'Espagne, la Hollande, le Danemarck, pour protéger les faibles (1802). Projets évanouis par la mort du Tzar et par les désastres de Copenhague, de Trafalgar, qui rivèrent les chaînes du monde maritime. Les vains préparatifs de Boulogne donnèrent à la France l'attitude d'un assaillant contre le monde du travail : l'Angleterre. Celle-ci se présentait à toute nation sous l'aspect le plus favorable, donnant presque pour rien les vêtements que des machines livraient à si bas prix, de l'autre main elle apportait les denrées tropicales si nécessaires à nos tristes contrées.

Il y avait un grand danger à se mettre contre ce cours si naturel des choses. Paul l'avait payé de sa vie. Alexandre vécut prudemment entouré d'une cour favorable au parti anglais. L'influence de Czartoryski avait fait place au faible d'Alexandre pour la reine de Prusse, plus Anglaise que les Anglais.

Si Bonaparte eût été plus prévoyant, il fût resté fidèle à son rôle de 1802, où il n'attestait rien que le principe de la liberté des mers. Ainsi firent les Américains, qui, malgré la faiblesse de leur marine d'alors, ne craignirent pas de braver l'Angleterre. Le président Jefferson proposa et fit décréter que tout matelot américain *pressé* par un Anglais pour la marine anglaise avait le droit de le tuer. L'Angleterre, alors si forte, recula devant cette déclaration.

Tout au contraire, Napoléon, oubliant son rôle de médiateur, exerça, comme un insensé, une tyrannie pire que la leur. Il se chargea d'interdire à toute la terre les précieuses denrées coloniales et les vêtements chauds à vil prix que partout débitaient les vaisseaux anglais.

Arrivé à Berlin et si près de Hambourg, il vit avec indignation la grande porte par où l'Angleterre, chassée du continent, faisait entrer ses marchandises par les fleuves d'Allemagne.

Il ordonna de brûler partout les marchandises anglaises. Et par là, il donna lieu à une contrebande immense.

Spectacle odieux dont jouirent nos ennemis; des femmes du peuple, avec leurs enfants demi-nus, s'agenouillaient autour des bûchers où brûlaient des étoffes anglaises : « Pour Dieu! donnez-les-nous plutôt! »

A Paris, la transformation des boutiques, qui, au lieu de café, ne servirent plus que de la limonade et d'écœurantes bavaroises [1], ne fut pas populaire. Napoléon ne venait guère de Saint-Cloud à Paris; mais s'il y fût venu, au marché des Innocents il aurait pu entendre les dames des halles, sous leurs parapluies et toujours en plein air, l'accabler de malédictions.

Ces habitudes, vieilles déjà d'un siècle, qui dataient de la Régence, étaient-elles celles du caprice, de la simple sensualité? Nullement.

Le cerveau, comme tout autre organe, a besoin d'une nourriture spéciale et qui s'adresse à lui. Dans nos climats blafards, si ennuyeux, de l'Occident, qui parfois, comme la Hollande, l'Angleterre, l'Allemagne, ont, dans le jour, une pleine nuit de brouil-

---

1. Je me rappelle qu'en plein hiver, mon grand-père, se promenant avec moi sur le boulevard, regrettait de ne pouvoir me payer une bavaroise.

lard, les excitants nerveux équivalent à la lumière et la remplacent. Le sucre, par exemple, dont la privation fut si sensible alors, procure les réveils de la force que donne l'eau-de-vie.

Au Moyen-âge, les ivresses mystiques, leurs illuminations purent les remplacer quelque temps. Mais dès 1300, 1400, les foules ne sentent plus le goût de l'hostie, réclament le vin, disent avec les Hussites : « La coupe au peuple! » La sorcellerie y supplée et invente pendant, trois, quatre siècles, d'étranges breuvages. Enfin, vers 1700, le café règne et les denrées coloniales. C'est le paradis du cerveau, un paradis non monastique et nullement oisif, mais très actif, plein de fécondité.

C'est l'Asie, l'Afrique, l'Amérique, qui viennent au secours de l'Europe. Et bien à temps. Aux grands moments de trouble moral, il faut que la nature, n'importe comment, nous secoure. Au matin de Jemmapes, dans une froide matinée de brouillard, la *Marseillaise* tint lieu d'eau-de-vie, dit Dumouriez. En 98, à la veille de Brumaire, cela ne suffit plus. Quelle tristesse! Malthus et Grainville écrivent en Angleterre, en France, les évangiles du désespoir.

De Marengo à Austerlitz, en cinq années d'inaction, il y eut non seulement torpeur, mais un extrême affaissement, une défaillance du système nerveux; on éprouvait un grand besoin de tout ce qui le remonte.

Et ce besoin ne se faisait pas sentir seulement en France; l'historien Karamsin écrit à Alexandre, avant 1811, combien la Russie est changée, et surtout la métamorphose qu'a opérée l'extrême développement du commerce de l'eau-de-vie[1], etc.

Ainsi, partout en Europe, le besoin des excitants nerveux et cérébraux était général. Le sucre, le café, l'eau-de-vie donnent à l'homme qui a besoin d'effort, au soldat et au travailleur, un renfort d'énergie, une force surprenante. On peut juger de l'irritation avec laquelle fut reçu le tyran maladroit qui voulut arracher cette coupe à toute l'Europe défaillante !

1. Cette lettre a été donnée par M. Alex. Tourguenoff.

CHAPITRE XI

Napoléon devant la Pologne (1807).

Deux choses poursuivaient Napoléon, malgré toutes ses victoires :

Sa folie, que je viens de caractériser, c'était de se constituer le geôlier de toute la terre, de contrarier toutes les nations en ce qui change le moins, les habitudes de chaque jour.

Son péché, qui devait le mener à Sainte-Hélène, c'était d'avoir été *le grand traître,* non seulement en Brumaire, mais antérieurement à Léoben, à Campo-Formio. Toujours il ménagea le despotisme, et l'Autriche, qui en était comme la forteresse en Europe ; à Léoben, à Austerlitz, où elle était par terre, il la releva. A son grand coup de foudre, Austerlitz, lorsque l'Europe reculait de stupeur, lorsque le Tzar ému prenait les routes de traverse, disparaissait à l'horizon, le grand moment était venu de tirer l'Aigle blanc de son tombeau, de le déployer derrière l'Europe pâlissante, de montrer à la Prusse, à l'Autriche et à la Russie que leurs armées avaient pour arrière-garde un spectre.

« Même moment après Iéna? » Pas tout à fait le même. Victoire moins éclatante. Puis, l'imprudence insigne d'enfermer le monde, l'orgueil insensé de croire pouvoir enserrer dans ses bras le globe tout entier, pour mieux en exclure les Anglais.

Il était tout à l'idée fixe qui lui cachait la route, et il ne vit pas même la Pologne soulevée pour lui. Et non seulement la Pologne prussienne, qu'il traversait, mais la plus lointaine Pologne. Il vint de la Lithuanie, de Wilna, malgré la distance et les obstacles de tous genres, l'horreur des boues profondes, si terribles en automne, il vint douze mille hommes qui voulaient combattre sous Napoléon.

Et cela ne s'arrêta pas. Ce fut le commencement d'une religion. J'en ai vu avec émotion la sublime et dernière extase dans Towianski, le prophète, dans Mickiewicz, le grand poète. Mais il faut reprendre de haut.

Jamais cœurs d'hommes ne battirent autant pour la France.

Ils prirent ses qualités, ses vertus, ses défauts; Versailles et le grand roi leur firent un mal immense. Mais dans leur naufrage même, l'espoir d'être secourus par nous les soutenait toujours, surtout lorsque le Directoire, La Révellière-Lepeaux, offrit héroïquement alliance à tous les peuples qui s'émanciperaient (1796).

Alors à Paris même, deux Polonais, Trémo, Laroche, eurent l'idée de créer une Pologne errante, associée aux armées de la France, qui les suivrait, combattrait avec elles. On n'avait pu démembrer que le sol. Mais l'âme de la Pologne, l'Aigle blanc, allait voler, mobile et affranchi.

La belle idée, si vraie, du Polonais Copernic, qui lança la terre dans l'espace, pour rouler à jamais, fut imitée ici.

L'idée plut à Kléber, à Jourdan, à Championnet. Le politique Bonaparte n'admit pas d'abord les Polonais dans l'armée française, mais dans les troupes italiennes.

Ils le servirent fort en Égypte. Puis, ce qui restait d'eux, il eut la barbarie de l'envoyer à Saint-Domingue, qui les dévora.

D'autres se présentaient, mais il les fondait dans ses troupes, les laissait rarement combattre à part, pour ne pas voir leurs services, se dispenser d'être reconnaissant.

Tout cela devait bien refroidir la Pologne ? Nullement[1]. Notre arrivée à Posen eut tout l'effet d'un cataclysme. Non seulement la population se précipite, mais s'aligne pour marcher avec nous. En sortant de Posen, ce sont quatre régiments de plus.

Bonaparte avait annoncé que Kosciuszko allait

---

1. Voy. plus loin, Somo-Sierra, 1808.

venir de France. Mais ce héros, qui le jugeait parfaitement, non seulement ne bougea pas, mais démentit expressément le mensonge officiel.

N'importe. L'élan était donné. Le crédule Dombrowski était en avant. Bonaparte ne craignait qu'une chose, l'enthousiasme qui le forcerait de se prononcer. Il arrive à Varsovie, comme un coupable, dans l'ombre d'une soirée d'octobre. Vu aux flambeaux, il était, non plus le Bonaparte jauni et travaillé de flammes des grandes batailles d'Italie, mais blême et qui déjà tournait à la graisse pâle.

Tous pleuraient. Lui, il passe, sombre, silencieux. Descendu à l'hôtel de ville, pour réponse aux harangues émues, il parle du climat : « Qu'il y a de la boue dans ce pays ! » Puis brusquement : « Messieurs, il me faut pour demain tant de blé, tant de riz. »

A quoi il ajouta une parole terrible, qu'on a rapportée diversement, mais qui serra le cœur : « Point d'excuses. Sinon je vous laisse au bâton russe. Je mets le feu, et je m'en vais ! »

D'autres assurent qu'il dit ce mot sauvage : « Il me faut votre sang ! » On frémit, et il répéta : « Ce qu'il me faut, c'est votre sang ! »

Mot digne des barbares idoles du Mexique ou de Carthage. Alors une belle Polonaise, épouvantée pour la Pologne, crut adoucir son cœur, se donna au vampire.

Elle revint encore en 1814 à Fontainebleau, quand il s'empoisonnait. Il lui ferma sa porte. Et même à

Sainte-Hélène, il a fermé son cœur aux Polonais, ne reconnaît pas leurs services.

Mais que pensait l'armée? Les boues et l'aspect pauvre du pays lui déplaisaient.

Et cependant plusieurs parlaient pour la Pologne. Non seulement Murat, toujours à l'affût d'une royauté. Mais Davout, tête froide, esprit pratique, qui voyait ce qu'on pourrait tirer d'un tel enthousiasme en présence de l'armée russe, qui s'avançait. Bonaparte alléguait qu'il ne fallait pas s'attirer l'Autriche sur les bras en encourageant la Pologne.

Dans la réalité, ce qu'il craignait, c'était en secouant la flamme de laisser tomber une étincelle sur l'armée française elle-même.

Il croyait, comme le Tzar, que la Pologne était un foyer révolutionnaire, mais ne négligeait rien pour persuader aux Français que c'était un pays tout aristocratique : une noblesse, des serfs, point de peuple.

Chose fausse, ou fortement exagérée. D'abord, il y avait un peuple industriel dans les villes. Nous avons les *Mémoires* de Kilinski, le héros cordonnier de Varsovie. Et de nos jours, Mme de Choiseul a peint l'effervescence patriotique des ouvriers de Wilna.

Pour la noblesse, c'était moins une caste qu'un grand peuple. Dans les guerres turques, la masse des innombrables cavaliers polonais, tout ce qui portait la lance avec sa petite flamme, était noble, sans difficulté. Aujourd'hui la noblesse se trouve même aux moindres conditions. Un de mes amis qui fit ce voyage, il y a dix ans, demanda combien il y avait de nobles dans la province. Il y en avait douze cent mille. Le valet d'écurie qui lui tirait les bottes était un noble.

Les gens même qui n'en sont pas là, qui ont un peu de terre, sont souvent très pauvres, n'ont qu'un seul paysan, et s'ils l'affranchissaient, mourraient de faim.

Les grands seigneurs ont toujours été fort généreux pour les affranchissements. J'ai lu[1] un beau livre in-quarto avec de belles gravures (imprimé en Italie), à la gloire d'un Czartorisky du dernier siècle qui avait affranchi cinq cent mille serfs.

D'autres, moins riches, ont voulu quelquefois suivre ce bel exemple. Mais les nouveaux maîtres de la Pologne ne le permettaient pas, prétendaient qu'ils s'adressaient aux masses pour les soulever. Voilà ce qui a retardé l'affranchissement chez la plus généreuse nation du monde.

Il ne faut pas être dupe des mots. La Pologne, avec des millions de nobles, était une démocratie. C'est ce que montre à merveille l'antipathie de Bonaparte pour elle. Il y sentait la liberté.

---

1. A la Bibliothèque polonaise.

CHAPITRE XII

Bataille d'Eylau (8 février 1807).

Napoléon dit une chose très juste qui explique les difficultés de cette campagne : « On ne compte que quatre éléments ; ces contrées m'en on fait connaître un de plus, *la boue.* » Il est vrai que la Russie et toutes les contrées voisines vers l'ouest sont, aux saisons intermédiaires, printemps, automne, presque impossibles à traverser.

C'est là ce qui arrêta le plus la Grande-Armée. Ajoutez-y le siège important de Dantzig, où il employait trente mille hommes. Ajoutez-y les propositions fallacieuses de l'Autriche, que le Corse Pozzo poussait fort à la guerre, mais qu'une insurrection des Polonais de Galicie eût bien embarrassée.

Alexandre, en guerre avec la Perse et la Turquie, demandait en vain aux Anglais un emprunt de cent vingt millions. Faute d'argent, les forces russes étaient paralysées. Le Tzar tenta en vain de donner à la guerre un effet religieux, un aspect de croisade, disant que Bonaparte avait prêché le Coran au Caire.

Comment le croire, lorsque parmi les généraux on voyait Benigsen, le célèbre assassin qui fit achever Paul. C'était un Hanovrien *fort doux*, dit Mme de Choiseul. Fezensac, qui, prisonnier, mangeait à sa table, cite de lui un mot qui prouve et sa dévotion et son attachement à la reine de Prusse, dont le parti, alors puissant à Pétersbourg, le soutenait. Sans doute c'est par sa faveur qu'un Allemand, ainsi noté, fut nommé général en chef.

Comment Alexandre, cœur tendre, religieux et qui croyait à l'intervention de Dieu dans les affaires humaines, risqua-t-il de confier son armée, la responsabilité d'une si grande guerre, à cette main sanglante qui depuis si peu de temps (cinq années seulement) avait commis ce crime? On ne peut le comprendre.

Quoi qu'il en soit, Benigsen, se retirant toujours jusqu'au 7 février, se trouva le 8 devant les nôtres, entre Kœnisberg et Eylau, fut forcé de combattre. Il avait détaché ce qu'il avait de Prussiens sous le général Lestocq, pour couvrir une petite place. Ce qui étonne, c'est que Napoléon, pour la première fois infidèle aux principes qu'il avait jusque-là si magnifiquement démontrés, au lieu de se concentrer et de faire des masses, se divisa, détacha Ney pour courir après Lestocq et le petit corps prussien. Cela faillit lui être fatal. Car les Russes, avec un élan et une persistance admirables, ayant pris, repris plusieurs fois le village d'Eylau, anéantirent le centre de Bonaparte. De la division Augereau qui le formait, il resta à peine mille hommes. Les Russes, d'une ardeur héroïque, arrivèrent même au pied de l'éminence (le cimetière d'Eylau) où se tenait l'empereur. Il en fut étonné, s'écria : « Quelle audace ! »

Il avait avec lui l'artillerie de la garde, qui vomit tous ses feux. Et comme Benigsen avait placé ses Russes en longues colonnes, chaque coup en emportait des files. Napoléon dut regretter alors d'avoir éloigné Ney.

Ici se place le curieux récrit de M. de Fezenzac, tout jeune aide de camp, à qui Napoléon confia la mission si urgente et si importante d'aller chercher au plus tôt Ney.

Cet enfant, seul pour messager dans une nécessité pareille ! Le soir, sur cette plaine neigeuse et pleine de verglas, ne sachant le chemin, il n'ose dire à l'empereur (si redouté et toujours en colère) son embarras. Heureusement il a vingt-cinq louis ; il achète un cheval pour remplacer le sien, qui est fourbu. Heureusement il rencontre un officier qui sait la route. Heureusement il ne rencontre point de Cosaques.

Voilà la prévoyance de l'empereur, qui veut que *la fortune* le serve, sans qu'il y soit pour rien.

C'est déjà l'histoire de Waterloo, son peu de soin pour avertir Grouchy.

Mais Ney fut plus heureux. Le messager à la

longue arrive, le trouve et l'avertit. Il était temps. Déjà les Prussiens de Lestocq étaient arrivés au champ de bataille, en ligne avec Benigsen, depuis quatre heures du soir.

La cavalerie française avait tourné la gauche russe. Ney, avec son élan ordinaire, décida la retraite de Benigsen, qui, en bon ordre, se dirigea vers Kœnigsberg.

Grande leçon pour Bonaparte. Pendant qu'il attendait Ney, il ne fut sauvé que par les décharges rapides de l'artillerie de la garde, qui démolissait l'armée russe.

Il n'y eut jamais un plus funèbre champ de bataille. Tant de sang sur la neige! Ney haussa les épaules, dit : « Tout cela pour rien ! »

Et Napoléon même, voyant les siens fort sombres, s'associa à leur émotion, disant : « Quel fléau que la guerre ! » Mot que le peintre Gros a traduit dans son beau tableau.

On pourrait dire que tous étaient hors de combat, de froid, d'horreur, incapables de bouger. Lepic, grenadier à cheval, homme de fer et gigantesque, cherchant encore le lendemain des ennemis à combattre, ne trouva guère que des Cosaques attardés. Donc on se déclara vainqueur, on resta maître de ce champ de cadavres.

Le soir, Napoléon invita à sa table les officiers de l'artillerie, qui l'avaient sauvé. « Quel lugubre repas ! m'a dit l'un des convives. Pour aller souper chez l'empereur, nous passions entre deux montagnes de corps, de membres mis en pièces, des bras, des têtes, hélas ! celles de nos amis. Personne n'avait faim, comme on peut croire. Mais ce qui dégoûta encore plus et mit le comble à la nausée, c'est que chacun, en ouvrant sa serviette, y trouva un billet de banque.

« Telle était la délicatesse de l'empereur. Il nous payait comptant la mort de nos amis. On répandait que pour la prise de Dantzig. Lefebvre aurait eu un paquet de vingt-cinq millions. » Et le soldat disait en voyant ces petits rouleaux : « C'est du chocolat de Dantzig. »

CHAPITRE XIII

Friedland (juin 1807). — Découragement d'Alexandre.

L'empereur Alexandre disait qu'il était né pour une condition privée. Et, en effet, les grands événements de son règne s'expliquent par sa vie intérieure, les fluctuations de son âme, qui toujours a nagé entre l'amour, le mysticisme.

Ce qui étonne dans cette âme allemande, où tout semblait devoir être nuancé autant que nuageux, c'est la brusque finale que prennent parfois ses passions. Par exemple cette poésie romanesque, qui, de 1802 à 1807, l'asservit aux intérêts de la Prusse, et que ses jeunes amis (Polonais, Russes) lui reprochent courageusement dans la lettre (déjà citée) de Czartorisky; cette poésie finit tout à coup. On verra que, dans son grand accord de Tilsitt avec Napoléon, il accepta, chose choquante, une dépouille de la Prusse.

Et cela, immédiatement après la bataille de Friedland. Étonnant changement moral qui aide à expliquer les événements militaires, étranges, précipités, obscurs.

Le Hanovrien Benigsen, jalousé et haï des généraux russes, avait certes besoin que le crédit de la reine de Prusse durât encore[1]. Son crédit finissait. C'est ce qui le fit sortir du sage système de temporisation où il comptait d'abord « user, *limer* Napoléon ». Ajoutez que les Russes, dans leur orgueil, leur grand courage qu'ils avaient montré à Eylau, étaient indignés d'être réduits par cet Allemand à une position défensive.

Et même d'une défense assez malheureuse : ils venaient de perdre Dantzig, et la fin de ce siège donnait trente mille hommes de plus à l'armée de Napoléon. Les soldats russes, ennuyés, découragés et mal nourris, se voyant près de leur frontière, désertaient[2], chose rare, s'abritaient chez les paysans.

Benigsen, n'ayant plus Dantzig, au défaut de places fortifiées, s'était fait un camp retranché, très fort, à Heilsberg ; mais n'avait pu le garnir suffisamment de vivres. Alors, cet homme si prudent, adoptant une méthode tout opposée, fit un coup à la Souvarow, mit les Russes à même de montrer de l'audace.

Les deux armées suivaient en face les bords de deux rivières. Et Napoléon, contre son usage, et sans

---

[1]. Il avait fait vœu pour elle, pour sa santé, la reine étant malade en ce moment. (Voir *Fezenzac*).

[2]. Hardenberg, t. IX, p. 416.

doute se conformant aux localités difficiles, faisait défiler les différents corps d'armée à d'assez grandes distances. Les Russes en voient défiler un, à peu près seul. Cela leur donne envie; ils croient le prendre, se précipitent. C'était celui de Ney. Cet homme, si bouillant, montra un sang-froid extraordinaire, reçut fermement l'avalanche, fut secouru bientôt. Les Français à leur tour suivirent les Russes, mais furent repoussés avec perte du camp retranché d'Heilsberg.

Le lendemain, c'est Lannes que les Russes entreprennent d'enlever, assez étourdiment, ayant séparé leur armée, dont une moitié avait la rivière dans le dos. L'empereur ne pouvait croire à une telle témérité : nulle retraite que par les ponts de Friedland. Ney est lancé, et quoique la garde russe résiste et l'ébranle un moment, Ney et Dupont s'emparent de Friedland en flammes. Là un *sauve-qui-peut* général, un affreux pêle-mêle où nos ennemis s'écrasent en fuyant vers l'unique issue.

En tout vingt mille Russes hors de combat, avec dix mille Français.

Grand revers. Mais je crois qu'Alexandre s'en exagéra la portée. Il fit border maladroitement la rive de son Niémen par ses Tartares, ce qui aurait fait croire que la grande Russie était désarmée, puisqu'on avait recours aux faibles armes, arcs et flèches de ces barbares.

Il avait montré à Austerlitz la même promptitude à se décourager. Ici, il était plus atteint. Les Anglais refusaient l'argent, et les six cent mille hommes de la milice russe n'avaient pu se lever.

Tous ces malheurs lui venaient de la source indiquée par Czartoryski. Appelé par la Prusse et invoqué par elle comme défenseur et comme arbitre de l'Europe, il s'était laissé entraîner par une influence personnelle, mais toujours avec peu d'efficacité. A Austerlitz, il était venu tard, et avait combattu avant d'être au complet. De même à Iéna, il n'était arrivé au secours de son alliée que fort tard, quand tout était perdu. Et ses deux grandes batailles d'Eylau et de Friedland n'avaient rien réparé; au contraire, elles ouvraient la Pologne.

Irrité contre lui-même et de sa maladresse, il en voulait aussi à l'Angleterre, et même quelque peu à la Prusse, dont les malheurs avaient causé les siens. Enfin, il en était à cet état bizarre où l'on rejette violemment tout ce qui plut jadis, et où l'on aime moins ses amis que ses ennemis.

CHAPITRE XIV

Tilsitt. — Le partage du monde européen (1807).

Les triumvirs de Rome, assemblés dans une île, firent, dit-on, le partage du monde romain. Ce fut chose insensée. Cependant, elle avait ceci de spécieux qu'au moins ils partageaient un monde très connu, fort lumineux alors, qu'ils avaient sous la main.

Au partage de Tilsitt, ce fut tout autre chose : Bonaparte partageait un monde qu'il ne connaissait pas.

Il ne connaissait guère les grosses masses de Russie, contre lesquelles bientôt il alla se heurter.

Fort peu la Pologne dont il aurait pu se servir.

Pas davantage la grande Allemagne, qu'il écrasait, pressait, jusqu'à la revanche de Leipsick.

Ce qu'il connaissait moins encore, quoi qu'on ait dit, c'était la France même. Il y avait en elle une forte dualité. Pendant qu'une certaine France, tout active qu'il précipitait aux armées, le suivait avec une furie qu'on pouvait croire encore enthousiaste, la grande majorité, la France du travail, le regardait faisant ses grands tours d'acrobate, croyait à chaque année le voir tomber de la corde tendue et chaque fois disait lassée : « Quoi ! ce n'est pas encore fini ? »

Que voulait-il au juste ? Toute sa vie son rêve avait été la conquête de l'Orient. Il semblait croire que, maître de la Turquie, par la Perse, on arrivait tout droit à l'Inde anglaise. Il ne tenait pas compte de ces espaces énormes. Cependant, à Tilsitt, appréciant mieux la puissance russe, il en fit moins abstraction et proposa un partage de la Turquie. Mais quand il vit le Tzar y consentir, sans peine il comprit qu'il ferait un marché de dupe, et que le partage ne se ferait qu'en apparence, lui si loin et la Russie si près; elle prendrait tout.

Alors, il tourna tout à coup, et avec la facilité de sa grande imagination, il prit l'Espagne en rêve, avec le Portugal, l'Amérique espagnole, les mines du Potose, comme Napoléon III a pris le Mexique.

Alexandre avait demandé un armistice. Napoléon négocia une entrevue.

Il espérait capter le Tzar, l'amener à tout prix au grand but qui faisait son rêve, sa passion : *l'abandon de l'alliance anglaise*, la fermeture du monde russe au commerce anglais.

Il comptait, à la lettre, envelopper, fasciner

Alexandre, exercer sur lui ce prestige qui ne lui avait jamais manqué.

Il avait plusieurs choses qui eussent dû lui faire tort. Il était peu harmonique, dissonant, intempérant en gestes et en paroles, souvent emphatique, souvent trivial, comme l'a dit l'auteur de son meilleur portrait, M. de Pradt, qui l'appelle : *Jupiter Scapin*[1].

Et en effet, celui qui eût eu le sang-froid de l'examiner bien, sans penser à sa renommée, eût surpris par moments des tons faux, criards et vulgaires, qu'on ne trouve que dans les piètres comédiens.

Néanmoins, il avait conservé encore en 1807 ce caractère, ce don qui avait tant fait pour sa fortune, le *mordant* méridional.

Mais cette faculté lui était-elle propre plus qu'à d'autres méridionaux?

Masséna, son égal pour les dons militaires, s'était de bonne heure assimilé à la France jacobine, et paraissait un rustre. Le Béarnais Bernadotte était et paraissait trop un homme fin. Bonaparte eut une chose qui d'abord l'embarrassa fort; il parlait au plus mal le français, même l'italien[2]. C'est ce qui

---

1. Mme de Rémusat parle à peu près de même, en faisant son portrait : Bonaparte manque d'éducation et de formes; il semble qu'il ait été irrévocablement destiné à vivre sous une tente, où tout est égal, ou sur un trône où tout est permis... Les gestes sont courts et cassants, de même sa manière de dire et de prononcer. Dans sa bouche, j'ai vu l'italien perdre toute sa grâce. Quelle que fût la langue qu'il parlât, elle paraissait toujours ne lui être pas familière; il semblait avoir besoin de la force pour exprimer sa pensée... (*Mém.* t. I, p. 104.)

2. Ici, je ne puis m'empêcher de noter une observation juste et ingénieuse

fit croire d'abord à Barras, à Carnot, qu'il ne pourrait aller bien loin, et engagea à le favoriser. Il garda très longtemps ce bégayage.

En 1807 il avait conservé peu de signes de son origine italienne. Guéri de la maladie de peau qu'il avait eue longtemps, il devenait gras, un peu blanc, prenait un visage plus français. Mais il avait déjà perdu de sa flamme primitive, « *de l'âcreté du sang* qui, disait-il, fait gagner des batailles ». Il commençait, à vrai dire, « sa descente ».

A juger ses batailles d'Eylau et de Friedland, quoique la dernière fût une grande victoire, on peut dire qu'il baissait.

Soit négligence, soit orgueil, il n'y montra pas beaucoup de prévoyance. Et, s'il finit par vaincre, ce fut en se corrigeant, et après coup.

Il le disait lui-même : « Je suis âgé. Alexandre, qui est plus jeune, profitera. »

Ce qui restait très fort en lui malheureusement, ce n'était plus son positif admirable, l'attention sérieuse à tout détail, dont il avait fait preuve dans ses guerres d'Italie. C'était une imagination de plus en plus exagérée et fausse, qui devait à la fin l'entraîner, le précipiter.

d'Alfred Michiels. C'est que le langage qui est pour nous une lumière, emprunte une certaine puissance du clair-obscur. Nous sommes bien plus sensibles à une langue que nous ne savons qu'à moitié. Si nous la savons tout à fait, le charme, en partie, disparaît. L'étranger qui s'efforce à parler notre langue, trouve souvent, par impuissance même, des formes qui plaisent par le neuf et l'étrangeté. C'est ce qui arriva à Bonaparte, et même assez tard lui donna une originalité trompeuse, l'apparence d'un homme prime-sautier, de franchise énergique.

Cette imagination lui fit prendre pour l'entrevue des précautions qu'on trouva excessives. Il ne s'y hasarda que sur un radeau parfaitement découvert, au milieu du fleuve, entre les deux armées.

Il n'osa pas manger chez Alexandre ; une fois, il demanda du thé seulement, mais n'en but pas. Alexandre ne se fâcha point de cette prudence, et mangea plusieurs fois chez Napoléon.

Celui-ci se souvenait de la mort de Paul, voyant à côté d'Alexandre Benigsen, celui qui, selon le récit prussien, les engagea à persévérer et à achever leur victime.

Certainement Alexandre n'eût pas ordonné un crime. Mais si quelqu'un de ces serviteurs si zélés eût immolé Napoléon, comme Paul, Alexandre eût été indigné, eût pleuré sans doute, mais reconnu le doigt de Dieu, la vengeance du duc d'Enghien.

Tels sont en effet les mystiques. Sa mère et lui se résignèrent en pleurant à un fait, regrettable sans doute, mais qui les mettait sur le trône.

Revenons à Tilsitt.

Napoléon fit crier aux nôtres : « Vive le Tzar! » Et, frappé de l'extérieur charmant d'Alexandre, s'écria : « Apollon ! »

Il croyait d'autant plus que cette belle et féminine figure serait aisément fascinée, opposerait peu de résistance à ses projets.

Alexandre débuta par le mot qu'il savait être le plus agréable : « Je hais les Anglais tout autant que vous. »

« Si cela est, la paix est faite »; répliqua Napoléon.

Dès lors, l'effusion d'une si nouvelle amitié n'a plus de bornes. — Et c'est le vainqueur qui offre tout.

D'abord, plus de Pologne, sauf le tout petit duché de Varsovie, enlevé à la Prusse pour le donner à un Allemand, le roi de Saxe.

Alexandre se laisse donner par cet ami nouveau, si généreux, la plus précieuse dépouille de son alliée la Suède, la Finlande, tant convoitée de la Russie, depuis Pierre-le-Grand, comme la possession la plus désirable et nécessaire même pour abriter Saint-Pétersbourg. La Finlande, ce roc, ce granit qui vaut un diamant, Alexandre la laisse enlever à son alliée et la prend pour lui-même, de la main de son ennemi.

Napoléon, de plus, lui abandonne ses amis d'Orient. Il ne défendra pas la Perse qu'il vient de soulever, ni la Turquie, notre plus ancien allié, qu'hier encore il a promis de soutenir. La Russie lui prendra les deux Principautés, Moldavie, Valachie, c'est-à-dire le Danube.

« Si la Turquie refuse ?... » Eh bien, on prendra *la Turquie elle-même.*

Tout ce riche butin pour une promesse difficile à tenir : « qu'Alexandre fermera la Russie aux marchandises anglaises ».

Et la France, que prendra-t-elle ? On ne lui reconnaît guère que ce qu'elle a déjà dans les mains, la

Hollande, Naples, et le petit royaume de Westphalie, composé des provinces prussiennes de l'ouest au profit de Jérome, enfin Rome, que Bonaparte prend au Pape, de plus le Portugal, qu'il va envahir, tient déjà.

On croit que Napoléon ne cacha pas ses projets sur l'Espagne, ce qui rassura d'autant plus Alexandre et lui permit de donner carrière à ses espérances en Orient.

Comme on l'a dit, Napoléon donna, Alexandre promit : Napoléon s'était joué lui-même.

CHAPITRE XV

L'arrière-scène de Tilsitt. — Comment la résistance naissante profite de l'aveuglement de Napoléon.

Alexandre, qui était venu à Tilsitt inquiet, hésitant, vit bientôt qu'avec la passion qui possédait Napoléon et l'aveuglait, c'était lui, Alexandre, qui était maître de la situation.

Bonaparte les yeux toujours fixés vers l'Angleterre, son irréconciliable ennemie, n'avait qu'une pensée, l'exclure de plus en plus du continent, lui faire crier merci ! Cette unique préoccupation le rendit coulant pour tout ce qui regardait l'Allemagne. Il eût pu en finir avec la Prusse. Bonaparte le devait dans son intérêt personnel. Il était dangereux de laisser à l'Angleterre cette prise sérieuse qu'elle avait pour soulever l'Allemagne.

Cependant Alexandre obtint un adoucissement à la sentence de mort qui semblait prête à tomber sur la Prusse. Le désir de Bonaparte de gagner la Russie, d'empêcher le Tzar d'entrer dans la coalition qu'il redoutait, l'amena à lui complaire. Alexandre, fin, doux et rusé, pour persuader Napoléon qu'il ne s'intéressait à la Prusse mutilée, que par un souvenir de cœur, accepta une part de la Pologne que Bonaparte arrachait à la Prusse. On put croire d'autant plus qu'Alexandre n'entendait recevoir qu'un dépôt, qu'on vit arriver à Tilsitt, après ces arrangements, le roi et la reine de Prusse. Celle-ci, courageuse, n'hésita pas, pour son pays, pour son mari, à venir en personne dans cette réunion qu'eût fuie une autre femme. Avec la confiance, l'audace que donne la beauté, elle soupa près de Napoléon. La fierté de son attitude, qui disait trop bien ses pensées, eût bien pu gâter tout. Napoléon lui offrant une rose, elle dit hardiment : « Est-ce avec Magdebourg ? » En demandant cette grande place de guerre, l'arsenal de la Prusse, elle avait l'air de préparer une revanche d'Iéna, de dire : « Avec la rose, donnez-moi une lame pour vous percer le cœur. »

Déjà on signalait à Napoléon les changements étranges que la Prusse, depuis sa défaite, s'imposait dans les provinces qu'elle avait pu garder. Le parti noble des jeunes officiers, violemment accusé par la bourgeoisie de la défaite d'Iéna, se trouva si faible qu'il ne put empêcher une révolution bien sagement bourgeoise qui se fit en hâte, furtivement, si l'on peut dire, sous les yeux de l'ennemi.

En deux mois, un seul homme, Stein, ex-employé de Frédéric, qui avait voyagé en Angleterre, fit ces grands changements. On lui avait donné un pouvoir tel qu'aucun homme n'avait eu encore : il fut chargé tout à la fois de l'intérieur, de l'extérieur.

Le voisinage de Varsovie, la contagion des réformes françaises, obligeaient à faire quelque chose[1]. Le peuple n'était nullement révolutionnaire. Il aimait le roi, comme une personne bienveillante et inoffensive.

Donc on put faire sans danger toute réforme et municipale et civile, toujours au nom du roi.

Dans ces réformes il est dit que les bourgeois peuvent acquérir du bien noble, et morceler les grands domaines. A partir de 1810, le servage sera aboli.

Aux vieilles corporations municipales, intéressées, et immuables, qui s'éternisaient dans leur privilège lucratif, on substitue des municipalités gratuites, éligibles tous les ans sous la présidence d'un inspecteur royal et qui auront à leur tête deux bourgmestres, dont le roi nommera l'un.

Ainsi, pour rassurer le peuple contre la noblesse, on met partout le roi comme tuteur des libertés publiques[2].

En même temps, un nouveau ministre de la guerre, le Hanovrien Scharnhorst, ouvre à la bourgeoisie les grades supérieurs de l'armée, supprime toute exemption de service.

---

1. Hard., t. IX, p. 463.
2. Cependant on pouvait prévoir ce qu'on a vu de plus en plus, que, le danger passé, la royauté, non seulement ferait cause commune avec la noblesse, même susciterait une autre noblesse moins ancienne et plus arrogante.

A ce mot-là, l'armée, les agents de Napoléon (Davout, Daru) ouvrent pourtant l'oreille. Pourquoi? C'est que la Prusse, par le traité, ne peut entretenir que quarante-deux mille hommes. Alors elle imagine ce roulement rapide qui remplace sans cesse les recrues exercées par des recrues nouvelles, et qui en peu d'années va former deux cent mille soldats pour la bataille de Leipsick.

Comment Napoléon ne voit-il pas cela? « Il faut, se dit-il, bien du temps pour former des Allemands et en faire des soldats. »

Toute la prévoyance de ses agents se réduit à demander l'expulsion de Stein, qui se réfugie en Russie, où il trouvera un champ plus vaste, plus ténébreux, à exploiter.

Transporté sur ce théâtre, en vrai politique, il alterna ses moyens.

Avec Arndt et les rationalistes allemands, il organise le Tugenbund, que répandit le Poméranien Jahn, association désavouée par le roi, mais qui travaillait pour lui.

D'autre part, Stein, trouvant dans le Nord les *illuminés*, se lia avec eux et se mit sous la protection de l'impératrice mère [1].

Pendant qu'en Prusse l'éducation du jeune homme devient pour l'avenir une puissante machine de guerre, dans la ténébreuse Russie la réaction prépare une machine non moins redoutable.

1. Hard., t. IX, p. 463.

L'impératrice mère, qui tous les ans s'enfermait au tombeau de Paul et restait toujours fort troublée de ce souvenir, imagina, comme bonne œuvre et pour tranquilliser sa conscience, de créer un institut de cinq cents jeunes filles, qui, élevées pieusement et bientôt femmes et mères, répandraient les bons principes anti-français dans la société. Ceux qui savent combien la femme est puissante en Russie, comprendront bien la portée de ce grand instrument de réaction [1].

---

[1]. Je mets tout ceci à sa date, en 1807, et non après l'affaire d'Espagne (Baylen), comme l'a fait M. Lanfrey.

LIVRE IV

OCCUPATION DE ROME, DE LISBONNE, DE MADRID (1808).

CHAPITRE PREMIER

Occupation de Rome. — Mars (1808).

Revenons à Napoléon.

L'entrevue de Tilsitt semblait lui mettre le monde sous les pieds. Dans un accès d'orgueil, il fit deux choses absolument contradictoires : D'une part, d'en venir avec le Pape aux dernières extrémités, et, d'autre part, de se lancer dans une guerre terrible pour conquérir les deux nations les plus papistes de l'Europe. Le plus simple bon sens disait que, pour cette dernière entreprise, il fallait ajourner la crise des affaires de Rome, et n'avoir point contre soi le Saint-Siège.

Dans les entretiens de Tilsitt, Napoléon parlant à Alexandre de ses querelles avec le Pape, le Tzar lui aurait dit : « Je suis pape; c'est bien plus commode. »

Ce mot frappa d'autant plus Napoléon qu'il répondait à ses propres instincts. Élevé par les prêtres, grand admirateur de Louis XIV, il avait senti de bonne heure qu'il n'y a de tyrannie forte que celle qui s'appuie sur une base religieuse, sur la racine profonde d'une éducation de servitude.

Dès qu'il fut empereur, il s'occupa du catéchisme impérial, du livre où les enfants apprendraient, comme article de foi, la légitimité de son pouvoir illimité.

Portalis lui disait de prendre le catéchisme de Bossuet. Mais ce qui avait suffi à Louis XIV (*La recommandation d'obéir aux autorités* en général) ne suffisait point à Napoléon. Ce fut lui-même qui dicta au légat Caprara le chapitre où l'enfant doit apprendre cet article de foi impie! idolâtrique! la religion d'un homme [1]!

Le pape n'apprit la chose que le 5 mai 1806 par un article du *Journal de l'Empire* [2].

Ce qui achève de peindre tous ces honnêtes gens, c'est que les évêques ne reprochèrent au catéchisme nouveau que l'omission d'un article que Napoléon ajouta : *Hors de l'Eglise, point de salut.*

Nous avons dit plus haut, et personne ne le conteste, que le pape, allant à Paris, avait l'espoir

---

1. Voy. d'Haussonville d'après Consalvi, Jauffret et autres.
2. « Il ne réclama pas, car des *affaires plus graves* l'en empêchèrent », dit froidement d'Haussonville; comme s'il y avait eu jamais d'affaire plus grave que cet empoisonnement de l'enfance.

de se faire rendre Bologne, les Légations. Si glissant sur l'affaire spirituelle du Catéchisme, il fut admirablement persévérant pour l'affaire temporelle des biens d'Église. Il voulait, quand on reprit les États vénitiens après Austerlitz, qu'on lui donnât une indemnité. Il réclama toujours son prétendu droit sur Naples et sur les principautés du Midi, Bénévent, etc. Pie VII, peu avide personnellement, était entouré d'une indigne cour, d'Antonelli, dont M. d'Haussonville, lui-même, ne dissimule point le caractère.

Ces intrigues enfoncèrent le pape dans son ingratitude envers son bienfaiteur, qui l'avait réellement remis à Rome par la victoire de Marengo, et qui depuis avait tant relevé le catholicisme par son ascendant dans toute l'Europe.

La cour de Rome, tout anglaise, espérait avant Iéna. Depuis, désespérée, elle fit à Bonaparte une très mauvaise guerre, en refusant de consacrer les évêques nommés par l'empereur et le menaçant lui-même d'excommunication, ce qui mit Napoléon en grande fureur. Dans une lettre peu sensée qu'il écrivit au prince Eugène pour le Pape, il dit : « Que veut-on donc ? Me couper les cheveux ? Mais qu'on le sache bien, je serai Charlemagne, et non Louis-le-Débonnaire. »

Voilà donc la guerre déclarée entre ces deux puissances qui agissent avec des armes, des moyens différents. Bonaparte prend au pape Ancône, dont les Anglais se seraient emparés, et de plus la grande route militaire qui mène de Lombardie à Naples. De son côté, le Pape refuse de reconnaître Joseph roi de Naples et d'envoyer la bulle aux évêques nommés par Napoléon, comme s'il eût voulu venger ses injures temporelles aux dépens des âmes chrétiennes.

Bonaparte, en plusieurs choses, touchait à l'encensoir. Il avait sécularisé les évêques Électeurs du Rhin. En Italie, il créait des chapitres nouveaux, des séminaires, réunissait plusieurs couvents en un. Il avait affecté d'annoncer l'Université impériale comme une sorte de pouvoir spirituel destiné *à indiquer le bien et signaler le mal*. Haute fonction qui la constituait une sorte de sacerdoce, dont le chef (le mondain Fontanes) eut le titre antique et vénérable de *grand maître*. Du reste, le pouvoir moral attribué à l'Université lui est donné précisément au moment où Napoléon croit que la papauté va bientôt finir (25 janvier et 17 mars 1808).

Pour juger équitablement les rapports de Bonaparte envers le Pape, il faut se rappeler que, depuis un siècle que le cardinal d'York et les Stuart s'étaient réfugiés à Rome, c'était une ville jacobite et anglaise. La petite cour du Prétendant, augmentée des brigands de Naples, et des furieux émissaires de Caroline, serrait de près le Pape et le faisait agir.

Au moment de Tilsitt, dans la stupeur d'un événement si grand, si imprévu, il avait écrit à Bonaparte une lettre d'une douceur angélique, où il l'invitait à venir à Rome loger chez lui au Vatican.

Mais aucun moyen de s'entendre. On rompit pour deux articles que Bonaparte ne demandait plus.

Il y eut dans tout cela d'infinies variations. Pie VII avait dit lui-même d'après ses conseillers : « Une persécution est nécessaire à l'Église. S'il prend Rome, nous nous réfugierons aux catacombes. »

La fin de cette année 1807 est prodigieusement trouble, pleine d'embûches et de coups fourrés. Les Anglais, inquiets de Tilsitt dont on leur cachait les secrètes conditions, en prirent occasion pour tomber encore une fois sur Copenhague, que Bonaparte, disaient-ils, voulait prendre. Ils la prirent eux-mêmes (7 septembre), enlevèrent ses vaisseaux et toute l'artillerie de sa côte, trois mille cinq cents canons.

Par représailles, Bonaparte s'empara des deux villes qu'il considérait, non sans cause, comme villes anglaises : Lisbonne et Rome.

Lisbonne et le Portugal depuis 1701 étaient un entrepôt du commerce des Anglais, et Rome un des grands centres de leur diplomatie européenne.

Au mois de janvier 1808, Napoléon écrit : « Si les Français qui entrent à Rome s'entendent tout doucement avec les Romains, la papauté aura cessé d'exister sans qu'on s'en aperçoive. »

Mais n'est-il pas vraisemblable que les nations fortement catholiques, l'Espagne, le Portugal prendraient parti ?

Malgré les ménagements de l'empereur, l'occupation de Rome retentit à grand bruit. La nuit même on cassa les Madones en disant que c'était l'œuvre des

Français. Le pape annonça à tous les ministres qui étaient à Rome, ce qu'il appelait sa captivité, disant : « Je suis comme prisonnier. » Bientôt, en effet, le temporel lui sera enlevé, les États romains formeront deux départements de la France ; Pie VII sera interné, et le vrai pape sera l'empereur.

CHAPITRE II

La trahison d'Espagne (1808).

Il faut le redire, le procédé invariable de Napoléon fut la surprise. On l'a remarqué pour la politique. Et dans son art propre, la guerre, il se répéta constamment sous ce rapport. Des écrivains militaires, le colonel Lecomte (de Lausanne) et autres, l'ont remarqué dans leurs ouvrages, fort utiles à consulter.

D'où vint cette tendance ? Était-ce le sang corse, la prédisposition de cette race, ou l'exemple des fameux condottieri italiens qu'il avait certainement étudiés, dans sa jeunesse, avec l'histoire de Gênes ?

Quoiqu'il en soit, Napoléon se répéta avec une uniformité intolérable. Après la surprise de Lisbonne (novembre 1807), vint celle de Rome (mars, avril), enfin celle d'Espagne (avril-mai 1808).

Quelque habitués que les nôtres fussent à l'obéissance militaire, Lannes trouva ignoble l'affaire du Portugal, et sut s'en dispenser. Junot, qu'on en chargea, n'arriva juste à temps que pour avoir l'aspect ridicule du chien qui happe l'air, lorsque le lièvre échappe. Il tira le canon sur la flotte déjà loin qui portait au Brésil tous les trésors et toute l'élite du pays. Cela fit une légende. On mit devant l'Europe le tableau héroïque d'un peuple qui préférait à tout la liberté, qui pour fuir le tyran laissait là ses tombeaux, ses temples, tous ses souvenirs.

Légende digne du Camoëns! On respirait à peine, que le maladroit Bonaparte en suscita une plus forte, plus odieuse encore. Celle de la surprise de Rome, du pontife vénérable captif, sans refuge que les catacombes, comme il le dit lui-même. Toutes les femmes en pleurèrent en Europe, et tout homme s'en indigna. Le sang coula bientôt.

En troisième lieu, éclata la surprise d'Espagne, si laide et d'apparence si hideuse. Lui-même en détourna les yeux, laissa la chose à Savary, habitué depuis la mort d'Enghien aux hautes œuvres. Pendant deux mois, Napoléon à Milan fit le sourd et l'aveugle, ne reçut point de lettres, ou n'y répondit pas, voulant ne rien savoir qu'après la chose faite.

Détestable comédie italienne, mauvais imbroglio, où il faisait servir la petite affaire de Portugal à l'entreprise gigantesque d'escamoter et d'avaler les douze royaumes de l'Espagne et son empire américain. Junot, en allant à Lisbonne, d'après le traité conclu avec l'Espagne, devait préparer la voie à l'invasion de l'Espagne, à la surprise de ses places fortes.

M. de Talleyrand n'avait pas déconseillé cette perfidie. Mais avant l'exécution il se mit à l'écart, se retira à temps. Napoléon, à force d'être approuvé sur tout, avait perdu le sens de ce qu'on peut oser sans choquer trop le grand public.

Il est juste de dire que depuis dix ans on voyait l'Espagne si peu gouvernée, disons le mot, abandonnée sous le prince de la Paix, Godoï, triste favori du roi et de la reine, que des deux côtés on cherchait des moyens de la prendre. M. Pitt rêvait ses colonies, et, vers 1802, les Anglais, à qui la mort de Paul semblait ouvrir si bien la Russie, par un moyen plus doux, un mariage, crurent mettre la main sur l'Espagne.

Caroline de Naples, conseillée par Emma Nelson, maria sa fille à Ferdinand, l'héritier de l'empire espagnol. Cette Antonia, possédée du génie de sa mère, mourut bientôt. Mais en quatre ans elle fit de Ferdinand un monstre d'ambition, ennemi de son père et surtout de sa mère, à cause du favori, le prince de la Paix.

Elle avait travaillé contre Napoléon. A sa mort, les conseillers de Ferdinand le tournèrent pour Napoléon. Godoï était fort incertain de lui-même. A la veille d'Iéna, croyant l'empereur déjà vaincu, il avait fait un manifeste pour l'Angleterre et la Russie; puis, après la bataille, un traité pour l'envahissement du Portugal, que l'Espagne et Bonaparte auraient partagé.

Ce fut dans ce mois même (octobre 1807) que

Ferdinand, dans sa haine contre le favori et contre sa mère qui le soutenait, semble avoir conspiré pour renouveler à Madrid la tragédie de Pétersbourg et remplacer son père, comme Alexandre remplaça Paul. On a nié sans aucune preuve; beaucoup de vraisemblances portent à croire à ce projet parricide. Jamais d'ailleurs la nature n'exprima le crime plus atrocement que sur la figure de Ferdinand. Jeune, il avait déjà les traits d'un vieux damné.

Donc, ce bon fils, craignant d'être gagné de vitesse près de Napoléon par le prince de la Paix, fait le pas décisif de dénoncer son père à l'empereur. L'ambassadeur de France l'encourageait à accuser, à écrire qu'on l'opprimait, à implorer la protection de l'étranger et l'honneur de s'allier à la famille impériale.

Ce n'est pas tout. En surprenant cette lettre (28 octobre 1807), on trouve une chose plus sinistre encore : un décret du futur roi d'Espagne, avec la date en blanc, qui donnait à un de ses favoris le commandement de la province de Madrid, *après la mort du roi* son père.

Le roi fut consterné de cette découverte. Dans son effroi, il sollicita l'appui de Napoléon, qui, en retour de cette confiance, hâta, précipita l'envoi de troupes sur la frontière d'Espagne.

Napoléon voyait tout lui sourire. Non seulement il était pris pour l'arbitre dans cette querelle de famille, mais la nation elle-même était pour lui. A ce peuple imaginatif et fort épris de ses grands coups d'épée, il apparaissait comme un Cid. Ses soldats étaient admirés, bien reçus. L'Église même, ne sachant pas encore sa guerre avec le pape, qui n'éclata qu'en avril, l'Église le voyait comme restaurateur de la religion en France, et elle venait à lui.

Que voulait-il ? Le savait-il lui-même ? Plus tard, il s'est vanté de n'avoir eu qu'une seule idée : *Régénérer l'Espagne*. Mais comment ? Par vingt projets qui se croisaient les uns les autres.

La situation, qui devint bientôt sanglante, funèbre, était dans son principe étrangement folle, un véritable carnaval.

Napoléon avait dans la main je ne sais combien de rois d'Espagne.

1° D'abord le vieux Charles IV, qui se serait sauvé en Amérique s'il avait pu. Il abdiqua par peur, puis révoqua son abdication, se sauva chez Napoléon, c'est-à-dire dans le danger même.

2° Ferdinand, que l'Espagne adorait, malgré sa figure atroce, se laissa mener aussi dans les pattes de l'araignée.

3° Enfin, Murat, qui, sur quelques paroles obscures de Napoléon, avait conçu l'espoir d'avoir ce grand empire.

4° Pendant ce temps, Bonaparte offrait secrètement l'Espagne à son frère Louis, qui eut le bon sens de refuser. Joseph en aurait fait autant, s'il avait pu. Mais il ne lui en laissa pas le temps. On le fit venir, et on le fit roi d'Espagne, bon gré, mal gré.

On verra la longue souffrance de Joseph, martyr

d'une couronne qu'il n'eut vraiment jamais. Un jour, les Anglais, sous le nom de Ferdinand, prenaient l'Ouest ou le Midi. Un autre jour, l'intrigant Soult se constituait à peu près roi de l'Andalousie. Mais le plus fort, c'est que Napoléon regrettait d'avoir donné l'Espagne et de toute manière voulait la reprendre.

Le plus horrible de la comédie, fut la manière dont Savary, le menteur effronté, moitié par espoir et promesse, moitié par peur, force et nécessité, enlevant Ferdinand, le pousse à la frontière, malgré le peuple qui voudrait l'arrêter ; puis, le tour joué et le gibier rendu jusqu'à Bayonne, il lève le masque impudemment et dit à Ferdinand le lendemain : « La maison de Bourbon a cessé de régner en Espagne. »

L'Europe entière frissonna de la scène qui suivit. Rien au théâtre antique, rien depuis les Atrides, n'avait eu un aspect plus maudit et plus exécrable que cette mère qui, voyant le misérable Ferdinand tout pâle, lui dit pour l'accabler : « Tu naquis d'une faute, tu n'es que le fils de ma honte, non l'héritier d'Espagne. » Tout cela devant son mari, Charles IV, qui, brandissant sa canne, couvrant le bâtard d'anathèmes, lui fait restituer le royaume pour le céder à l'empereur [1].

Celui-ci n'était pas content de Ferdinand, qu'il appelait *un sournois*. Il avait pour lui le souvenir d'Enghien, des fossés de Vincennes. Bonaparte lui

---

1. Bonaparte le confina au château de Compiègne.

dit et redit qu'il le ferait fusiller comme émigré.

L'ayant ainsi aplati par la peur, il le confia à la garde de Talleyrand, le chargea de l'amuser par quelque jolie femme. Et enfin il le fit descendre dans la boue, au point que Ferdinand, de sa captivité de Valençay, écrivit une lettre de félicitations à Joseph, le nouveau roi d'Espagne.

Ces tragédies atroces s'étaient passées sans témoins, croyait-on, au château de Marrac, près Bayonne.

Mais l'Espagne était là, avait tout entendu.

Je m'explique. Une Junte s'était faite pour gouverner dans l'absence de Ferdinand. Mais, prévoyant qu'elle ne serait pas en sûreté à Madrid, elle avait réglé que l'Assemblée pourrait se réunir à Saragosse, au centre de l'Aragon, province renommée pour ses résistances. Napoléon convoquant à Bayonne une prétendue représentation de l'Espagne, Saragosse saisit ce prétexte pour s'entendre avec les amis de Ferdinand, et pour députer dans cette ville un gentilhomme aragonais fort énergique, le jeune Palafox, qui s'informa et sut l'affreux détail. Il le rapporta en Espagne, avec l'exécration de Napoléon.

L'avis de Palafox était que si Ferdinand restait prisonnier, il faudrait appeler à la couronne le grand général de l'Autriche, l'archiduc Charles, qui était un peu parent de la maison d'Espagne. Ce prince, depuis 1806, travaillait à reconstituer l'armée autrichienne. L'appeler, c'était associer contre Napoléon les résistances allemande et espagnole.

CHAPITRE III

Le soulèvement de l'Espagne (mai 1808).

Ce fut Napoléon même qui libéra l'Espagne, donna le signal à son affranchissement par le soulèvement et le massacre de Madrid.

Il a dit et souvent répété dans ses lettres que, pour fonder une domination nouvelle, il n'y avait rien de meilleur qu'une émeute fortement réprimée. Le 13 Vendémiaire, la révolte du Caire l'avaient ancré dans cette opinion.

Le départ de deux princes de la maison royale, qui étaient restés, fut l'occasion du soulèvement de Madrid. Mais, même sans cette cause, il eût pu avoir lieu. Outre l'irritation, la surprise de l'étonnante perfidie de Napoléon, le peuple de Madrid devait regarder comme la dernière insulte qu'on lui eût donné pour chef un baladin. Tel paraissait Murat avec tous ses costumes de fantaisie; ses habits rose ou vert-pomme, ses riches fourrures en plein été, tout en lui paraissait absurde. Alexandre avait été choqué de voir près de l'empereur ce comédien. Au milieu du peuple espagnol, toujours en noir, cela paraissait davantage. Ajoutez la variété singulière des costumes de son escorte, des lanciers, des Mamelucks, figures étranges, et si nouvelles dans les rues de Madrid.

Au moment où les princes espagnols quittaient le palais malgré eux, l'un d'eux pleura, refusa de partir. Cela émut le peuple amassé sur la place; il faillit tuer un aide de camp qui pressait le départ. On s'attendait à cette explosion. Murat avait pris ses mesures, il disposait d'une armée. La petite garnison espagnole ne parut pas, sauf une compagnie d'artillerie, dont les officiers se firent tuer. Cependant la cavalerie, les lanciers, les Mamelucks poursuivaient les fuyards jusque dans leurs maisons; huit cents Espagnols, quatre cents Français, tel paraît avoir été le chiffre des morts.

Le pis, c'est que Murat, après avoir accordé amnistie à ceux qui rentreraient chez eux, s'en repentit le lendemain, crut que la chose était insuffisante, et fit prendre et fusiller encore une centaine de ceux qui s'étaient retirés paisiblement.

Murat, de sa nature, n'était pas sanguinaire. Mais ce trône d'Espagne, qu'il croyait toucher de la main, le changea, l'endurcit, et, comme le dit très bien M. Lanfrey, « il se montra là vraiment Roi ».

Le jour même de ces fusillades, Napoléon lui mandait de Bayonne : « Qu'il ne serait point roi d'Espagne, mais Joseph. »

N'importe. Ses exécutions furent fort appréciées de Napoléon, qui écrivait : « Le plus gros de la besogne est fait. La leçon de Madrid va décider les choses, tout sera bientôt terminé. »

Ceci dans le courant de mai. Mais dès le 9, l'insurrection de l'Espagne avait commencé. Les Asturies, la plus petite des provinces, cet antique berceau de Pélage, se révolta, et, le 24, déclara magnanimement la guerre au maître de l'Europe.

Même grandeur à Londres, où ils dirent qu'ils se suffiraient à eux-mêmes, qu'ils ne demandaient à l'Angleterre qu'un appui moral.

Il faut lire dans Toreno (et non ailleurs) le superbe tableau de ce grand phénomène, l'étonnante unanimité de tant d'insurrections si parfaitement concordantes entre des provinces si dissemblables de race et de génie. Tout prit feu en un seul moment. La première explosion avait eu lieu aux montagnes de l'Ouest. La seconde eut lieu, sur-le-champ, à l'Est, au port de Carthagène. Elle retint la flotte espagnole, qu'on eût envoyée à Toulon.

Seulement je remarque que dans son beau récit, très long, Toreno ne nous peint que l'explosion patriotique, non celle du fanatisme religieux, avouant lui-même expressément qu'il a tenu à démentir Napoléon, selon lequel le soulèvement n'aurait été qu'une révolution religieuse attisée par les moines.

Cependant, même sans être de l'avis de Bonaparte, il est bien difficile de croire que la nouvelle de la captivité du Pape à Rome, nouvelle répandue alors par toute l'Europe depuis le mois d'avril 1808, n'ait pas eu quelque influence en Espagne, et qu'un massacre fait en partie par nos Mamelucks n'ait pas confirmé le peuple dans l'idée que nous étions des païens et des Sarrasins.

Je sais bien que d'abord Napoléon et Joseph eurent grand soin de tranquilliser l'Église, de flatter l'Inquisition, le haut clergé, qui venaient à eux.

Mais dans Toreno même la terrible histoire de Valence montre assez les fermentations diverses qui s'agitaient dans le clergé.

Cette ville, renommée par son climat si doux et par ses aimables cultures, fut le théâtre d'un massacre populaire ecclésiastique, qu'on put appeler le 2 Septembre d'Espagne.

Ce récit confond nos idées, en ce qu'on voit que le prêtre patriote était un moine, un Franciscain nommé Ricci. Et le prêtre papiste et massacreur était un honorable chanoine de la grande église de Madrid; il s'appelait Calvo.

Le Franciscain avait fait la révolution à Valence et l'avait maintenue pure, lorsqu'arriva de Madrid le chanoine papiste, qui trouve la place prise par le Franciscain. Le haut dignitaire de Madrid avait longtemps fait effort pour amener au parti romain et jésuitique ce moine éloquent, populaire; il n'y était pas parvenu, et il lui en voulait à mort.

Les commerçants français en vins, en soie, étaient fort nombreux à Valence. Calvo imagina que si on pouvait amener le peuple à les massacrer, on pourrait par la même occasion assassiner Ricci.

Cela semblait assez facile. La population de Valence n'y voyait qu'une juste représaille du grand massacre de Murat à Madrid. Un peu plus de trois cents Français s'étaient réfugiés dans la citadelle. Calvo va les trouver, les voit épouvantés des cris du peuple, et leur promet de les protéger. Cette promesse les tire de leur asile, et aux portes ils sont massacrés.

Il y eut là une scène qui dépasse la Saint-Barthélemy elle-même. Des gens humains, pour les sauver, avaient apporté des reliques révérées à Valence. Les dévots massacreurs furent émus, et dès lors ne tuèrent plus sans avoir vu leurs victimes confessées. On devine la scène, l'exécrable mélange des admonitions charitables et des absolutions à des gens qui râlaient sous le poignard. Calvo espérait bien que Ricci, réclamant pour les victimes, périrait lui-même. En effet, le lendemain, comme Ricci dénonçait aux magistrats les forfaits de la nuit, voilà les gens de Calvo qui amènent encore huit Français dans la salle, et les tuent aux pieds mêmes des juges.

Ceux-ci, exaspérés, parvinrent à arrêter enfin ce terrible chanoine, et le 3 juillet, à minuit, ils l'étranglèrent dans la prison. Superbe coup d'audace qui glaça de peur les meurtriers. On profita de leur effroi, dit Toreno, et en deux mois deux cents (?) furent étranglés.

On entrevoit par ce récit que les passions ultra-

montaines se mêlaient fort aux passions politiques,
quelque soin que le narrateur mette à les séparer[1].

Nombre de Valençais coururent à Saragosse,
comme on faisait alors de toutes les villes d'Espagne. Ainsi se créa un centre de résistance qui,
par deux fois, arrêta l'ennemi.

L'Europe regarda, admira, prit courage. La double
résistance, quelque hétérogène qu'elle fût, libérale
et papiste, soufflée des moines, assistée des Anglais,
fut d'un encouragement universel. L'Autriche
s'éveilla et obligea Napoléon à diviser ses forces,
à partager son effort.

---

1. M. Hubbard, qui a vécu longtemps en Espagne et connaît ce pays, a bien marqué la part que les dernières classes du peuple eurent aux scènes violentes du soulèvement. A Valence, un vendeur d'allumettes fut un des principaux acteurs; à la Corogne, un rempailleur de chaises. Mais ce qui frappe le plus dans le récit d'Hubbard, c'est son excellente remarque que, dans un pays si mal administré, les contrebandiers et les brigands étant, dans tous les temps, comme une classe, une profession presque avouée, l'élan général vers la vie libre et irrégulière de la guerre de l'indépendance fut une chose peu surprenante, une émancipation des ennuis de la vie sédentaire, dont les jeunes gens s'empressèrent de profiter. L'insurrection semblait le retour à la vie naturelle de l'Espagne.

CHAPITRE IV

L'expiation. — Revers de Napoléon à Baylen et Cintra (1808).

L'illustre général Foy, orateur et historien, a lui-même jugé sévèrement son *Histoire* si brillante, en ne l'achevant pas. Défenseur de l'armée devant le parti qui était revenu triomphant avec l'ennemi, il lui fallait un grand courage, une ferme vertu pour ne pas tomber dans l'excès d'indulgence envers ses camarades.

Généralement il ne cache rien. Il met dans tout son jour *la trahison d'Espagne*, n'essaye point de la justifier. Mais s'il avoue l'odieux, l'impudeur des moyens, il relève fort Napoléon par la singulière prévoyance qu'il lui attribue. Il croit à l'étrange lettre qu'il écrivit plus tard pour montrer que d'avance il avait tout vu; pièce bizarre et arrangée longtemps après, comme l'a très bien démontré M. Lanfrey[1].

---

1. Foy, t. II, p. 140.

Foy insiste de même sur la grandeur des vues de l'Empereur et l'utilité de cette conquête pour la France. Conquête d'autant plus désirable que l'Espagne étant presque une île défendue par la mer, il pouvait un jour exercer sur le Nord une pression terrible. D'ailleurs, ajoute-t-il, Bonaparte, ayant échoué en Égypte, avait conçu le projet gigantesque de prendre la Méditerranée à revers par l'Espagne, les pays barbaresques. Donc, il fallait avoir l'Espagne avant tout.

Mais, en même temps, Foy avoue que les moyens employés étaient loin de répondre à la grandeur de tels projets. Les corps envoyés d'abord n'étaient que le rebut de l'armée, ou bien des enfants, de jeunes conscrits. L'entreprise paraissait facile. Le peu d'obstacles qu'avait trouvés Ouvrard dans ses projets hardis sur les biens ecclésiastiques donnait l'idée d'un peuple indifférent à tout, refroidi, aplati.

Napoléon écrit à Sainte-Hélène que son projet n'était que de régénérer l'Espagne. Mais ses actes et ses lettres de 1808 disent parfaitement le contraire.

Joseph, sans qualités brillantes, ne déplut pas aux Espagnols. Ses ministres étaient la plupart gens de mérite. Mais la Constitution qu'on bâcla à Bayonne n'était qu'un jeu, qu'une dérision, comme le montre Toreno.

On voit très bien d'ailleurs, par les lettres que Napoléon écrivait à son ministre de la marine et à ses généraux, qu'il ne voulait qu'abuser de l'Espagne, en faire un instrument de guerre.

Rien n'éclaira mieux ce malheureux pays que le sort misérable des corps espagnols envoyés par Napoléon aux bords de la Baltique. Aux récits légendaires de cet enfer du Nord s'ajoutaient les histoires de la conscription, qui emmènerait, disait-on, les jeunes gens garrottés. Bonaparte était si peu informé, qu'il nomma vice-roi du Mexique un général qui déjà était à la tête d'une armée de l'insurrection.

Il n'avait jamais vu l'Espagne que de Bayonne, et n'avait pu se rendre bien compte de la topographie du pays qu'il voulait conquérir. Il savait les distances, mais bien peu les routes âpres, souvent fort difficiles, qui séparaient les provinces. Pendant qu'il regardait Madrid, Saragosse et Burgos, où nous remportions la victoire de Rio-Secco (14 juillet), qui ouvrit Madrid au nouveau roi, nos armées recevaient aux confins de l'Andalousie le coup décisif (on peut dire *mortel*) qui, changeant tout à coup l'opinion de l'Europe, commença la grande débâcle.

Il avait envoyé Dupont, qui s'était fort distingué dans la guerre d'Allemagne, au secours de sa flotte, enfermée dans Cadix. Le général n'y parvint pas, et, dans le retour que des ordres lui prescrivaient vers Madrid, il dut s'engager au sombre et âpre défilé décrit par Cervantès (*sierra Morena*, montagne Noire). C'est un mur qui sépare les Castilles et la Manche de l'Espagne mauresque du Midi.

Lieu bizarre, fantastique et d'étranges surprises que rien n'a préparées. Il n'a point les traits arrêtés et souvent grandioses des contrées granitiques. C'est une chaîne de hauteur médiocre, qui partout offre des schistes gris et de couleur de cendre, à demi calcinés, masses parfois changeantes avec un caprice lugubre, qui peuvent provoquer ou la peur ou le rire de la surprise. Le tout d'une sécheresse incroyable. L'eau y est si rare que, parfois, pour construire, les maçons ont dû employer du vin. La chaleur réfléchie par ces schistes et concentrée dans ces chemins étroits et étouffés, est plus insupportable qu'aux déserts africains.

Par suite des ordres absolus donnés par Napoléon, malgré ses lieutenants, il arriva que Dupont, retournant de Cordoue à Madrid, fut intercepté, arrêté dans ce lieu sinistre.

Dupont, dit Toreno, était un caractère artistique, un esprit littéraire ; il avait brillé par des succès d'Académie. L'éclat qu'il avait eu dans la campagne d'Austerlitz l'avait fort exalté, rendu altier et exigeant. A sa première entrée en Espagne, étant reçu en logement dans le palais d'un grand d'Espagne, il mit dehors son hôte et prit le palais pour lui seul.

A son retour d'Andalousie, il se montra fort dur. Cordoue, grande et riche ville, tout ouverte, avait pourtant fait mine de vouloir résister. Dupont se crut autorisé par là à la livrer au pillage. Cette armée, jeune, fort mal disciplinée, irritée de ses privations et de ce climat africain, s'y livra à tous les excès, pour son malheur. Plus elle enfla ses sacs par le pillage, plus elle devint peu capable de mouvement et d'action. Énervée par cette halte de débauche, elle vit avec terreur, en sortant, les corps de ses camarades assassinés et mutilés. Elle comprit ce qui l'attendait dans cette guerre sans quartier.

Je me rappelle moi-même avec horreur les scènes épouvantables d'embûches, de carnage et d'exécrable barbarie qu'on étala à l'Exposition du Louvre en 1808, pour faire maudire les Espagnols.

Napoléon n'avait pas idée de leur haine. Joseph l'avertissait en vain, lui disait qu'il n'avait personne pour lui. Savary, son homme de confiance, l'avertissait aussi, et avait pris sur lui d'envoyer un petit renfort à Dupont. Napoléon l'en blâme, veut ne voir que Madrid et certain avantage qu'on a remporté au Nord. Enfin il est tellement rassuré qu'à ce dernier moment, où l'on peut encore franchir le fatal défilé, il empêche et maintient l'armée dehors.

L'orage approche cependant. Et l'armée espagnole d'Andalousie, sous Castanos et sous un émigré français, fortifiée de troupes régulières, de transfuges suisses et autres, a atteint quarante-cinq mille hommes, presque le double de l'armée de Dupont. Celle-ci est obligée de marcher, d'occuper une foule de postes sur cette route étroite, longue, étouffante. Une soif plus qu'arabique la dévore, la décime ; elle marche courbée sous ses sacs pesants de pillage. Ces hommes, jeunes pour la plupart et mis, faute de vivres, à la demi-ration, sont bien loin du courage endurci de notre armée d'Égypte. On leur propose de se rendre, et Dupont a la faiblesse de demander là-dessus l'avis d'un conseil; bref, il se livre à l'ennemi. (Capitulation de Baylen, 20 juillet.)

Là deux choses se passent, bien tristes. L'une, c'est qu'ils mettent à leur reddition cette condition honteuse : que les sacs ne seront pas visités (donc, qu'ils garderont le pillage); l'autre, c'est qu'un corps de Dupont, déjà loin, hors d'atteinte, se rendra avec eux.

Tout cela exécuté. Le pis pour nos soldats, c'est que leurs sacs pressés s'accusent eux-mêmes. Ils sont pleins de saints ciboires et autres objets sacrés pris aux églises de Cordoue. Cette violation porte au comble la fureur des fanatiques Espagnols. Dix-huit mille Français sont embarqués et jetés, pour mourir de faim et de soif, sur le rocher de Cabrera, l'une des Baléares. — Ce malheur était grand, mais non irréparable pour le maître du monde. L'ennemi se l'exagéra. La joie le rendit crédule. Il crut Napoléon perdu. En réalité, cette capitulation eut de graves conséquences, elle n'influa pas peu sur la perte du Portugal, qui suivit bientôt.

La folie de l'empereur, là aussi, avait porté ses fruits. La contribution de cent millions qu'il entendait lever sur ce petit pays, chose impossible, le tenait en révolte plus ou moins avouée. Junot, qui avait vingt-neuf mille hommes, ne pouvait les concentrer, ni quitter aucun point militaire. Donc, son armée, dispersée, était faible. Les Anglais, avec quatorze mille hommes qu'ils débarquèrent, étaient de beaucoup les plus forts. Junot avait, il est vrai, la capitale, et, dans le port de Lisbonne, la flotte russe, alliée de la France, laquelle flotte tenait la ville sous son canon. Mais ces Russes étaient-ils bien sûrs ? L'amiral refusa même de mettre à terre ses équipages pour contenir le peuple.

Donc, Junot dut sortir, aller jusqu'à Cintra à la rencontre de l'ennemi. L'armée anglaise, supérieure par le nombre, la qualité de la poudre [1] et des armes, était, comme à l'ordinaire, composée d'Irlandais qui, venant des Indes et de Malte, craignaient peu le soleil d'Espagne. Wellington, qui les commandait, les mit et les tint tout le jour sur une corniche brûlante et escarpée adossée à la mer.

Foy, qui y fut blessé, dans son très beau récit, explique les efforts héroïques que l'on fit pour gravir ces pentes glissantes de cailloux. L'artillerie eut ses chevaux tués, ne put monter. Wellington déjà, par les mêmes moyens, eut le succès de Waterloo. Il ne perdit que huit cents hommes, un seul officier supérieur. Junot, qui en avait perdu dix-huit cents, se montra imposant et terrible dans sa retraite. Quoique les Anglais attendissent une autre armée qui devait les porter au double, sans compter les troupes portugaises, ils n'essayèrent pas de poursuivre [2].

1. Voy. Napier.
2. Foy, t. IV, p. 334.

Junot eût tenu dans Lisbonne, si l'amiral russe n'eût refusé de l'aider. Bien plus, il livra ses vaisseaux aux Anglais, qui les gardèrent à Londres (pour les rendre à la paix générale, disaient-ils). Les équipages retournèrent en Russie.

Cette défection livrait Junot et lui ôtait toute chance de résistance. Il accepta l'offre que faisaient les Anglais de transporter à leurs frais son armée dans quelque port de France, sans rien exiger d'elle, la laissant libre de continuer la guerre et même de servir en Espagne.

Bonaparte, en cela, reçut un coup terrible bien moins de Wellington que de la Russie. Il comprit la vanité de l'alliance russe, dont le prestige, depuis l'entrevue de Tilsitt, terrifiait l'Europe.

CHAPITRE V

La comédie d'Erfurth (septembre-octobre 1808).

On ne voit pas que l'amiral russe ait été blâmé de son maître. Alexandre n'osa. Il aurait déplu à sa mère, à sa cour et à tout le monde. Même parmi les ministres, un seul osait être, comme l'empereur, pour l'alliance française.

Les émigrés français et prussiens dominaient à la cour, avec l'impératrice mère. La mort de Paul, accomplie par Palhen et ceux qui avaient des confiscations de Pologne, pesait toujours à Pétersbourg, avertissait le Tzar. M. De Maistre et autres émigrés, dont les mots insolents, spirituels, se répétaient partout, parlaient en plaisantant du *grand remède asiatique* qui, sous Pierre III et Paul, avait si bien servi.

Alexandre alléguait aux Russes que l'alliance française lui avait servi à prendre la Finlande, et bientôt les Principautés, cette porte de l'Empire ottoman. D'autre part, aux hommes de Napoléon, à Savary, à Caulaincourt, il disait qu'on devait se souvenir de Paul et ne pas risquer de mécontenter la Russie. Mais si l'on osait dire un mot de la Pologne, à ce nom qui rappelait tant de confiscations, Alexandre ne continuait pas l'entretien, gardait un silence prudent.

Dans la réalité, le Tzar incertain était condamné à un rôle double, à vouloir ou à simuler l'alliance française, et souvent à servir en dessous la coalition.

Un grand nuage d'hypocrisie flottait sur toute l'Europe. Les Anglais eux-mêmes, que Mme de Staël appelle « les chevaliers des libertés du monde, » pourquoi ne favorisèrent-ils pas le projet de Palafox pour appeler le prince Charles en Espagne, pour liguer à temps l'Espagne et l'Autriche? C'est qu'ils avaient leurs visées sur l'Espagne, voulaient surtout Cadix, ce grand port, ou plutôt ce pont vers l'Amérique. Ils manquèrent le moment, attendirent que l'Autriche eût été écrasée à Wagram.

Napoléon ne pouvait croire que ses maladroits ennemis lui accordassent ces délais. Il savait que l'Autriche avait déjà des agents militaires à Séville, et croyait qu'il y aurait entente pour une grande et universelle explosion.

Entre tant d'ennemis, il en voyait encore de flottants, d'incertains, surtout en Allemagne; il jugea que, pour les faire retarder, hésiter davantage, il fallait leur faire apparaître une grande fantasmagorie, l'*alliance russe*, la montrer à Erfurth, à deux pas de la Prusse.

Il n'y avait pas un moment à perdre. La saison avançait. Et la reine de Prusse, fort animée par nos malheurs d'Espagne, voulait se rendre à Pétersbourg avec le roi, voir si le Tzar avait de la mémoire et, selon son serment, la protégerait encore, s'associerait au réveil prochain de l'Allemagne. Alexandre allait se trouver entre deux sirènes, la reine et Napoléon, qui, au contraire, le tournait au Midi, vers les grands projets d'Orient. L'Occident, avec les souvenirs d'Austerlitz, de Friedland, était triste pour le Tzar. La guerre de Turquie tentait plutôt sa paresse. Il n'avait qu'à y assister de loin. Il était naturellement conduit par les femmes, et sans doute c'est à ce moment que la princesse *** commença sur lui son règne de trois années, règne fort paresseux : « Étrangère à la politique, disait-elle, elle ne voulait être qu'une simple La Vallière. »

Cette belle Russe prévint l'Allemande. De bonne heure, en septembre, Alexandre alla à Erfurth. Et la reine de Prusse fit son voyage trop tard, lorsque tout était arrangé.

Napoléon, grand comédien, se surpassa lui-même, mais chargea trop son jeu. Devant un homme aussi fin qu'Alexandre, il montrait trop combien il était inquiet, avait besoin de lui. M. Lanfrey dit très bien : « Maître à Tilsitt de la situation, à Erfurth il est dépendant. »

Il s'était fait suivre de nos grands acteurs. Il voulut

lut voir les hommes illustres de l'Allemagne, se fit présenter Goethe, et lui dit un mot simple et beau : « Vous, vous êtes un homme ! » Avec les rois de la pensée, il avait fait venir aussi tous les souverains d'Allemagne et je ne sais combien de princes.

Pour éblouir ce haut public, il traînait après lui, à grands frais, tout le luxe d'alors, porcelaines de Sèvres, tentures des Gobelins, et les raretés du Garde-Meuble.

Alexandre, qui était arrivé tout simplement avec quelques seigneurs, brilla par les manières, la grâce et l'à-propos. Il saisit celui-ci dans une tragédie : « L'amitié d'un grand homme est un bienfait des Dieux. »

Jusqu'où irait cette amitié? Elle valut à la Russie deux choses inestimables : la Finlande, les Principautés, l'abandon de nos plus anciens alliés, la Suède et la Turquie. D'autre part, Napoléon eut ce qu'il voulait pour le moment, une fausse coopération dans sa guerre à l'Autriche, laquelle, toute vaine qu'elle était, trompa l'Europe pourtant, produisit l'effet désiré.

Quelque semblant que pût faire la Russie, Bonaparte eût dû mieux savoir qu'Alexandre vivait dans un milieu hostile et implacable. L'impératrice-mère et l'épouse d'Alexandre, deux Allemandes, étaient si Anglaises de cœur et si haineuses de la France que, pour nuire à Napoléon, elles étaient prêtes à tout sacrifier.

En 1809, il fit à l'étourdie la tentative de donner

à Alexandre une maîtresse française, il lui envoya la beauté en renom, Mlle Georges. Ce superbe morceau de chair fut accepté pour un moment à peine. Elle n'avait nullement l'adresse qui eût pris un homme si fin. Les deux impératrices, la mère, l'épouse, se mirent contre, la firent renvoyer, préférant de beaucoup la maîtresse russe qui était en possession, ne se mêlait de rien, disait-elle, mais qui était du parti des *honnêtes gens*[1].

Combien les Anglais, en tout cela, étaient plus habiles, plus heureux que Napoléon! A ce moment même où Alexandre semblait le plus éloigné d'eux, ils l'entouraient, ou par eux-mêmes, ou par les seigneurs russes, qui attendaient l'heure de reprendre le commerce avec l'Angleterre, ou enfin par nos émigrés, qui composaient la cour intime des deux impératrices.

[1]. Nous devons ces détails à M. De Maistre, à sa Correspondance.

CHAPITRE VI

Le démembrement de la Grande-Armée. — Les arrabiati (1808).

Les fêtes politiques d'Erfurth et ces faux-semblants d'amitié coïncidèrent avec un événement qui plongea dans le deuil toute notre France militaire.

Qu'était la Grande-Armée, sinon une France guerrière d'hommes qui, sans famille, ayant de plus perdu la république, cette patrie morale, promenaient une vie errante en Europe?

Que restait-il des vaillants de 92, de ceux qui répondirent au cri: *La Patrie en danger?* Ceux d'Italie, d'Égypte avaient péri au noir tombeau de Saint-Domingue. Ceux de Sambre-et-Meuse et du Rhin, les vainqueurs de Zurich, d'Austerlitz, étaient fort éclaircis. Mais l'âme subsistait identique. Et ceux qui survenaient, par je ne sais quel mystère, représentaient à s'y tromper leurs prédécesseurs. Par la fatigue et l'habitude des souffrances, ils acquéraient une trempe singulière. Marcheurs terribles, ils ne daignaient se reposer. Mickiewicz enfant, qui les vit, au collège de Wilna, passer la nuit autour des feux, demanda à ces barbes grises « pourquoi ils ne se couchaient pas ? » Ils répondirent : « Ce n'est pas la peine ! » voulant dire que bientôt ils se reposeraient tout à fait.

Ce que raconte Sismondi des Français du seizième siècle en Italie est bien plus vrai de ceux de la grande armée en Allemagne. Malgré leur légèreté et leurs pillages, on les regrettait [1]. Au second jour, ils réparaient ce qu'ils avaient cassé la veille. Napoléon ne les nourrissant pas, ils étaient obligés d'exploiter le pays. Turbulents, mais non pas avares, comme les *bisogni* espagnols, moins ivrognes et désordonnés que les Irlandais de Wellington, enfin songeant bien peu à rapporter, comme font les Allemands, qui récemment emballaient montres, pendules et bijoux pour leurs femmes et pour leurs enfants.

Les nôtres partageaient volontiers avec leurs camarades, et Goethe, en 92, nous les montre faisant de même avec l'ennemi, les Prussiens en retraite.

Tant qu'ils pouvaient, ils vivaient en chambrée. Et celui qui avait payait pour tous les autres.

Cette chambrée faisait une seconde patrie, au défaut de la France, qu'on ne revoyait guère. Souvent l'hôte allemand devenait un ami. Beaucoup des nôtres souffrirent à quitter l'Allemagne.

Mais combien plus le corps, le régiment, dans cette cruelle dispersion, qui rompit tout à coup les vieilles

---

1. Je retrouvai ce regret encore en 1830, quand je vis l'Allemagne du Rhin.

habitudes et tant de souvenirs! Si la rapacité, l'ambition occupaient l'esprit des généraux, il n'en pouvait être de même du soldat, qui, sans autre perspective que la vie de chaque jour, n'avait nul autre lien qu'avec ses camarades ou avec la famille de son hôte.

La camaraderie militaire, regardée et par l'ancienne monarchie et par la République comme un excellent principe de cohésion, mettait aux mêmes régiments les Flamands avec les Flamands, Bretons avec Bretons et Basques avec Basques, etc. Hoche, Ney et autres généraux tenaient fort à ce système, mais non pas Bonaparte, élevé aux écoles aristocratiques, et qui, loin de favoriser les amitiés militaires, trouvait plaisir, au contraire, et un profit politique à attiser les jalousies, les rivalités de ses principaux lieutenants.

Habitué à voir les hommes comme de purs instruments, il oublia que les armées d'Italie, d'Égypte, avaient dû leurs grands succès à leur forte cohésion. La Grande-Armée, déjà moins identique, était dans les crises comme un vaste instrument où, avec des sons différents, règne même harmonie.

Le jour où, avant Austerlitz, traversant une forêt, elle se couronna elle-même de branchages, et, d'un même mouvement, se prophétisa la victoire, ce jour dut revenir au souvenir de Napoléon au milieu de ses revers, quand l'armée, toujours vaillante, mais scindée, brisée, se trouva en face de peuples qui apportaient au combat une même âme.

En repassant le Rhin se faisait le divorce. Ceux qu'on envoyait en Espagne étaient désespérés. Les jeunes qui restaient en Allemagne se sentaient orphelins, lorsqu'on les séparait de ces vieilles moustaches qui les avaient conduits et instruits jusque-là. Bonaparte prit cent mille hommes pour recommencer la guerre en Espagne.

Les fêtes que l'Empereur fit donner sur la route à ceux qui allaient aux Pyrénées, les dîners, les spectacles les firent rire et pleurer. C'était comme un appareil des joies des funérailles. Il avait ordonné que *l'on fît des chansons*, « trois sortes de chansons ». Mais pas une ne fut chantée.

La porte de l'Espagne et la lisière du pays basque n'attristent pas les yeux. Ces sommets fantastiques promettent mille surprises, mille aventures bizarres, Napoléon, amenant là des masses énormes de troupes, les avait d'abord largement approvisionnées. Cela cessa tout d'un coup. Il voulait pressurer l'Espagne. Mais l'Espagne fondit devant lui, et il ne pressura que le désert.

Il écarta sans peine les masses qui, dans leur sot orgueil de Baylen, osaient s'avancer contre lui. Cette confiance l'irrita fort, et il ne songea qu'à *faire des exemples*, lança cruellement et ensauvagea le soldat. Il y parut au sac de Burgos. Le roi Joseph, qui y était, fut indigné de voir, la nuit, les feux de bivouacs entretenus par des meubles précieux, des instruments de musique, etc. Il en avertit en vain l'empereur[1].

---

1. Miot, t. III, p. 119.

Ce qui assombrissait fort celui-ci, c'est que l'armée était triste visiblement, s'avançait à regret. Les vastes plaines sèches de la Vieille-Castille, leur sable salé remplirent de mélancolie les plus fermes cœurs, et du plus triste augure.

Entre la Vieille et la Nouvelle-Castille règne une chaîne assez élevée qu'on appelle Guadarrama. Rien de plus morne que ce paysage et les lieux peu éloignés où les rois ont bâti leur fastueuse sépulture, leur palais funèbre de l'Escurial. Au sommet de la montagne, un pas étroit sépare les deux versants du Duero, du Tage. Les Espagnols avaient garni ce défilé, qu'on nomme Somo-Sierra, d'une batterie qui gardait les étages de la montagne. Napoléon arriva au pied avec sa garde, et fut frappé de l'aspect morne que présentaient ces vieux soldats, d'une bravoure si éprouvée.

Il jugea parfaitement qu'une attaque régulière, un assaut pourrait être assez sanglant, et pensa à emporter la position par une charge vive de cavalerie. Quelqu'un lui dit que la veille étaient arrivés des jeunes gens de Varsovie. Ces enfants étaient si novices qu'on ne leur avait pas encore confié de chevaux ni de fusils. Ils faisaient leurs exercices à pied, avec des fusils de bois. Napoléon les vit, les trouva pleins d'ardeur, d'impatience, et leur dit un mot qui les ravit : « Qu'ils auraient l'honneur de passer le défilé avant la garde impériale. »

Elle venait pour les soutenir, conduite par le vaillant Montbrun. J'ai vu (vers 1850) le lieutenant qui, bien jeune alors, en 1808, les avait conduits et avait passé le premier. « Ce fut comme une féerie, dit-il. Après quelques décharges, les Espagnols laissèrent tout. La montagne fut déserte. Parvenu en haut, je me retournai, je dis au seul de mes camarades qui me suivait : « Et les autres ? — Ils sont restés sur le chemin. »

Le pis, c'est que Napoléon, qui arrivait d'Erfurth, et craignait de mécontenter Alexandre, n'avoua pas le rôle qu'avaient eu les Polonais dans cette affaire. Il en fit honneur à un nom agréable en Russie (dès le temps de Catherine), au jeune Ségur. C'est celui qui épousa plus tard la fille de Rostopchine.

Nulle réclamation de ceux qui avaient réellement franchi le passage n'influa sur lui. Ségur resta dans le bulletin [1].

Une fort belle gravure polonaise montre sous la redingote grise cet homme ou ce fantôme qui, sans donner un regard aux corps sanglants des jeunes vainqueurs de Somo-Sierra, franchit le défilé, va tomber sur Madrid. Dans quel état d'orgueil, de fureur insensée ? C'est aux *aliénistes* à le décrire.

Ce qu'ils appellent la *monomanie lucide* dépasse

---

[1]. Ce vieux Polonais s'en étonnait ; il en voulait à M. Thiers qui, malgré ses plaintes, a toujours suivi le bulletin. Mais que devint ce vieillard, toujours fanatique de Napoléon, lorsqu'arrivé ici, il lut, dans la *Correspondance* même, une lettre de son empereur où il disait sans détour : « Ne parlons pas des Polonais, je vous prie, jamais ; quoi qu'il arrive, ne parlons pas des Polonais ! »

quelquefois la folie. Car elle ne présente pas simplement de vains rêves, comme la belle et noble folie de don Quichotte, mais une disposition où le malade, comme enragé envers lui-même, triomphe outrageusement à se blesser, se déchirer, et faire tout ce qui peut le perdre.

Dès qu'il entre en Espagne, devant les premiers Espagnols qu'il rencontre, il se livre à un furieux bavardage[1]. Il les injurie, les provoque, c'est-à-dire les excite à se défendre : « J'arrive avec les soldats d'Austerlitz. Qui les arrêtera ? Ce ne sont pas vos mauvaises troupes qui ne savent pas se battre. J'ai sur l'Espagne les droits du conquérant. Comme je ne puis plus me fier à la nation, je prendrai mes sûretés, je l'assujettirai à un gouvernement militaire. »

Plus il entre, plus il gâte tout. Sans lui, les circonstances favorisaient Joseph : la défiance des Espagnols pour les Anglais, la crainte qu'ils ne prissent Cadix et ne voulussent enlever à l'Espagne son grand empire américain. L'Anglais Moore, délaissé par eux, et suivi de très près par Soult, périt dans sa retraite, et ses troupes furent heureuses de se rembarquer à la Corogne. Un parti peu nombreux, mais composé de gens fort éclairés, comme l'ancien ministre Urquijo, avait parfaitement deviné que Ferdinand serait un monstre, et restait fidèle à Joseph. Les grandes villes commerçantes de l'An-

---

1. Moitié français et moitié italien. Voy. Miot.

dalousie lui étaient favorables et l'accueillirent. A toute place, il nommait des Espagnols, tâchait de leur faire croire qu'il leur appartenait entièrement [1].

Napoléon arrive à Madrid, et, sottement, décourage les josephinos. Il dit tout ce qui peut nuire à son frère. Il en parle comme d'un souverain déjà détrôné, *qu'il pourrait bien replacer* sur le trône, si les Espagnols étaient sages. « Convention et constitution, tout est aboli. Il ne reste que le droit de conquête. »

Il ne punira que dix hommes, épargnera les ordres religieux. Il n'abolira que l'Inquisition

L'Inquisition, dès ce moment, est popularisée. L'Espagne ne peut s'en passer. Si bien que la junte révolutionnaire la rétablit pour plaire au peuple.

Pendant que Napoléon et l'Espagne s'injurient, voici une petite nouvelle. Bonaparte, à Valladolid, apprend que l'Allemagne est en feu, et lui échappe. Une lettre du roi de Bavière lui apporte ce terrible coup.

Un dogue à qui on applique un charbon rouge pour lui faire lâcher prise n'est pas plus furieux. Le voilà donc, ce coup préparé depuis 1806! La voilà, cette sourde trahison allemande! Combien on eut

---

[1]. J'ai vu avec étonnement des Espagnols, comme le vieux curé de Burgos, le vénérable M. Vélasco, tellement imbus de nos idées de bienfaisance humanitaire, que j'aurais dit (comme Rousseau dans les *Confessions*) qu'ils étaient les plus nobles cœurs d'hommes que nature ait produits.

raison de lui dire alors (contre l'avis du traître Talleyrand) : « Exterminez l'Autriche ! »

Cette fureur de Napoléon fut très contagieuse. Les deux armées d'Allemagne et d'Espagne la partagèrent. Celle du Nord, plus jeune et nouvelle à la guerre, était bouffie de sang, fort indisciplinée. La vieille, celle d'Espagne, dont les chefs furent tirés un moment pour Wagram, puis rentrèrent en Espagne pour aller à Moscou, était excédée, irritée de ces tiraillements.

Nos soldats, si gais, si résignés pendant la République, changèrent de caractère, restèrent obéissants, mais devinrent des *grognards*. L'Espagne y fit beaucoup, les transforma cruellement. Ce climat africain, si froid l'hiver, brûlant l'été, ces longues plaines d'un sable salé, les séchèrent, les aigrirent. La fuite, l'éloignement, l'horreur visible des populations ensauvagèrent les nôtres et souvent les rendirent impitoyables. Les résistances atrocement héroïques de Saragosse et autres villes n'imposèrent point l'admiration. Le carnaval de moines qui y était mêlé rendait tout cela burlesque pour un Français. Et non sans apparence. Quoi ! ces efforts désespérés pour rétablir un Ferdinand et restaurer l'Inquisition !

La fureur, cette maladie qui si facilement fait bouillonner l'Espagne, on l'a vu dans les persécutions des juifs, des Maures, est fort contagieuse et se gagne aisément. Il y parut dans les sièges obstinés de 1808. Des assiégés, des assaillants, quels étaient les plus furieux? Au second siège de Saragosse, où Lannes à la fin réussit, son caractère se révéla avec un nouveau degré de violence et d'irritation. Ce héros des guerres d'Italie, qui fut blessé quatre fois à Arcole sans se retirer, s'acharnait par ses blessures même, s'enivrait par son propre sang. Il dit aux chefs de Saragosse : « Je garantis les femmes et les enfants! Que voulez-vous de plus? » Ils ne furent pas contents, et il laissa piller la ville.

Tel fut le sauvage héros de la campagne de Wagram. Il y alla, ce semble, atrocement irrité. On eût dit qu'il ne pouvait plus dominer le bouillonnement de guerre et l'amour du péril qui semblaient l'emporter. Cherchait-il la mort? On ne le sait. Le démembrement de la Grande-Armée, qui avait en lui son âme fougueuse, semblait l'avoir déraciné, lui montrait l'avenir sous un funeste augure.

CHAPITRE VII

Essling et Wagram (1809).

J'ai dit qu'après Wagram, lorsqu'on demandait à Bonaparte pourquoi il n'avait pas attendu, comme à Austerlitz, que l'ennemi essayât de l'entourer, il dit : « Cette armée de Wagram, ce n'est plus l'armée d'Austerlitz. »

On le supposait bien. Même on s'exagérait les résultats de la transformation. Sans doute, l'armée, par son démembrement, avait beaucoup perdu de ses hautes qualités morales, mais elle avait toujours ses grandes qualités militaires, qui se reproduisaient en partie dans la jeune armée des conscrits de 1808. On calculait fort mal le temps nécessaire pour refaire, rajuster cette énorme machine. On croyait qu'il faudrait six mois.

On ne devinait pas que, pour entraîner cette jeunesse, il suffisait de mettre au milieu d'elle les grands drapeaux vivants dont la flamme électrique pouvait emporter tout : un Lannes par exemple, encore bouillant de Saragosse. Jamais Napoléon ne fit autant appel à la fureur guerrière de ce grand soldat, qui semblait chercher la mort qu'enfin il trouva à Essling.

Contre cette vaillance colérique, emportée, qui avait à Baylen fait triompher les bandes espagnoles des fameux soldats de la France? Toute l'Europe en savait le secret; le nom seul de la *liberté* avait fait ce miracle.

La *liberté* contre Napoléon, c'est l'universel mot d'ordre. On l'attestait, même à Saint-Pétersbourg, contre l'alliance française. L'Autriche, jusque-là le fort du despotisme, le centre du parti rétrograde, pourrait-elle changer de rôle et de langage, prendre pour ralliement un mot si odieux, emprunté à la France, à la Révolution? On l'essaya avec succès dans le Tyrol contre les Bavarois. On osa même l'employer en Italie, on crut organiser certains foyers d'insurrection. Tout cela de mauvaise grâce, avec peu de succès, dans une peur visible de trop bien réussir.

Que serait-ce, se disaient entre eux les archiducs, si tous nos Barbares du Danube allaient comprendre et répéter ce fatal *shiboleth!* L'Autriche, en prononçant ce mot, le craignait elle-même, comme le magicien qui frémit de ses propres incantations, de ses appels aux puissances infernales.

Tous les récits qu'on fait de la guerre de Wagram ne me satisfont guère, et même impliquent bien des choses contradictoires.

On raconte les paroles menaçantes de Napoléon à l'ambassadeur d'Autriche, disant qu'il voyait bien qu'elle préparait la guerre. Et en effet, il savait que le parti de la guerre était maître de Vienne, que l'empereur d'Autriche (remarié) était poussé par sa jeune femme à s'armer, ainsi que par la haute société, et même par l'ambassadeur de Russie, qui tenait peu de compte de l'alliance d'Alexandre avec Napoléon, enfin que l'Angleterre offrait des millions. Cela était patent. Et les discours des Cortès espagnoles se vendaient publiquement dans Vienne.

Napoléon, très informé, ne put être aucunement surpris. Il organisa en quinze jours ce passage rapide de ses officiers généraux d'Espagne en Allemagne. Des Pyrénées au Rhin, ils traversèrent la France en poste, et trouvèrent déjà rendue en Allemagne la jeune armée qu'on opposait aux Autrichiens.

Cette campagne de Wagram, tant admirée, offre cependant mainte tache qui porteraient à croire que, non seulement l'armée avait baissé, comme le dit Napoléon, mais que lui-même n'était plus le même Bonaparte qu'il avait été autrefois.

Il eut d'abord le tort de se reposer sur Berthier pour les premières opérations d'une guerre si dangereuse, où il devait avoir devant lui l'Allemagne, pendant que, derrière, continuait la lutte espagnole. Le maladroit Berthier débuta par séparer, à trente lieues de distance, Davout et Masséna, que l'empereur avait intérêt à garder tout près, suivant des deux côtés les rives du Danube. L'un était à Augsbourg, l'autre à Ratisbonne.

Napoléon enfin arriva, vit, corrigea cette bévue. L'archiduc Charles croyait occuper cet espace vide. Mais l'empereur y met quarante mille hommes, Allemands et Bavarois; il se place au milieu d'eux, les charme par cette confiance. A leur droite, étaient Lannes et deux divisions françaises, qui leur ouvrent le chemin de la victoire, et font plusieurs mille prisonniers autrichiens.

Trois batailles sont livrées et gagnées par nos soldats (Abensberg, Landshut, Eckmühl), l'ennemi acculé au Danube. En quelques jours la campagne, par cette suite de brillants faits d'armes, est terminée. Les deux ailes de l'armée ennemie sont rejetées l'une en Bohême, l'autre sur l'Inn. La route de Vienne est libre. Napoléon y entre sans trouver de résistance. La ville semble plutôt abandonnée.

Regardons ici un moment cette jeune armée qui, malgré son inexpérience, a eu de tels succès. C'est à Napoléon lui-même qu'il appartient de la qualifier.

Après Erfurth, il avait fait des dons immenses aux généraux, des duchés, des principautés. Ici, à Ratisbonne, passant la revue, il distingue à merveille les sordides pensées qui les occupent et qu'ils n'osent dire encore : « Que nous importent ces fiefs donnés aux généraux? Nous serons morts avant d'avoir de pareilles récompenses. »

L'empereur a compris. Ce savant corrupteur sent bien que des récompenses si haut placées, si rares, ne tentent pas suffisamment. Il constitue les *baronnies*. Ces baronnies sont données au concours, pour ainsi dire, sur la présentation des chefs, des corps eux-mêmes, qui les ratifient par acclamation.

C'est la démocratie militaire instituée dans le pillage même, un monde d'espérances offert à tous.

Il était bien certain qu'il fallait se hâter. Les succès de l'Espagne avaient encouragé les patriotes du Nord de l'Allemagne ; et au Midi, le Tyrol prenait feu. Son nouveau maître, le Bavarois, avait vendu les biens des monastères, irrité, déchaîné les moines. La croisade monastique contre les Français prit un terrible essor lorsque Rome, occupée, donna au pape occasion de se représenter comme captif de Napoléon. Ses manifestes, répandus dans le Tyrol comme en Espagne, eurent des deux côtés grand effet. Bonaparte en sentit la portée, et n'envoya pas moins de quarante mille hommes au Tyrol avec Lefebvre, un rude soldat, et Rusca, l'ancien chef des sapeurs de l'armée d'Italie, un montagnard tout fait à une telle guerre.

L'empereur sentait la nécessité de frapper au centre un coup décisif. Ayant pris Vienne, il s'apprêta à passer le Danube avant que l'archiduc Charles, campé en face de Varsovie, de l'autre côté du Danube, eût pu recevoir le renfort qu'il attendait, les cinquante mille hommes que l'archiduc Jean ramenait d'Italie.

Le moment était peu favorable. Car, vers la fin de mai, le Danube, grossi par la fonte des neiges, roule immense, trouble et menaçant ; l'île Lobau, placée au milieu du fleuve, semblait faciliter et encourager le passage. L'archiduc l'encouragea, en se retirant un peu, et ne voulant attaquer les Français que lorsqu'ils se seraient divisés et qu'un tiers de leur armée aurait déjà passé. C'est ce qui arriva. Lorsque déjà trente mille hommes, sous Masséna et Lannes, eurent franchi le fleuve, vers Aspern et Essling, il les attaqua avec soixante-quinze mille hommes, et rompit les ponts derrière eux, avec des brûlots, des arbres, des bateaux, et tout ce que traînait le fleuve, tout cela à la vue de l'armée de Napoléon, restée impuissante dans l'île et sur l'autre rive.

Situation terrible. Les deux abandonnés, Masséna, Lannes, firent des prodiges. Masséna, qui défendait le village d'Aspern, le reprit quatre fois ; Lannes, huit fois son village d'Essling. Le prince Charles, pour ramener encore les siens, marchait en tête un drapeau à la main. Lannes de même, malgré son petit nombre, essaya de sa personne de percer le centre de l'ennemi. Il périt dans cette entreprise. Les boulets entre lesquels il passait brisèrent ses deux genoux.

Voilà Masséna seul. La nuit se passe. Mais le matin quel dénuement ! Plus de vivres ! plus de munitions ! Il faut résister sans tirer un coup de fusil, tout le jour, à la baïonnette. Enfin, dans la seconde nuit, par des ponts volants, des bateaux, il fut possible de les secourir. Masséna ramena son monde dans Lobau, et fut justement nommé prince d'Essling.

Lannes, si cruellement fracassé, condamné à l'amputation des deux cuisses, c'est-à-dire à la mort, fut ramené aussi. Napoléon pleura, dit-on, pensant sans doute que la fin de ce grand soldat était la fin de sa fortune. On suppose, je crois, à tort qu'il accusa Napoléon. Je croirais bien plutôt ceux qui assurent qu'il ne dit qu'un mot : « Sauvez l'armée ! »

Elle était tout entière dans l'île gardée par Masséna. Sur la rive droite méridionale, on voyait le corps de Davout, bientôt celui d'Eugène, qui ramenait les siens d'Italie.

Napoléon se dit vainqueur et attribua le terrible accident à une crue subite du Danube. Cependant il fut six semaines sans rentrer en action (du 22 mai au 6 juillet 1809).

Ce retard, que l'Europe interpréta fort mal, eût perdu Napoléon si le roi de Prusse eût eu le courage de bouger et de fournir un centre aux insurrections partielles du duc de Brunswick, de Schill et autres patriotes. Son ministre Scharnhorst lui assurait qu'il pouvait avoir sur-le-champ cent vingt mille hommes, et qu'alors il serait assisté non seulement de l'Autriche, mais peut-être de la Russie.

Le roi de Prusse, par ses exigences infinies, semblait l'éloigner de lui. Il ne voulait donner de secours s'il n'avait partie de la Saxe, et même la Pologne autrichienne. Dernier point qui eût entièrement déplu à Alexandre. Enfin, *il ne voulait bouger avant*, disait-il, *que l'Autriche eût frappé son grand coup*.

Ainsi les six semaines se passèrent au profit de Napoléon. Ces six semaines, si critiques, furent comme une remise de grand procès, du jugement de Dieu.

Elles illuminèrent la honteuse tartuferie de l'Autriche, qui avait mis la liberté sur ses drapeaux, la détestait du cœur. Cette hypocrite cour, ces femmes altières qui suivaient l'impératrice nouvelle, ne purent mentir jusqu'au bout, craignirent l'assistance du peuple, n'acceptèrent que celle des rois.

Ceux-ci flottaient étrangement. Le roi de Prusse punissait ses propres partisans. Pendant la bataille d'Essling, un de ses officiers regardait, et il resta une semaine sans savoir si son maître tournerait pour ou contre.

Le Tzar, qui n'avait pas, comme la Prusse, l'excuse de la crainte et de la faiblesse, ne se montrait guère moins douteux. Napoléon disait lui-même qu'il ne pouvait plus croire à l'alliance russe. Et, en effet, toute la crainte d'Alexandre était qu'en soulevant les Polonais contre l'Autriche, on n'excitât le réveil de la Pologne tout entière. A Cracovie, les Russes essayèrent (mais en vain) d'empêcher les Français d'entrer dans cette ville. Et partout ils rétablissaient l'administration autrichienne.

Napoléon était à Schœnbrun, ne voulant pas agir tant que son armée d'Italie faisait le siège de Raab. Il lui revint, dans ce repos, qu'une flotte anglo-sicilienne croisait le long des côtes d'Italie, à la hauteur de Rome. Il comprit parfaitement qu'on voulait lui enlever le pape, pour se servir, en Espagne ou ailleurs, de cette machine sacrée. Il déclara Rome ville impériale, et, sans donner d'ordre exprès ni précis, fit enlever le pape, que l'on conduisit en Toscane. Il lui donnait deux millions de revenu, mais finissait son autorité temporelle et réunissait ses États à l'Empire français.

Cet acte, peu attendu au milieu de si grands événements militaires, frappa l'Europe d'étonnement, pétrifia le monde catholique, et fut comme la préface de la bataille où l'Autriche allait recevoir un si terrible coup. On jugea que rien n'échappait aux regards de cet aigle, qui, de Schœnbrun, avait si bien vu l'Italie, et si rapidement avait tranché le nœud que tant de siècles n'avaient pu dénouer.

Tout au contraire, la cour d'Autriche n'était qu'indécision, lenteur, sottise. Bien loin de reconnaître l'habileté et l'héroïsme que le prince Charles venait de montrer à Essling, la cabale opposée et ses frères même travaillaient contre lui, lui suscitaient de telles difficultés dans son état-major que plusieurs fois il voulut donner sa démission.

L'archiduc Jean, qui n'avait pas été heureux en Italie, était jaloux, prétendait que, suivi, surveillé par l'armée d'Eugène, il ne pouvait arriver, selon les conventions, avant la grande bataille décisive.

Charles eut beau l'appeler. Jean manqua à Wagram, et les cinquante mille hommes qu'il venait de recruter en Hongrie.

Enfin, le 5 juillet, Napoléon avait complété ses

immenses préparatifs, avait fortifié Lobau, complété ses ponts, ses redoutes, mis sous sa main Eugène, Davout et Bernadotte. Il avait cent cinquante mille hommes ; Charles, cent soixante-quinze mille.

Un orage épouvantable eut lieu la nuit. N'importe, toute l'armée passa les ponts. Le jour, il fit une chaleur étouffante, doublée par la moisson mûre, les épis jaunissants, couchés par terre. Les Autrichiens, les Hongrois, mouraient de soif, n'ayant point d'eau de leur côté, et regardaient toujours si l'archiduc Jean leur amenait ses cinquante mille hommes.

Cependant l'armée française, jeune en grande partie, au commencement prit une panique, que Macdonald et Oudinot arrêtèrent difficilement.

La nouvelle, déjà partie du champ de bataille, alla se répandre dans le Nord, et Berlin en trépigna de joie.

L'artillerie française rétablit la bataille, en luttant de vitesse et de mobilité avec la cavalerie. L'artillerie de la garde fit merveille, et les grosses pièces laissées dans l'île Lobau, mais couvrant de leurs boulets l'autre rivage, arrêtèrent court les Autrichiens qui venaient de sabrer, détruire entièrement les quatre divisions de Masséna. Celui-ci, dans ce grand massacre portant le poids de la bataille, faillit périr comme Lannes.

Les Anciens, dans de grands dangers, faisaient des sacrifices humains à la Mort ou à Mars (*Marti, Morti*). On peut dire que, dans cette crise, Napoléon se racheta en immolant les deux âmes de l'armée, son grand soldat Lannes, son grand général Masséna.

Davout et Oudinot le rendirent maître du plateau de Wagram, mais ils ne purent empêcher que vingt-deux mille Français y périssent et autant d'Autrichiens. Mais les autres, si jeunes et étonnés de leur victoire, se jetèrent, après la bataille, sur les provisions du camp de l'archiduc, et s'enivrèrent tellement pendant trois jours que si l'ennemi était revenu, il les eût hachés à plaisir. (6 juillet 1809.)

Le traité de Vienne (14 oct.) enleva à l'Autriche la Bavière, la Saxe, le grand-duché de Varsovie.

CHAPITRE VIII

Mariage d'Autriche (1810).

Les royalistes disaient que Bonaparte était « un être accidentel, un de ces champignons, nés d'hier, qui doivent disparaître demain ». En attendant, ils tiraient, de leur mieux, partie du champignon. Par Joséphine, ils se faisaient rendre leurs biens. M. De Maistre, leur coryphée, avait obtenu de la cour de Russie, sa protectrice, la permission de demander une entrevue à Bonaparte. Celui-ci ne répondit pas, et ne voulut pas voir ce présomptueux intrigant.

Lui qui avait tant fait pour le parti rétrograde, épargné par deux fois l'Autriche, relevé le papisme en 1802, il savait bien que ce parti attendait, souhaitait toujours sa mort, sa chute[1], le voyait volontiers enchaîné à la stérile Joséphine. Elle suivait partout Bonaparte, qui ne cachait point son dégoût.

---

1. Pendant qu'il était à Schœnbrun, il avait failli être assassiné.

Chacun prévoyait le divorce. Les sœurs y poussaient fort, mais craignaient l'arrivée d'une princesse étrangère, voulaient lui faire épouser une Française. C'était aussi l'idée des meilleurs courtisans, entre autres de M. de Narbonne, qui croyait que Bonaparte ne pouvait s'appuyer que sur la France. Les sœurs ménageaient cette affaire, bien peu délicatement, menant sans cesse l'empereur à la maison de Saint-Denis, le tentant par la vue de belles jeunes filles. On le faisait arriver surtout au moment où la plus belle (déjà impératrice par sa grâce majestueuse) distribuait aux pauvres les aumônes de la maison [1].

Cependant, à l'entrevue d'Erfurth, il eut l'idée d'un mariage avec une sœur du Tzar. Mais la mère d'Alexandre, qui en eut horreur, se hâta de marier sa petite-fille à un prince d'Allemagne.

En décembre 1809, après Wagram, Bonaparte, qui avait si bien payé la douteuse amitié du Tzar, par la Finlande et les Principautés, se crut en droit cette fois de lui demander une autre de ses sœurs. Mais avant de se lier à Napoléon, Alexandre eût voulu lui faire signer ce mot : « *Que la Pologne ne serait jamais rétablie* », c'est-à-dire ôter aux Polonais leur espoir dans la France, et enlever à Napoléon cette épée de Pologne, que peut-être quelque matin ce dangereux ami pourrait lui porter à la

---

[1]. J'ai connu cette belle et vertueuse personne; j'ai eu tous ces détails et par Mᵐᵉ Augelet, dame de Saint-Denis, et par M. Villemain, secrétaire de M. de Narbonne.

gorge. C'était lui dire : « Marions-nous, d'accord ; mais, d'abord, quittez cette épée. »

Napoléon y répugnait, sous prétexte de l'honneur de la France. Pour avoir une princesse russe, il fallait donc qu'il mît dans la corbeille la mort de la Pologne et sa propre humiliation. D'autre part, il craignait que cette cour curieuse ne vît trop à travers les murs de Saint-Cloud ; il savait que l'impératrice-mère exigeait que ses filles lui écrivissent heure par heure tout ce qu'elles auraient vu.

Sans attendre le délai de dix jours, qui était convenu, il rompit, et demanda une fille de l'empereur d'Autriche.

Grand éclat. C'était épouser décidément le parti rétrograde, dont l'Autriche avait été jusque-là le principal représentant.

Tout était en lui contradiction. Il venait d'enlever le pape, et, pour fortifier son ascendant sur l'Église, il pensionnait le clergé, créait cinq mille cures de plus et des bourses dans les séminaires.

Mais, en même temps qu'il se décidait pour le vieux parti, pour l'Autriche, il n'en traitait pas mieux la famille où il entrait. Il n'avait qu'un but, se relever au moment où il sentait pâlir sa fortune. Si l'on veut voir la disposition de l'Autriche pour ce mariage, qu'on regarde à Versailles le médiocre, mais très fidèle tableau, où le triste François marche à sa première entrevue avec Napoléon. Marche ? Non, est traîné d'un mouvement mécanique, étranger à sa volonté. Ce spectre blond et rose est quelque chose d'étrange et fait horreur. Automate lugubre, où déjà on pressent le geôlier du Spielberg.

Ce fut un sacrifice humain. Marie-Louise, sous son éclat sanguin, et sous sa fraîcheur de vingt ans, était comme une morte. On la livrait au Minotaure, au grand ennemi de sa famille, à l'assassin du duc d'Enghien. N'allait-il pas la dévorer?... Sa peau jaune de Corse par la graisse était devenue d'un ton blanchâtre, tout fantasmagorique. La fille du Nord, une rose (un peu vulgaire, telle que Prudhon l'a peinte), était effrayée du contact.

Tout fut noué avec une précipitation extraordinaire. La demande fut faite le 7 mars. Le 8, le contrat fut signé. Le 11, le mariage eut lieu à Vienne; ce fut le prince Charles, qui, avec la procuration de Napoléon, épousa, c'est-à-dire eut le chagrin de livrer la victime, comme une dépouille de sa dernière défaite.

Le 13 mars, éplorée, elle quitta son père et Vienne. Sur la route, une sœur de l'Empereur la reçut et lui ôta sa dame autrichienne. Enfin, après tant de fatigue, sur la route de Compiègne, elle rencontra Napoléon, qui, sans respect des convenances, sans délai, s'empara d'elle comme d'une proie.

Précipitation sauvage, et de nature à créer moins un lien qu'une blessure dans la famille qui, malgré elle, sacrifiait un de ses enfants.

Blessure empoisonnée; il avait fait d'avance ce qui eût pu semer la discorde, la défiance entre ses membres, proposant de donner la paix sans condition si l'empire autrichien *était partagé* entre ses trois royaumes, ou si tout entier il passait à l'un des archiducs. Cette proposition insidieuse, dans une autre famille, eût pu créer une méchante tentation.

Il n'avait guère idée de la nature humaine, s'il crut que ce mariage forcé apaiserait l'Autriche pour celui qui s'était montré si ennemi. François le prit comme une humiliation nouvelle et ne le notifia aux puissances qu'après deux ans, lorsque (par sa défection) il crut avoir poignardé l'Empereur.

Napoléon de même, maladroitement, poussa à bout, ulcéra le roi de Prusse, qui ne put rentrer à Berlin qu'en condamnant à mort ses propres partisans.

Ainsi s'accumulait la haine contre lui, contre nous, par toute la terre. Et le pis, c'est qu'on ne prévoyait pas la fin de cette sauvage tyrannie. On croyait beaucoup plus à ses succès nouveaux qui auraient rivé les fers du monde.

Un envoyé prussien écrivit (sans doute à Hardenberg) : « Napoléon va soumettre l'Espagne, et peut-être vaincre la Russie, employant le dernier moyen, l'insurrection des serfs. »

CHAPITRE IX

Napoléon se brouille avec ses frères, s'étend de tous côtés, menace la Russie (1810).

Je me rappelle parfaitement certaines choses de 1810. J'avais douze ans, et, quoique enfant, je sentais vivement les inquiétudes et les misères d'alors. Deux ou trois mois après le mariage de l'empereur, un événement tragique saisit Paris et sembla un grand présage d'avenir. On n'avait pas oublié la lugubre et funèbre fête du mariage de Louis XVI, tant de gens étouffés. Le bal, le terrible incendie de l'ambassade d'Autriche au printemps de 1810, eurent d'autant plus d'effet que les victimes étaient les dignitaires, la cour même de l'empereur que le fléau frappa.

L'impression fut d'abord celle de la nature; on parla fort de l'ambassadrice, une mère qui périt en cherchant ses enfants.

Puis vinrent divers jugements en sens contraire. Mon oncle maternel, employé à la trésorerie, n'y voyait rien qu'un malheur fortuit. Mais beaucoup en auguraient la fin du bonheur de Bonaparte, la chute prochaine de l'empire. C'était la pensée de mon père, persécuté comme imprimeur, celle de mon oncle paternel, ouvrier chez mon père.

Espérance sans joie, car on devinait bien que la chute désirée du colosse ne s'accomplirait pas sans entraîner de grands malheurs.

Nous étions misérables. L'Europe, écrasée en notre nom, croyait que nous nagions dans l'or. Mais tout passait à la fortune de quelques généraux, au gaspillage des armées.

Bonaparte imaginatif s'exagérait certaines choses. La découverte du sucre de raisin allait nous dispenser d'avoir besoin des denrées coloniales. Richard Lenoir et Oberkampf, avec leur filature, leurs toiles de Jouy, allaient remplacer Londres. Cependant, que pouvaient ces hommes actifs, ingénieux? La matière première, le coton, faisait défaut, à moins que l'empereur, violant son propre système, n'accordât des *licences* d'importation (à tel privilégié, qui sous-vendait ce droit honteusement). Cela faisait crier l'Europe. Les faibles en gémissaient, mais les forts, la Russie, ne pouvait manquer, à la longue, de perdre patience.

Cette oppression douanière n'était guère moins pesante que l'oppression militaire, qui forçait les Allemands, envoyés en Espagne avec les nôtres, d'être massacreurs ou massacrés.

Pour résister à tant de barbarie, les Portugais,

sous leurs libérateurs anglais, étaient condamnés à un remède atroce : dévaster leur pays, en faire un désert, comme les Russes firent de leur Russie en 1812.

Rien encore jusqu'ici ne donne l'idée du sanglant capharnaüm de la guerre d'Espagne en 1810, de ce mélange d'opinions les plus opposées, et de races contraires, qu'on eût crues inconciliables. Une assez bonne narration, peu consultée, celle de lord Londonderry, peint parfaitement la confiance des Portugais, la défiance des Espagnols pour l'Angleterre. Il avoue les excès horribles des Anglo-Irlandais aux prises des villes ou dans les batailles gagnées, le découragement général. Les officiers anglais cherchaient déjà des places en Angleterre.

L'armée française resta près de six mois en Portugal sans avoir de nouvelles de France. Toutes les places fortes d'Espagne étaient au pouvoir de Napoléon. Mais dans toute la campagne, dans les montagnes et défilés, la guerre continuait avec une extrême barbarie. La junte centrale avait condamné notre armée tout entière à mort. On tuait tout Français. Ney et Lannes s'étaient montrés impitoyables. Et, par contre, les Espagnols noyèrent en une fois huit cents Français inoffensifs. Le maréchal Victor conte que les soldats de Cuesta, à leur défaite, se jugèrent morts, criaient : *Pas de quartier!* Douze mille hommes, dit-il, se firent massacrer. Horrible exécution où les Français furent énergiquement aidés par leurs alliés allemands. Il nomme et remercie le corps allemand qui prit part à cette boucherie[1].

Nos Allemands, nos Suisses, souvent poursuivaient et tuaient les Suisses et Allemands de l'ennemi. Les représailles atroces et les ordres cruels changeaient tout homme en bête féroce. Tous tuaient, et, forcés de tuer, ils maudissaient d'autant plus le tyran.

Quoique rien ne bougeât encore, des choses tellement contre nature n'avaient guère chance de durer. Plusieurs jugeaient l'échéance à court terme. Bernadotte, beau-frère de Joseph, machinait déjà de deux façons pour surnager dans la débâcle de l'Empire. Avant Wagram, enfermé un moment dans l'île Lobau. il faisait sa cour à l'armée, aux officiers, qui me l'ont redit. Puis, ayant les Saxons à commander, il osa lancer un bulletin où il leur donnait une part exagérée dans la victoire, à quoi répondit Bonaparte par un soufflet donné à tour de bras, je veux dire par un démenti violent, injurieux, qui dut envenimer la haine de Bernadotte, et le rendre attentif à saisir l'occasion de fuir et de s'affranchir, s'il pouvait.

Autres n'étaient les pensées de Murat, qui, humilié par l'empereur, se demandait avec audace : « S'il meurt, qui lui succédera? » Ses amis, à Paris, discutaient cette chance.

Joseph, tyrannisé en Espagne par les généraux

---

[1]. Voyez le rapport de Victor dans le *Spectateur militaire*, février-mars 1873, article du capitaine Costa de Sarda : *Opérations allemandes en Espagne.*

de son frère, était devenu Espagnol de cœur, et le bon accueil qu'il avait eu en Andalousie lui donnait de grandes espérances, lorsque Bonaparte lui apprend qu'*il veut tout le nord de l'Espagne* jusqu'à l'Èbre. Puis il prend le Midi, en constituant Soult comme une sorte de vice-roi de l'Andalousie.

Ceci pouvait s'appeler un envahissement général, une conquête sur Joseph même, et il avait encore moins d'égards pour l'infortuné roi de Hollande. Louis, sans doute, méritait peu d'égards. Dans un pays très obéré, il singeait l'état dispendieux de la France, faisait des maréchaux, etc. Cependant, la rudesse tyrannique de Napoléon rendait Louis un objet de pitié. Bonaparte, ayant fait le fils d'Hortense grand-duc de Berg, ne daigna pas même en prévenir son frère, confirmant ainsi ce qu'avaient dit les journaux anglais de la naissance de l'enfant et des infortunes conjugales du roi de Hollande. La mélancolie de celui-ci, son mysticisme, était un sujet de plaisanteries barbares pour Napoléon. Il lui reprochait d'être malade, « d'avoir une lymphe viciée ». Pourquoi cette persécution et ces basses injures ? il devait dire nettement qu'il voulait ses dépouilles. La Hollande était nécessaire à son système ; il l'enveloppait déjà de douanes françaises, disant qu'elle n'était qu'une alluvion des fleuves de France, du Rhin et de la Meuse. Il prit d'abord ses provinces vitales de Zélande et Brabant. Mais la conquête lui eût paru sans charme s'il l'avait faite ouvertement, sans perfidie. Il somma Louis de venir, d'assister

à son mariage, et pendant ce temps il lui prit tout.
Louis était si furieux qu'il eût voulu que la Hollande essayât du moyen qui réussit si bien contre Louis XIV, l'inondation générale du pays. A grand'-peine, du moins, il sauva sa personne et se réfugia en Autriche, sans vouloir jamais revenir.

A ce moment de mariage et de fêtes, Napoléon instituait dix prisons d'État, « pour des gens, disait-il, qui méritaient la mort, mais qu'on ne pouvait mettre en jugement ». Ils devaient rester là, sans information ni procès, dans une captivité illimitée. Et pour qu'on n'y prît pas d'intérêt, il ajoutait que « plusieurs étaient des voleurs de diligences ou des gens qui avaient été employés pour la police en pays étranger ». Ainsi, un vaste filet était tendu, d'autant plus redoutable qu'on ne spécifiait pas avec précision ceux qu'il devait atteindre et garder indéfiniment.

Des prisons? et pourquoi? L'Europe entière, dit Madame de Staël, devenait une prison. On avait pu croire que la réunion de la Hollande avait un but particulier, comme celui d'acquérir sa flotte, de confisquer les marchandises anglaises qu'elle abritait. Mais point. On apprit, vers la fin de 1810, que cette réunion n'était qu'un cas d'un grand système d'empiétement général qui embrassait le Nord, les villes hanséatiques, c'est-à-dire l'embouchure des fleuves allemands qui donnent accès dans la Baltique.

Et ce grand événement ne fut annoncé que par deux lignes du duc de Cadore : « La réunion de la

Hollande a entraîné celle des villes hanséatiques. »

Concision sublime, mais prodigieusement insolente, menaçante même. Pour mieux l'accentuer, Napoléon lève cent vingt mille soldats, quarante mille matelots. Et il annonçait sans détour que chaque année il appellerait la conscription (sauf à renvoyer autant d'anciens soldats).

Son ambassadeur devait faire, sans détour, cette notification à l'empereur de Russie. Le mariage d'Autriche et la conquête des places d'Espagne lui donnaient tant de confiance, qu'il ne craignit pas, dans une affaire personnelle, de mécontenter le Tzar, jusque-là si sagement ménagé. Dans cette réunion générale du Nord, faite par un décret, il ne daigna s'apercevoir qu'il avait englobé le duc d'Oldenbourg, beau-frère de l'empereur Alexandre (Oldenbourg, le berceau de la dynastie de Russie). Acte fort impolitique, que ses petites nécessités douanières n'excusaient nullement.

Ce manque d'égards et ces grandes réunions d'États du Nord, faites si brusquement, avertissaient assez. Alexandre, alarmé, fit des fortifications sur ses frontières, et enfin franchit le fossé, par un tarif de douanes qui excluait les denrées et marchandises françaises, tandis que les anglaises entraient toujours abritées sous le pavillon neutre.

C'était déjà une rupture. Si la Russie croyait devoir briser sitôt, Napoléon en était cause; il n'avait pas craint de marquer le but de ces réunions en déclarant son projet de creuser un grand canal, qui, allant droit au Rhin, à l'Elbe, à la Baltique, ôterait à celle-ci son caractère de mer fermée, pourrait à chaque instant l'ouvrir à nos embarcations, et peut-être à nos entreprises.

Bien loin d'atténuer la portée d'un projet si inquiétant en lui-même, il l'avait annoncé en des termes plus alarmants encore, avec une emphase effrayante. Dans l'acte qui réunissait le Valais à la France, comme département du Simplon, il disait : « Les Anglais ont déchiré le droit public de l'Europe. *La nature est changée.* J'ai dressé le plan du canal qui, avant cinq ans, réunira la Baltique à la Seine. De nouvelles garanties m'étaient nécessaires. Les premières, les plus importantes, m'ont paru celles de la réunion à l'empire des bouches de l'Escaut, de la Meuse, du Rhin, de l'Elbe, et l'établissement d'une navigation intérieure avec la Baltique. »

Étonnant et bizarre décret, qui, en perçant les Alpes d'une part, de l'autre menaçait l'Océan du nord d'être supprimé.

CHAPITRE X

Expéditions de Portugal, de Russie (1811-1812). — Les guerres de l'incendie

Les historiens qui font le lugubre récit de la campagne de Russie oublient tous une chose essentielle, c'est que ce grand désastre n'arriva qu'après l'échec bien moindre essuyé dans le Portugal et par la même cause, les mêmes fautes de Napoléon.

Ce fut pour le balancer qu'il se montra terrible dans le Nord, réunit la Hollande et saisit les grands fleuves par où respire l'Allemagne, enfin brava tant la Russie, déclarant qu'il voulait se faire une fenêtre dans la Baltique même. A ces menaces l'Angleterre opposa un positif sérieux, cruel, mais efficace. Les deux Wellesley-Wellington, qui y avaient la principale influence, l'un dans le cabinet, l'autre à l'armée, appliquèrent en Europe leur méthode indienne de dévastation absolue.

Ils obligèrent, sous peine de mort, le paysan à raser le pays, à brûler tout. Toute autre armée qu'une armée irlandaise, tenue très bas et d'une main de fer, se fut indignée de cette méthode très cruelle qui brûlait les amis au lieu de les défendre.

Elle créait à Masséna de terribles difficultés, lui imposait une extrême lenteur, l'isolait tellement de la France que, pour aller chercher quelques nouvelles, le général Foy eut peine à passer avec une escorte de deux mille hommes. L'empereur évidemment avait les yeux ailleurs. Peu bienveillant pour Masséna, il n'insistait pas pour que Soult, roi de l'Andalousie, et gardant les Cortès dans Cadix, l'île de Léon, combinât avec lui ses mouvements. Masséna, manifestement négligé et comme abandonné de l'empereur, par cela même ne trouvait que désobéissance chez ses subordonnés. Ney lui désobéit, n'ouvrit pas sa communication avec le roi Joseph, avec l'Espagne. Pendant ce temps, Wellington s'établissait près de Lisbonne, près de la mer, dans l'imprenable position de Torrès Vedras, sur une suite de monticules défendus par des batteries. Masséna, mourant de faim, demanda en vain des vivres à Bessières, qui ne l'écouta pas non plus. Enfin, se voyant désobéi par tous, même par la garde impériale, qui refusa de charger l'ennemi, il ne put que se retirer.

Napoléon, humilié par ces échecs, dont il était lui-même cause en partie, en était venu au triste expédient de penser à détrôner Joseph, et de renvoyer Ferdinand en Espagne, à condition qu'il lui cédât les provinces au nord de l'Èbre.

Cette chute, au moment où son mariage autrichien le plaçait si haut, lui faisait désirer d'étonner l'Europe par quelque grand coup. De là ses imprudentes provocations à la Russie.

Il croyait bien connaître l'empereur Alexandre. Et l'ayant vu déjà par l'affaire des douanes dans une demi-révolte, il pensa que, sans perdre de temps, il fallait lui montrer l'épée.

Non qu'il crût à la guerre. Mais en la préparant dans la proportion d'un appareil immense, il ne doutait pas de faire reculer le Tzar. Qui ne l'eût cru aussi? et qui saura jamais par quels degrés de pression la cour amena à une résistance énergique un homme si indécis[1]?

La gravité des circonstances le ramenait aux tendances religieuses et mystiques qui étaient naturelles à son âme allemande. Cette âme variable, mêlée d'influences diverses, resta toute sa vie sous le nuage noir de deux événements tragiques, de deux affreuses énigmes qui lui firent douter toujours lui-même s'il était coupable ou ne l'était pas. L'un fut la mort de son père, et l'autre l'incendie de Moscou.

---

1. Dans le livre d'une Polonaise (Mme de Choiseul-Gouffier), livre plein d'anecdotes vraies et curieuses, on voit qu'au moment de la guerre de 1812, lorsque déjà l'armée française était en marche et approchait, Alexandre, à Wilna, était au bal, fort entouré de dames et trouvant pour toutes des mots gracieux. Il disait, par exemple, à l'une : « J'ai une grâce à vous demander : que vous ne m'oubliiez pas. » On voyait à ce bal, pâle et mélancolique, la belle personne qui depuis trois ans semblait l'avoir fixé. Sur ses superbes cheveux noirs elle portait un emblème expressif, une couronne de *Forge me not*.

Ces événements furent si complexes qu'Alexandre, qui en profita malgré lui, fut obligé d'en souffrir les auteurs, de les garder comme un reproche vivant, un cruel doute sur la part faible ou forte qu'il pouvait s'attribuer dans ces catastrophes.

En voyant s'approcher les masses armées que poussait sur lui Bonaparte, il ne pouvait sortir encore de l'expectative mystique qui était devenue son état naturel. Dans les trois années précédentes, malgré ses guerres de Finlande, de Moldavie, il remua bien peu ; sous sa somnolente maîtresse il avait eu la vie d'un marécage, et il en gardait l'engourdissement.

Les émigrés (politiques ou illuminés) qui chaque jour l'entouraient de plus près, montraient le bras de Dieu descendant sur Napoléon, l'Espagne non réduite encore, et déjà l'Allemagne frémissante, prête à se soulever. Point de vue parfaitement faux en 1812. On verra, au contraire, combien, dans notre retraite horrible de Moscou, les Allemands nous furent longtemps fidèles et combattirent pour nous.

N'importe! Ces fausses prophéties donnaient crédit à M. De Maistre, à l'Ézéchiel savoyard, longtemps moqué et écarté, mais qui, se relevant sous la protection de l'impératrice-mère et de la favorite, fut dans les derniers temps attaché à Alexandre comme secrétaire.

On a vu l'ascendant qu'exerçait l'impératrice-mère par son couvent de cinq cents jeunes filles nobles, l'appât des dots, des places que ces mariages favorisés procuraient aisément. Le mysticisme régnait là, mais contenu dans la mesure gouvernementale. Grande austérité extérieure. Ces élèves étaient une propagande vivante contre Napoléon, la France et ses doctrines.

La famille impériale était fort piquée et pour le mariage autrichien, et aussi (fort justement) par l'affaire d'Oldenbourg, menée avec une précipitation si brutale.

On sentait là que l'oppression sous laquelle haletait le monde, avait, sans respect d'amitié, touché même la Russie, même la famille impériale. Cette brutalité semblait un augure menaçant. On commença à élever des fortifications sur certaines frontières et à songer à rappeler les armées de Turquie, de Finlande.

De plan de guerre, il n'y en eut pas, ou, si l'on veut, il y eut trois plans entre lesquels on hésita :

Le plan allemand de Barclay, un Courlandais habile : fuir, reculer toujours, se fier à l'espace, à l'hiver et au défaut de subsistances. C'est le plan qu'Alexandre lui-même exposa à M. de Narbonne, l'envoyé de Napoléon.

Le plan russe, que l'on fit exécuter par Kutusow : hasarder une grande bataille ; et le plan qu'on peut dire anglais, puisque les Anglais l'avaient si largement appliqué en Portugal : brûler, dévaster le pays.

Mais ce plan était bien plus cruel que dans un climat doux. En Russie, il n'allait pas moins qu'à faire mourir, par l'inclémence de l'hiver, non seulement les Français, mais les Russes mêmes.

Il faut partir d'une idée juste et vraie. Napoléon, Franco-Italien du reste, ne savait rien du monde. Dans sa grande ignorance et sa parfaite indifférence des nations diverses chez lesquelles il faisait voyager ses canons, il semble n'avoir eu d'elles d'autre notion que celle de Falstaff, qui croit avoir assez caractérisé ses recrues en les définissant : « des hommes mortels ».

Il entra en Russie, sachant très vaguement que c'était un pays de serfs, et croyant que la situation était la même qu'en Pologne, n'ayant aucune idée des circonstances compliquées qui, même aujourd'hui, dans cet empire rendent la libération difficile. En Russie, le paysan ne veut la liberté qu'avec la terre elle-même, avec la propriété qui lui appartenait (il y a deux siècles à peine). De là des difficultés immenses qu'on n'aurait pu vaincre, d'un coup, qu'au prix d'un grand bouleversement social dont ne voulait nullement Napoléon.

Le paysan n'a guère conservé que sa commune serve, son église, ses saints qui l'ont jadis défendu des Tartares. C'est le lien unique de la petite société de villages. C'est là ce qu'il faut respecter à tout prix. Grande difficulté de conduire une armée française à travers un pays, non pas bigot comme l'Espagne, mais grossièrement asservi à son culte local.

L'armée française, on l'a vu à Wagram, n'avait plus la discipline du temps passé. Et par delà la frontière polonaise, ne recevant plus de distribution régulière de vivres, il lui fallut piller. Donc elle devint l'horreur du paysan, qui s'insurgea contre elle. Napoléon lui-même était si indécis, qu'il réprima les premiers essais de jacquerie sociale qui lui furent dénoncés par la noblesse. Celle-ci resta seule maîtresse du paysan, et, profitant de son zèle religieux, fit de la guerre une croisade contre Bonaparte.

Au reste, s'il n'eut pas la prévoyance sociale et politique, il n'eut pas davantage la prudence d'administration militaire, la plus indispensable. Sa campagne de 1807 sur les confins mêmes de la Russie, ses difficultés d'Eylau et de Friedland pouvaient lui faire prévoir celles qu'il trouverait en s'enfonçant dans ce pays immense qui, indépendamment des rigueurs des hivers du Nord, vous oppose alternativement des abîmes de boue, de sable. C'est ce qu'on éprouva dès la première entrée. Les voitures hautes et lourdes de l'administration furent obligées de partager leur charge en un grand nombre de ces petites voitures de nos rouliers de Franche-Comté, qui enfoncent peu. Ce changement ralentit beaucoup.

Napoléon, par égard pour l'Autriche et pour la Russie même, n'osa armer les Polonais en masse. Il les dispersa dans l'armée. Il les laissa seulement à Varsovie proclamer la résurrection de la Pologne, sans les encourager en rien. Tout au contraire, il ruina, épuisa la Lithuanie, la fit russe, autant qu'il le pouvait.

N'importe. L'émotion des Polonais fut grande. On en peut juger par le sublime tableau que font leurs poètes quand ils voient nos beaux régiments entrer dans les antiques murailles de Smolensk, ville si longtemps polonaise, et aujourd'hui frontière, défense de la Russie.

Ils la trouvèrent en flammes. Pour la première fois, on appliqua le système nouveau, qui avait si bien réussi aux Anglais en Portugal. Napoléon, irrité, n'en fut pas mieux averti. L'audacieux Murat disait lui-même qu'il fallait s'arrêter. Davout se déclara pour l'avis de l'empereur, contre celui de Murat et de presque toute l'armée. On poursuivit.

L'empereur, dans sa colère, empêcha moins dès lors les désordres et les incendies, donnant par là à l'ennemi une arme terrible, et faisant croire aux Russes que c'était notre armée, et non la leur, qui brûlait tout.

C'est ce qui explique leur furieuse haine contre les Français « incendiaires et ennemis de Dieu », et la vaillance colérique qu'ils montrèrent à la Moskowa. Napoléon, qui avait tant désiré une grande bataille, et croyait qu'elle mettrait la Russie à ses pieds, s'y montra flottant, indécis, selon tous les historiens. Il y était un peu malade ; depuis son mariage, il avait vieilli avant l'âge. Il vainquit imparfaitement, profita peu de la victoire, ne poussa pas les Russes si affaiblis, comme le voulaient Murat et d'autres.

Ils échappèrent, allèrent se recruter et se refaire.

Pour lui, selon son système routinier, il croyait tout gagné si l'on prenait la capitale.

L'*Histoire* de M. de Ségur, œuvre d'une rhétorique souvent inspirée, toujours un peu déclamatoire, est elle-même un fait historique par sa date (1824). Elle vint au milieu du torrent des publications bonapartistes que Sainte-Hélène popularisait tellement.

Son succès fut marqué par la fureur du général Gourgaud et des autres séides de Napoléon[1].

Que le jeune Ségur, si bien traité par lui, s'écartât du parti, et publiât un livre en apparence impartial qui relevât ses fautes, et la vaillance, le patriotisme de ses ennemis, cela fut agréable non seulement au parti rétrograde, mais à nous tous, impartiaux. En y regardant de plus près, on peut apercevoir que l'auteur, en tenant compte des mérites des deux partis, en s'éloignant de la manière dénigrante des Anglais, de Kerporter, Rob, Wilson, critiques sévères de la Russie, en donnant aux nôtres ce qu'on leur doit, ne relève pourtant (jusqu'au sublime) qu'une chose, le dévouement patriotique de celui qui brûla Moscou.

---

1. M. de Ségur, avant l'âge, avait été comblé. Napoléon, l'ayant pris près de lui, lui avait confié des missions honorablement délicates, celle, par exemple, de recevoir la capitulation d'Ulm. Au bulletin de Somo-Sierra, il s'obstina à le nommer, quoiqu'il fût absent, et à taire les jeunes Polonais et Montbrun, qui forcèrent le passage.

Napoléon aimait cette race de parfaits courtisans, connue par les succès mondains. Ségur, ambassadeur en Russie près de Catherine, Ségur, ministre de la guerre, fit pour plaire à la reine sa célèbre ordonnance qui exigeait que tout officier fût de noblesse ancienne, prouvât quatre quartiers. Cela éloigna du service tous les officiers de fortune, entre autres Masséna. Nos vieilles gloires, les Fabert, les Chevert, eussent été de même écartées.

Acte prodigieusement audacieux, s'il était vrai, comme le dit M. de Ségur, qu'on le fît à l'insu du Tzar[1] !

M. de Ségur, gendre de Rostopchine, alors réfugié en France, et comme exilé par la haine des Russes, a certainement pour but principal la réhabilitation, l'exaltation de son beau-père. Rostopchine, que nous avons tous vu à Paris, ainsi que sa dévote épouse, tâchait de s'étourdir et prenait grande part aux amusements de la vie parisienne, mais n'osait pas rentrer en Russie. Le livre de Ségur et son succès étaient certes très propres à aplanir les voies, à faciliter son retour, à laver sa mémoire.

Ce fut le but principal de l'auteur, dans ce brillant écrit.

Les grandes villes centrales appartiennent-elles uniquement au pays dont on les dit les capitales ? Non, et moins encore en Orient, à Kazan, à Damas, entrepôts pour les caravanes et tout le commerce d'Asie. Ce sont les grands asiles communs des nations. L'immense et riche Moscou avait ce caractère. Les Persans, les Tartares se croyaient là chez eux. Sa forteresse, le solide Kremlin, et ses murailles colossales donnaient aux commerçants nomades beaucoup de confiance, une idée rassurante de solidité. On disait proverbialement : « Se sentir sûr comme au Kremlin. »

---

1. Nous verrons cela démenti par Alexandre.

Moscou était une ville double ou triple. Outre ce Kremlin immobile, plein d'églises, d'édifices publics, il y avait une Moscou de cent mille âmes (les seigneurs et leurs serfs) qui s'en allait l'été ; puis, la Moscou marchande (de deux, trois cent mille âmes), qui restait toujours pour recevoir les caravanes, les acheteurs. Cela était ainsi depuis des siècles, depuis que les invasions tartares avaient cessé.

La Moscou fixe, orientale, des gros marchands, et la petite plèbe des jardiniers qui cultivaient dans l'enceinte même à l'abri des remparts et qui n'en bougeaient pas, c'était, on peut le dire, *la ville*. Les seigneurs et leurs domestiques ne faisaient qu'y paraître, se voir l'hiver, et faire leur sourde opposition à Pétersbourg ; ils retournaient l'été à leur véritable demeure, leurs splendides châteaux.

M. De Maistre, dans sa Correspondance, examine cette question bizarre : « *Que ferait-on si le Tzar ordonnait de brûler la capitale ?* » comme les Anglo-Portugais viennent de brûler chez eux tant de bourgades, pour arrêter l'armée de Masséna. Il ne répond pas à la question.

Un Hollandais, nommé Schmidt, vint proposer un ballon incendiaire pour foudroyer et brûler les Français. Après la bataille de la Moskowa, Rostopchine, nommé récemment gouverneur de Moscou, accueillit Schmidt, et pour lui faciliter ses opérations l'établit au château de Repnin, ennemi violent des Français et leur prisonnier d'Austerlitz.

A la Moscou marchande, fort effrayée, et si encombrée qu'elle ne pouvait pas fuir, mais mourir là, on faisait croire qu'on livrerait encore une bataille pour la sauver.

D'ailleurs la ville entière avait foi au Tzar. Tout récemment, il y était venu, et il avait reçu de ce bon peuple des preuves d'amour inconcevable. C'étaient de vrais enfants, et ils avaient le cœur tendre et naïf de l'enfant pour un père chéri. Non seulement ils donnèrent pour la guerre tout ce qu'ils purent, et même au delà, mais ils voulurent toucher, embrasser les pieds de leur Tzar. Il avait été reçu dans un vaste jardin. Ils ébranlaient les grilles pour approcher. Il fallut les jeter par terre. On se précipita. Le souverain, le peuple, se confondirent comme dans un immense embrassement.

LIVRE V

RUSSIE. — ALLEMAGNE (1812-1815). FRANCE (1812-1815).

CHAPITRE PREMIER

Désastre de Moscou. — Déroute de l'armée française.

Notre meilleure autorité sur ces événements est l'empereur Alexandre lui-même.

En parlant des furieuses résistances espagnoles, que, du reste, il admirait peu, il dit : « que les Russes, dominés par le génie local, étaient peu propres à ces dévouements pour une grande patrie ».

Il a dit à Wilna : « J'ai fait brûler Moscou, et j'aurais brûlé Pétersbourg, si j'avais vu Bonaparte approcher. »

Il s'est vanté probablement en revendiquant cet acte exécrable, inutile. Car les Français restant à Moscou (si on l'eût épargnée) auraient péri faute de vivres.

L'empereur, n'ayant plus de cavalerie, et n'ayant pas avisé à se procurer des chevaux (chose si facile en Pologne, en Ukraine), devait mourir, et rester là comme un paralytique avec son invincible infanterie qu'entouraient les Cosaques.

En brûlant Moscou, au contraire, on risquait de le délivrer, de lui faire prendre avant l'hiver la seule résolution raisonnable, celle de faire une prompte retraite.

Alexandre, un pur Allemand avec une éducation française, ne comprit pas, aima peu la Russie. L'admirable richesse de cœur de cette race, de ce génie tout spontané, si vaillant à la Moskowa, si touchant dans l'accueil que Moscou venait de lui faire à lui-même, le trouva peu sensible.

Il partagea la panique insensée des grands seigneurs qui (d'après De Maistre et les fous de l'émigration) croyaient que Bonaparte était la Révolution et qu'il l'apportait dans ses malles, qu'enfin les Russes étaient tout prêts à le comprendre à commencer une immense jacquerie. Comme si l'opposition religieuse ne faisait pas une séparation, un fossé, entre eux et l'armée mécréante.

On fit croire sans doute à Alexandre que le fléau n'atteindrait guère, dans cette saison, que les marchands, la plupart étrangers, et que les quartiers pauvres, qu'enfin la ville proprement russe, qui n'est qu'en bois, serait bientôt refaite. C'était très vrai pour les maisons : un Russe, avec une hache, les construit si vite ! Mais les hommes, cent, deux cent mille pauvres, qu'allaient-ils devenir à l'entrée du terrible hiver ? Avant la destruction de deux cent mille Français, on allait tuer deux cent mille Russes !

Grand crime accompli pour faire croire aux bons Russes : « Que l'armée franco-polonaise avait brûlé Moscou ». C'est-à-dire pour créer des haines éternelles.

Kutusow, nous voyant enfermés là à peu près sans cavalerie, put, à son aise, promener son armée tout autour, lui montrer le gouffre de flammes, dire : « Voilà l'ouvrage des Français ! » (16-20 septembre 1812).

C'était tout le contraire, l'empereur voulait sauver Moscou, et, d'abord, y avait défendu le pillage. Il n'osa persister ; en cela, il servit son ennemi et se perdit lui-même. Car Moscou contenait encore des ressources qu'on aurait pu sauver de l'incendie. De plus, le paysan, qui, malgré les Cosaques, attiré par le gain, apportait ses denrées, ne vint plus dès qu'il vit cet immense désordre, où l'aveugle soldat le dépouillait lui-même, lui son salut, son nourricier.

L'empereur permit tout. Pourquoi ? Il savait que ces braves gens qui revenaient d'Espagne, — tout au moins les plus vieux, — n'étaient nullement contents de se voir traînés au bout du monde dans une expédition que chacun jugeait insensée. Cela le troublait fort, et il restait là, attendant toujours que l'empereur Alexandre, acceptant ses propositions, vînt le justifier. On l'amusait, en attendant l'hiver, par des pourparlers, des flatteries habiles. Quand on a un lion maladroit au fond d'une fosse, on le regarde avec plaisir, mais on ne s'avise pas de l'en tirer.

S'il n'eût péri, retiré en Pologne, il eût bientôt recommencé. Wilson et les Anglais qui étaient dans l'armée russe ont rudement reproché à Kutusow de n'avoir pas étranglé la bête féroce. Mais il faut songer que le Russe, qui avait perdu le meilleur de l'armée à la Moskowa, et se refaisait avec des recrues, la plupart à cheval, qui allaient et venaient, qui disparaissaient par moments, n'était pas sûr de ses soldats et presque toujours nous suivait de loin. Il avouait lui-même que, dans notre retraite, la seule vue des bonnets à poil horripilait les siens. Et, d'autre part, les nôtres, épuisés, affamés, sans force, s'effrayaient souvent beaucoup trop de la tempête, des hourras des Cosaques, qui ne les attendaient guère, s'ils s'arrêtaient. Ainsi, outre les dangers réels, la faim, le froid, la neige, il y avait, des deux côtés, une part terrible pour l'imagination.

Kutusow, par deux fois, s'écarta au midi, pour défendre, disait-il, les plus riches provinces de l'empire, en réalité pour laisser à la faim et au froid le temps de faire leur œuvre, pour donner à la Grande-Armée le temps de mourir.

Ségur, tant critiqué par les bonapartistes, a eu cependant pour eux de singuliers ménagements, par exemple, celui de supprimer le grand fait capital que ses prédécesseurs nous avaient conservé, la longue hésitation de Bonaparte après Malojaroslavetz, et sa résolution de prendre la plus mauvaise route, celle qu'on avait déjà dévastée, et où l'on était sûr de mourir de faim.

« Il s'enferma avec Murat, Berthier, qui ont tout raconté. Pendant une heure, il réfléchit, silencieux, la tête dans les mains. Puis il se décida pour cette route fatale. » (Chambray.)

En reprenant la même route, avec quelques combats qu'il eût appelés victoires, il pouvait amuser l'opinion, dire qu'il s'était retiré librement pour revenir bientôt. C'était bien sa pensée, et il poussa si loin cette feinte que, même en sa plus grande détresse, déjà presque détruit, il fit rester Ney, l'arrière-garde, pour faire sauter les murailles de Smolensk, qu'il allait, disait-il, assiéger au retour.

Cela lui réussit. Il garda son prestige devant la France, et put encore, après Moscou, après l'immense désastre de Leipsick, se donner pour notre défenseur en 1814, et, en 1815, nous abîmer par Waterloo[1].

Tout le monde voit ce qui va arriver, même l'étourdi Murat. Lui, non.

---

1. Beaucoup de gens, mystiques ou raisonneurs, voyaient en lui un fatal enchanteur, comme Simon-le-Magicien, à qui Dieu permettait de se tenir en l'air à une grande hauteur, pour que plus sûrement il tombât et se cassât le cou.

Mais comment dans ce siècle raisonneur, parvint-il à ce rôle de Thaumaturge? D'abord, en affichant un grand respect pour la raison, en n'entrant à

Plutôt que d'obéir à la raison, le thaumaturge ira de crime en crime, pour tromper le monde encore une fois.

L'hiver arrive épouvantable. Lui, par orgueil, il retarde d'abord, voit tout mourir, ne s'en émeut.

Ney le garde en arrière, mais pendant quelques jours disparaît. A-t-il fondu dans la tempête? Napoléon ne continue pas moins.

Il faut lire, non dans l'emphatique Ségur, mais dans Fezenzac même, un compagnon de Ney, le simple récit du héros qui, aux bords du Borysthène, jure que le fleuve va geler et qu'on pourra passer, puis dort tranquillement au milieu des coups de fusil.

Aux cas les plus désespérés, chaque fois que Ney apparaît, l'ennemi s'étonne, s'arrête, et la France a vaincu encore.

La Grande-Armée, réduite à rien, s'était écoulée. On n'en voit plus la trace qu'aux monticules de neige qui couvrent les corps morts.

Le gros homme pâle continue. Ney est derrière, abandonné; n'importe, Bonaparte suit son étoile, qui est de perdre encore la France.

---

l'Institut que comme membre de la section de mécanique et se montrant très positif dans sa campagne d'Italie. La grande tromperie commença par l'Égypte, la fausse destruction de Saint-Jean-d'Acre.

Après Austerlitz, Iéna, Friedland, il crut alors tenir l'Europe sous clé.

Là, sa tête éclata par ses romans d'Espagne et de Portugal, le sot mariage d'Autriche.

Dans sa terrible ascension, la tête lui tourne, il crache sur les Alpes, la mer du Nord, et dit : « La nature doit changer. »

Rien ne change, ni Nature, ni Raison.

Il se sauve, non par les airs, le magicien, mais à pied et appuyé sur un bâton.

S'il revient seul, tant mieux. Personne ne le contredira. Il pourra accuser les morts, l'hiver, la trahison, que sais-je? S'il est le premier des fuyards, il pourra mentir d'autant plus, prétendre nous sauver encore, et fonder la tradition qui nous perd cinquante ans après.

CHAPITRE II

Malet (octobre 1812). — Dispositions de l'armée au retour.

Au mois d'octobre 1812, je venais d'entrer à contre-cœur au collège Charlemagne. Comme externe, je me promenais, en attendant huit heures, l'ouverture de la classe. Je vis des gendarmes rue Saint-Antoine, à la porte de la Force, la prison qui était en face. Et l'on nous dit qu'il y avait eu du bruit cette nuit, qu'un certain général Malet, assurant que l'empereur était mort à Moscou, avait pris le commandement de Paris. Tout cela étonnait, mais ne paraissait nullement désagréable aux auditeurs.

Quelques mois après, un élève un peu âgé et de figure rébarbative, que nous appelions Régulus, nous apporta une pièce satirique contre l'empereur, pièce qu'on attribua plus tard à un certain mauvais sujet, nommé Nodier, employé de l'administration dans l'Illyrie.

Ces attaques émouvaient peu, non pas qu'on ne haït Napoléon ; mais tout ce qu'on disait de ses revers paraissait incroyable, fabuleux. Tant la longue souffrance nous avait endurcis, habitués à l'empire de ce dieu du Mal. L'habitude fait tout. Aux autels du Mexique, ceux qui passaient par les mâchoires du dieu Viziputzli trouvaient cela tout naturel.

Pour revenir à Malet, héros analogue aux républicains militaires que Nodier a peints dans son colonel Oudet, il était difficile de découvrir son entreprise[1] ; il n'avait nuls complices, et sa conspiration était toute dans sa tête. Comment deviner cela ?

Malet, prisonnier depuis longtemps, ne savait pas où la France en était.

Il croyait qu'elle se souvenait beaucoup plus d'elle-même. Il s'imaginait être encore en 1800.

De plus, en une chose il hésita, ou fut humain. Il ne donna pas l'ordre de tuer Savary, ministre de la police. Dès lors tout devait avorter.

Il ne se décida à tirer qu'au dernier moment, blessa Hullin, gouverneur de Paris. Puis il se laissa arrêter.

Ne l'eût-il pas été, son projet de rétablir la république, sans l'autorité du Sénat, aurait-il convenu aux généraux qui revenaient et qui regardaient l'empereur comme le garant de leur fortune ?

Même ce qu'on eût peu deviné, et ce dont Malet

---

1. Comme l'a très bien dit Rovigo (Savary), ministre de la police.

ne se doutait guère, c'est que les derniers survivants de cette armée détruite par l'imprudence de son chef ne lui étaient pas ennemis. Ils avaient bien un peu murmuré en allant, mais au retour, ils mouraient sans rien dire, craignant de faire trop de peine à l'empereur.

Ce peuple est, par moments, d'une étonnante chevalerie.

Bonaparte, dans un moment où les Cosaques le serraient et où il était presque pris, distribua le trésor qu'il avait avec lui à ses grenadiers de la garde. Quelle que fût la tentation des besoins pressants, dès qu'on fut en sûreté, ils rendirent tout, sans qu'il manquât une pièce d'or.

Des Polonais m'ont conté que, sur la neige, ces vieux grenadiers, qui n'en pouvaient plus, s'asseyaient pour mourir, et, voyant passer l'empereur dans son traineau rapide, lui demandaient du pain, mais non pas en français, de peur de lui briser le cœur. Ils lui disaient en russe : « *Papa Kléba!* » (Papa, du pain!) Il secouait la tête, disant tristement : « *Niema Kléba!* » (Il n'y a pas de pain); puis volait de toute la vitesse du traîneau.

Ces Polonais qui me contaient cela aidèrent eux-mêmes puissamment au passage de la Bérésina, qui sauva l'empereur.

Et ils aidèrent encore à Leipsick, où leur Poniatowski fut noyé. Eh bien, après Hanau, l'empereur ramassa autour de lui ceux qui restaient et leur dit froidement : « Messieurs, ma fortune est mauvaise. Vous êtes libres de ne pas me suivre... Mais, après tout, où iriez-vous ? »

Voilà tout ce qu'il trouva dans son cœur pour ces hommes héroïques.

CHAPITRE III

Bataille de Leipsick (1813).

Napoléon avait l'esprit tellement faussé par la tyrannie, qu'il croyait, après sa grande débâcle, que tous ceux qu'il avait insultés, durement traités, lui resteraient fidèles.

Il s'étonna de tout; il croyait que son mariage autrichien, regardé par l'Autriche comme le dernier abus de la victoire, et qu'il accomplit, on l'a vu, si brutalement, lui répondait de son beau-père. Il eut une surprise étrange et bien naïve, il faut le dire, à voir ce beau-père, d'abord neutre, bientôt ennemi. C'était pourtant afin de ménager cette amitié douteuse que, par deux fois (en 1807, 1812), il rejeta la main des Polonais et profita à peine de leur enthousiasme. En vain, partant, en 1814, pour la nouvelle guerre contre l'Allemagne soulevée et la Russie, il crut ramener l'Autriche par la vaine cérémonie de déclarer régente la jeune impératrice.

Tout lui échappait à la fois. En Espagne, il allait

être réduit à rappeler son prisonnier Ferdinand VII.

En Italie, il fut fort indigné de voir Murat qui, sans souvenir de ses griefs, l'avait si bien servi, lui échapper et tâcher de se sauver seul. Le pis, c'est que son fils même, Eugène, qui, dans la retraite de Russie, s'était très bien montré, fit la sourde oreille aux très pressants appels de Napoléon dans ses dernières détresses.

La Hollande l'abandonna et s'affranchit. Donc, il se trouva seul, réduit aux ressources de la France. Avec une prodigieuse activité, elle constitua une armée de trois cent mille hommes, mais nullement semblable à celle qui périt en Russie. Celle-ci, se composait de jeunes soldats, mal exercés, avec une nombreuse artillerie, peu, très peu de cavalerie. Donc, si l'on avait des succès, nul moyen de les suivre. Ajoutez qu'une grande partie des ressources en tout genre de matériel était restée dans les places éloignées, où l'empereur gardait d'énormes garnisons, dans l'idée folle de revenir demain.

Jomini, qui était Suisse, et qui, mal traité, usa de son droit d'étranger, se rangea près d'Alexandre, parle toujours de Napoléon dans ses livres avec respect, admiration. Mais je trouve dans l'excellente biographie que le colonel Lecomte a publiée de Jomini, et qui donne ses entretiens, ses paroles confidentielles, une explication naturelle de ces dernières campagnes tant admirées.

L'empereur Alexandre avait remis à l'empereur

d'Autriche la conduite de la guerre contre son gendre, et François l'avait remise à Schwarzenberg, bonhomme et grand seigneur, mais incapable général.

Chacun voulait l'aider, le conseiller.

Jomini, le moins satirique des hommes, nous donne sérieusement l'amusante peinture de cette tour de Babel. Tous les états-majors de toute l'Europe étaient là, proposaient leurs plans et souvent faisaient rejeter les avis les plus raisonnables[1]. Bonaparte, qui avait tout son conseil dans sa tête et ne comptait avec personne, avait mille avantages. Ce qu'il risquait souvent, c'était d'être trop obéi. Les plus hardis, dociles à la lettre et démentant leur caractère, ne prenaient rien sur eux. Exemple : Ney à Bautzen n'osa s'écarter des heures fixées, et par cela entrava le succès.

Bonaparte, malgré son infériorité de nombre, s'en tirait bien, lorsque Blücher, avec sa valeur étourdie, rompit la ligne que l'empereur croyait garder, et se joignit à la dernière armée que les alliés attendaient, cent mille hommes menés par deux transfuges : Moreau, Bernadotte. Alors de tous côtés Bonaparte ne vit qu'ennemis.

Moreau certainement ne s'en faisait aucun scrupule, croyant défendre la liberté du monde. Et Bernadotte avait à venger mille injures[2]. Leipsick fut ce

---

1. Voyez le colonel Lecomte, *Biographie de Jomini*.
2. Comme en 1809, lorsqu'il lui joua ce tour de l'appeler trop tard à la bataille pour le faire passer pour un lâche.

qu'on peut appeler l'insurrection du genre humain. Il n'y avait jamais eu une pareille unanimité.

M. Lecomte me paraît avoir expliqué lumineusement cette immense bataille, où Schwarzenberg voulait *morceler l'armée* alliée en cinq fractions presque impossibles à réunir. Disposition tellement absurde, qu'on aurait pu la croire dictée par Napoléon même.

L'empereur Alexandre crut, d'après Jomini, qu'il fallait grouper tout, en s'unissant à Blücher et à Bernadotte. Mais le Tzar ne put vaincre l'obstination de l'Autrichien qu'en le menaçant de se passer de lui, d'opérer seul avec ses Russes.

Le 18 octobre, les alliés, fortifiés par Bernadotte et Benigsen, accablèrent Napoléon. Si on eût cru Jomini, on eût occupé la seule route de retraite qui lui restait, et on l'eût pris lui-même.

Grand bonheur pour l'Europe et la France même, qui se fut épargné la double invasion et Waterloo.

Leipsick eut presque les effets d'une nouvelle retraite de Moscou. La jeune armée y fut désorganisée, brisée, détruite dans la poursuite ardente de l'innombrable cavalerie ennemie.

Cinquante mille Français couvrirent le sol ennemi de leurs cadavres.

CHAPITRE IV

Campagne de 1814. — Abdication de Napoléon. — Sa férocité pour Paris.

Quelle assurance étrange avait-il donc, pour arriver à la frontière et dire : « Par deux fois j'ai perdu la France, à Moscou, à Leipsick. Un million d'hommes est mort. N'importe, me voici ! »

Et cela d'un ton accusateur et menaçant, disant : « On peut doubler l'impôt ! »

Et, au lieu de rappeler en hâte l'armée d'Espagne et ses garnisons lointaines, il demande encore à la France tarie et épuisée trois cent mille hommes !

Beaucoup de gens croyaient qu'il était fou. Talleyrand, dit-on, osa lui proposer l'idée bizarre et romanesque de s'entendre avec les frères Wellesley-Wellington et de les faire rois d'Angleterre !

Mais ce terrible fou était gendre de l'empereur d'Autriche. Les souverains, pour garder l'armée autrichienne, devaient mettre en avant quelques propositions de paix, par exemple, offrir à Napoléon de lui laisser l'ancienne France.

Bonaparte, qui ne voulait rien que guerre, conquête, et rétablir l'empire du monde refusa et nous perdit. On a vu qu'à Smolensk il avait dit : « Je m'en vais revenir. »

Pour avoir ce dernier enjeu, trois cent mille hommes, il lui fallait enfin compter avec la France. Il appela, fort tard, le Corps législatif. Celui-ci, d'abord assez docile, s'aperçut qu'on ne se fiait pas à lui, qu'on lui cachait les propositions des alliés. La nation s'éveilla à la fin, s'avisa de son propre sort.

Le vice-président de l'Assemblée était un avocat de Bordeaux, un homme des Landes, M. Lainé, austère et probe, que l'on croyait républicain et qui appartenait à une nuance mixte qui ne voulait rien que sauver la France, n'importe comment.

Mandé à la police par Rovigo, Lainé y fut très beau, il fit pâlir le meurtrier du duc d'Enghien, lui dit : « Ma conscience parle plus haut que vous. »

Bonaparte, qui avait perdu en parlages deux mois et demi, injuria le Corps législatif, qui osait être ferme, lui reprocher les calamités de sa guerre éternelle ; il le chassa, c'est-à-dire se passa de la France.

Les alliés au contraire, par d'adroites proclamations, s'adressaient à elle et prétendaient ne rien faire que pour elle.

Toute cette campagne de 1814 a été mal comprise et défigurée, non seulement par les bonapartistes, mais par les rhéteurs qui croyaient faire un chant de l'*Iliade*. Napoléon ne s'est pas contenté de mentir de son vivant; il a pris à Sainte-Hélène ses mesures pour faire mentir ceux qui viendraient.

Pour se créer des avocats chez un peuple rhétoricien, il lui a suffi de les corrompre par ce mot : « Ceux qui seront avec moi, me défendront : ceux-là seuls seront beaux. » Et tous ont voulu être beaux. Voilà l'homme de lettres, et on voit là combien le *littérateur* diffère de l'*historien*. Le premier cherche surtout une grande unité d'intérêt, et l'on n'obtient cela qu'en fixant la lumière sur un point brillant, un héros, et mettant le reste dans l'ombre aux dépens de la vérité. L'essentiel pour eux, c'était de montrer le héros de 1814, le lion seul qui, poursuivi d'une armée de chasseurs, les faisait reculer. Cela permet de faire un Géricault, un Delacroix, pour faire crier : « C'est beau ! »

Ce que ces rhéteurs disent à sa louange, c'est sa condamnation. Il n'eut jamais en tout que quarante ou quarante-cinq mille hommes. La France l'avait abandonné et condamné.

Les parties montagneuses étaient pleines de réfractaires. Aux marches surprenantes qu'il fit quelquefois de vingt lieues par jour, on voit bien qu'il n'était guère suivi que des jarrets d'acier de nos jeunes paysans.

Dans cette terre de soldats qui, depuis 92, en produisait toujours, ils avaient hâte, tout petits et encore enfants, de chercher la guerre et la mort. Ceux dont les aînés avaient déjà péri, d'autant plus vite s'empressaient de courir à l'armée. « On meurt beaucoup ! Tant mieux, j'avancerai plus vite ! » Les mots qu'on cite de l'empereur montrent qu'il n'avait guère affaire qu'à cette population rurale. De certaines provinces il disait : « Ils sont braves et courent vite, dès qu'ils ont cassé leurs sabots. »

Cet entrain ne durait guère. Les maladies, les jeûnes rebutaient ces jeunes paysans. Ils retournaient chez eux. D'autres venaient. Mais on n'en avait jamais que quarante à quarante-cinq mille.

Les petits succès partiels empiraient cruellement notre situation et ne servaient à rien. Qu'importaient dix mille hommes, qu'il tua à Brienne, et les cinq mille de Champaubert ? A grossir ses prétentions, rendre la paix d'autant plus impossible. Il est vrai qu'Alexandre demanda une trêve, laissa reculer les Autrichiens, et attendit pour reprendre la guerre qu'il eût reçu les cent mille hommes du Nord qu'envoyait Bernadotte.

Ces délais trompèrent Bonaparte jusqu'à lui inspirer le projet insensé de passer derrière l'ennemi pour le ramener vers le Rhin. L'ennemi, si nombreux, n'y prit garde, s'avança toujours vers Paris, selon le très sage conseil de Pozzo et des meilleurs ministres d'Alexandre.

Bonaparte avait perdu près de quinze jours à faire cette pointe folle et à revenir à Fontainebleau. Il n'y gagna rien que d'avoir resserré la grande alliance de l'Europe, à qui les Anglais promirent la solde de cinq cent mille hommes.

Au moment même où il était perdu, l'insensé avait dit : « Je suis plus près de Munich qu'ils ne sont de Paris. »

Il avait dit et répété que, s'il s'éloignait, il suffisait que Paris pût se défendre quelques jours. Mais il n'avait pris nulle précaution pour protéger, nourrir une si grande population.

Lui-même doutait si bien de pouvoir sauvegarder Paris qu'il avait écrit à Joseph de *mettre (avant tout) en sûreté son fils* avec l'impératrice.

Mais tous l'abandonnèrent. Joseph dit : « Je reste ! » et partit.

Paris, à ce moment, était plus que Paris. Il était encombré d'une foule immense de réfugiés, qui affluaient de toutes les parties de l'empire, de toutes les Frances lointaines, et venaient ici se cacher aux plus petits trous.

Pour les alliés, il suffisait de s'avancer en grandes masses, en laissant toutefois à la France le temps de se reconnaître, d'abandonner, d'abjurer l'auteur de tous ses maux. Le danger, dans cette longanimité, était qu'Alexandre était suivi par un demi-traître, l'Autriche ; elle aidait le mouvement avec l'idée de le lâcher, si la France aux expédients avait l'idée d'invoquer le beau-père et sa fille.

Aussi on n'agit avec fermeté et certitude que lorsque, Bernadotte ayant amené à Alexandre les cent mille hommes du contingent du Nord, les Autrichiens se trouvèrent en minorité et subordonnés.

Rien n'est plus étrange que de voir Rovigo et, en

général, les séides de l'empereur, se donner tant de peine à expliquer l'*intrigue* par laquelle on écarta la jeune impératrice et le petit roi de Rome. « Deux innocents, ce semble, dont on n'eût pas dû se défier. »

L'empereur, en offrant d'abdiquer au profit de son fils, avait bien averti que c'était lui-même encore, que, sous ce masque pacifique, c'était la guerre éternelle.

Les fanatiques qui tenaient obstinément à Bonaparte étaient donc bien aveugles pour ne pas voir l'obstacle énorme, gigantesque, qui lui fermait la voie, l'excluait à jamais lui et les siens.

Quel obstacle? La haine du monde.

Haine solide et universelle. Et si elle était quelque part plus franche et plus injurieuse, je puis dire que ce fut en France, où on était en deuil de tant d'enfants, en deuil pour Moscou, pour Leipsick, pour cette dernière campagne; il était maudit, et par une grande France qui n'était d'aucun parti, mais simplement vouée à d'éternels regrets.

Je me rappelle très bien le jour où on nous nomma les Bourbons, que personne ne connaissait.

L'empereur Alexandre arrivait, il est vrai, entouré d'émigrés de l'ancienne France, et avec une disposition mystique, favorable au total à cette antique race.

Talleyrand, qui avait bien quelques sujets de craindre le retour de l'Ancien-Régime, dut se joindre à l'intrigue royaliste et la diriger s'il pouvait.

Que dut-on dire à Alexandre : « que *cette famille*

était celle qui inquiéterait le moins l'Europe, étant fatalement pacifique, prédestinée à une paix forcée. »

Descendue par les femmes de la maison de Saxe, elle en avait l'obésité.

Le gros Louis XVIII, déjà âgé, eunuque, ne pouvait se bouger.

Le mâle de la famille, le comte d'Artois, usé et dégradé par les plaisirs, était fort avili, depuis la campagne qui suivit Quiberon, par le mépris des Vendéens eux-mêmes, les risées de Charette. Le terrible petit livre de Vauban commençait à circuler partout.

C'est peut-être ce qui servit cette famille en montrant qu'on n'en trouverait jamais une plus incapable. Le fils aîné du comte d'Artois, le duc d'Angoulême, marié à une princesse stérile (la fille de Louis XVI), était un honnête homme, mais, ce semble, grêlé, vieilli d'avance par les débauches de son père, et au total impropre à tout.

Le second fils, le duc de Berry, fort livré au plaisir, n'en était pas moins un brutal, propre à décourager la France de la vie militaire.

Bref, les Bourbons offraient à un degré tout à fait rassurant les conditions d'incapacité qui promettaient de paralyser un pays si guerrier, qu'on croyait (bien à tort) toujours avide d'aventures.

Dans le conseil où l'empereur Alexandre siégeait avec le roi de Prusse et le général autrichien Schwarzenberg, personne n'osa parler pour la régence de l'impératrice. Et l'Autrichien se tut.

La question parut tranchée par un mot violent du général Dessolles : « Appelez la régence... et le tigre revient! »

Marmont, après avoir vaillamment livré un dernier combat pour défendre Paris, avait été forcé par le conseil municipal de signer la capitulation de cette ville, abandonnée par les frères, la femme, les ministres de l'empereur, on peut dire par lui-même, qui était à deux pas.

Les alliés entrèrent en grand ordre, et la garde nationale conserva ses armes pour veiller à la paix publique. Alexandre dit un mot beau et vrai : « Je viens réconcilier la France avec l'Europe. »

Cependant Bonaparte, à Fontainebleau, méditait un projet insensé et terrible, qui eût égalé, dépassé le désastre de Moscou. C'était, avec ce qui lui restait d'hommes, de rentrer dans Paris et d'y livrer bataille, d'essayer d'en chasser l'armée de l'Europe. Acte désespéré, où Paris certes ne l'eût pas secondé, mais qui eût pu amener sa destruction. Après avoir mis sa famille en sûreté, et sans prendre aucune précaution de défense, il appelait cette ville désarmée à un combat contre l'Europe.

Plusieurs choses eussent rendu horrible cet événement. D'abord Paris était encombré d'une masse immense de réfugiés, de toutes les parties de l'empire.

Puis, les manufactures et fabriques nouvelles, qu'on y avait établies sans précaution (celles surtout de produits chimiques) le rendaient extrêmement combustible en cas de bombardement. J'en ai gardé un souvenir cruel. Nous étions près d'une de ces fabriques, et quand quelques bombes tombèrent au faubourg du Temple, j'étais près de ma mère mourante (et qu'on ne pouvait transporter). Une seule étincelle tombée là nous eût brûlés vifs.

Voilà donc dans quelle horrible extrémité il nous jetait. Heureusement, ses généraux se refusèrent à ce grand crime. Oudinot, Lefebvre déclarèrent qu'ils n'obéiraient pas. Et Ney, l'homme le plus populaire dans l'armée depuis la retraite de Moscou, le somma d'abdiquer. On lui apprit que le Sénat avait voté sa déchéance.

Il essaya encore d'abdiquer pour son fils. Mais personne ne fut pris à cette ruse. On s'en tint à la capitulation, qui disait qu'il serait mis dans une enceinte que choisiraient les alliés.

Humainement, mais très imprudemment, ils choisirent l'île d'Elbe, si voisine de la France et de l'Italie.

En relisant les historiens, et même les non-bonapartistes, je suis frappé de les voir pour le tyran, contre ses généraux qui nous sauvèrent. Ces hommes, dit-on, lui devaient leur fortune. Mais lui, que ne devait-il pas à ceux qui, en Russie et ailleurs, le protégèrent, lui couvrirent si souvent le dos ! N'importe, les narrateurs ne s'intéressent qu'au grand coupable. C'est comme dans l'épigramme : « Ils pleurent sur le pauvre Holopherne, si méchamment mis à mort par Judith. »

CHAPITRE V

Du caractère, du cœur de Bonaparte.

C'est en 1814 que je place ces considérations. Car, en 1815, il baissa tellement qu'on put douter que ce fût le même Bonaparte. Plus tard, à Sainte-Hélène, c'est un Bonaparte soigneusement refait, arrangé.

Toute notre génération a usé des années, des parties longues, précieuses, de la vie humaine, à lire des documents plus ou moins falsifiés sur celui qui, même après sa chute, trôna dans la mémoire des foules comme dieu de la victoire. Il a l'honneur affreux d'avoir confirmé et grandi un mal trop naturel à l'homme, l'adoration de la force brutale et l'idolâtrie du succès.

Pour moi, tout éloigné que je fusse de copier les contes ridicules de Sainte-Hélène sur le bon cœur, la sensibilité de Bonaparte, je n'en ai pas moins repoussé les satires atroces, étourdies, que les royalistes lancèrent contre lui au jour de sa chute. Elles sont tellement dégoûtantes que je les crois plutôt propres à faire des bonapartistes. L'*Ogre de Corse*, et même le fameux pamphlet de Chateaubriand, ces publications violentes, accueillies alors avidement de la France en deuil, manquent tout à fait leur but par l'excès de la violence même.

Il n'en est pas ainsi du petit livre de M. De Pradt l'*Ambassade à Varsovie*. Livre d'un homme d'esprit, léger sans doute, mais qui ici a, selon moi, autant de solidité que d'éclat. Le premier, il a exposé, fait comprendre les contradictions incroyables, les contrastes heurtés de ce caractère. Ce que plus tard Vigny, Mario Proth, ont exprimé par le mot qui a tant réussi *Comediante, tragediante*, de Pradt l'a exprimé d'un mot risqué, mais vrai : *Jupiter Scapin*.

Ces passages subits d'une grandeur théâtrale à une bassesse triviale et bouffonne l'assimilaient sans doute aux acteurs médiocres de l'Italie qui ne savent pas l'art des passages habilement ménagés.

Cependant, j'ai exposé dans mon premier volume les raisons qui le mettent en contraste avec l'Italie, surtout l'indifférence au beau et le prosaïsme parfait d'un caractère nullement sympathique aux beaux-arts.

J'ai dit qu'un spirituel Anglais, M. Disraëli, voudrait le faire croire Juif d'origine. Et comme la Corse fut autrefois peuplée par les Sémites d'Afrique, Arabes, Carthaginois ou Maures, *Maranes*, disent les

Espagnols, il semble appartenir à ceux-ci plus qu'aux Italiens.

L'amour aussi de thésauriser, tant de millions entassés aux caves des Tuileries, cela sent aussi le *Marane*.

De Pradt dit à merveille ce caractère : « L'empereur est tout ruse, ruse doublée de force. Mais il attache plus de prix à sa ruse. Pour lui, triompher n'est rien ; c'est *attraper* qui est tout : « Je suis fin, m'a-t-il dit cent fois[1]. »

Voyons où aboutit cet homme fin, lorsqu'il revint seul à Wilna. La scène est si naïve, si évidemment vraie dans les moindres détails, qu'on jurerait avec certitude que le narrateur n'a pu ni voulu ajouter.

« Mes portes s'ouvrent et donnent passage à un grand homme, qui marchait appuyé sur un de mes secrétaires. Un taffetas noir enveloppait sa tête, son visage était comme perdu dans l'épaisseur de sa fourrure. C'était une espèce de scène de revenant ; je le reconnais, lui dis : « Ah! c'est vous, Caulaincourt ? Où est l'empereur ? — Ici ; il vous attend à l'hôtel d'Angleterre. — Où allez-vous ? — A Paris. — Et l'armée ? — Il n'y en a plus, dit-il, en levant les yeux au ciel. »

« Je me précipite. J'arrive à cet hôtel et je vois dans la cour une petite caisse de voiture, montée sur un traîneau fait de quatre morceaux de bois de sapin à moitié fracassé. Le Mameluck m'introduit

---

1. Mme de Rémusat s'exprime à peu près dans les mêmes termes sur ses habitudes de mensonge, t. I, p. 105. — A. M.

dans une salle basse, les volets à demi fermés pour protéger son incognito.

« L'empereur se promenait dans la chambre, enveloppé d'une superbe pelisse, recouverte d'une étoffe verte, avec de magnifiques brandebourgs en or. Sa tête était couverte d'une espèce de capuchon fourré et ses bottes étaient enveloppés de fourrures. « Ah ! monsieur l'ambassadeur ! » me dit-il en riant. Je m'approchai avec vivacité, lui dis : « Vous nous avez donné bien de l'inquiétude. Mais enfin, vous voilà ! » Tout cela d'un ton qui devait lui montrer ce qui se passait en moi. Le malheureux ne s'en aperçut pas.

« Je lui parlai de l'armée polonaise : « Comment ! dit-il, je n'ai vu personne pendant la campagne. » Je lui expliquai comment, en dispersant les forces polonaises, il avait rendu invisible une armée de quatre-vingt mille hommes[1].

« Au dîner, où il eut deux ministres, il disait en riant : « Du sublime au ridicule il n'y a qu'un pas. »

Et comme ils exprimaient leur satisfaction de le voir sauf après tant de dangers : « Dangers ? dit-il, pas le moindre. Je vis dans l'agitation ; plus je tracasse, mieux je vaux. Il n'y a que les rois fainéants qui engraissent dans les palais. Moi, c'est à cheval et dans les camps. Du sublime au ridicule, il n'y a qu'un pas. »

---

1. Notez que c'étaient eux en partie qui l'avaient sauvé à la Bérésina.

« L'armée est superbe. J'ai toujours battu les Russes. Je vais chercher trois cent mille hommes. Tout ce qui arrive n'est rien, c'est l'effet du climat, j'ai battu les Russes partout. (Tout cela d'un grand air de gaieté.) Je ne puis pas empêcher qu'il gèle. On vient me dire tous les matins que j'ai perdu dix mille chevaux dans la nuit. Eh bien, bon voyage ! »

Cela revint cinq ou six fois. « Ah ! c'est une grande scène. Qui ne hasarde rien n'a rien. Du sublime au ridicule il n'y a qu'un pas. »

La conversation se prolongea ainsi près de trois heures. Le feu s'était éteint. Le froid nous avait tous gagnés. L'empereur ne s'en était pas aperçu, se réchauffant à force de parler, et répétant deux ou trois fois : « Du sublime au ridicule il n'y a qu'un pas. »

Comme il allait partir et que chacun lui adressait ses vœux : « Je ne me suis jamais mieux porté, dit-il. Quand j'aurais le diable, je ne m'en porterais que mieux. »

Cette conversation me frappa trop pour n'être pas bien sûr de l'avoir rendue avec la plus grande exactitude. »

Elle frappera tout le monde en effet, comme un exemple unique de la plus dure insensibilité.

Hélas ! ce grand naufrage de trois cent mille hommes perdus, ensevelis sous la neige, c'était bien autre chose qu'une seule armée, c'était un monde, les restes de la réquisition, de la conscription de vingt années ; autrement dit la France héroïque, victorieuse du monde, qui, conduite par sa foi aveugle, était venue mourir, s'enterrer là. Tout ce qui restait de nos armées républicaines, de celles d'Italie, d'Égypte, d'Allemagne, réunies toutes ensemble pour cette catastrophe commune ! Et sur ce cataclysme, ce naufrage d'un monde, pas une larme et pas un regret ! Ajoutez-y la France entière qui pleura tant d'années l'armée de Moscou. Dirai-je une chose étrange, mais certaine ; c'est que trente ans plus tard, aux hôpitaux vivaient encore de vieilles mères qui attendaient leur fils et disaient : « Il va revenir ! »

Les Russes mêmes furent touchés de ces scènes funèbres, de ce désastre immense. Ils se souvinrent qu'ils étaient hommes et ils se trouvèrent trop vengés.

Il y eut un homme (un homme seul dans l'humanité), d'un orgueil si féroce, qu'on le vit, pour échapper aux sifflets tant mérités par sa sottise, se retrancher dans un rire, une ironie abominable.

Homme d'airain, sans doute ? comme l'ont dit les bonapartistes. Point du tout. Infiniment sensible en tout ce qui touchait sa propre sûreté, son salut personnel.

Le récit qui suit est si triste et dégradant pour la nature humaine, que d'abord j'eus envie de le supprimer.

Comment un homme, endurci par tant de batailles, descendit-il si bas aux extrémités des peurs les plus honteuses ? Cela paraît invraisemblable.

Il avait demandé lui-même comme garantie de

sûreté que des commissaires des cinq grandes puissances le conduisissent à l'île d'Elbe, de sorte que ce qu'on va lire fut vu par cinq témoins. Si le témoin le plus hostile, le Prussien, s'empressa de noter telles circonstances déshonorantes, elles furent de même certifiées par le Russe, par l'Autrichien qui voyait en Napoléon le gendre de son maître. Ils furent même si humains et si bienveillants que, pour le rassurer, ils s'exposèrent, consentant à des travestissements, des échanges d'habits qui, avec une populace ivre de fureur, pouvaient leur tourner mal et les faire massacrer eux-mêmes.

Près de Valence, il rencontra Augereau, et, pour la première fois, vit combien il était déchu. Augereau ne le salua pas, mais en l'embrassant il le tutoya grossièrement et lui fit reproche de son ambition qui l'avait conduit là. Napoléon prit bien la chose et l'embrassa encore. Augereau s'en alla, sans saluer.

A Avignon, mille invectives s'élevèrent de la foule. A Orgon, on fut effrayé du spectacle sinistre d'une potence d'où pendait un mannequin sanglant.

Le commissaire russe, qui venait derrière, tâchait de calmer la foule, au nom de la pitié qu'on devait à un malheureux prisonnier.

Bonaparte, fort pâle, au fond de sa voiture, essaya d'abord de se cacher derrière son compagnon, le général Bertrand. Puis il n'y tint pas; la peur lui fit prendre la cocarde blanche, un habit de courrier, et il se mit à courir en avant.

Les voitures n'allaient pas si vite, ce qui faillit

faire une tragédie. A Saint-Canat, le peuple voulait ouvrir la voiture pour massacrer Bertrand, qui y occupait la place de l'empereur.

Lui-même, ayant en vain essayé de se faire passer pour Anglais, proposa de rebrousser chemin jusqu'à Lyon, afin de prendre une autre route. Il pleurait et, comme un enfant, regardait si l'on pouvait s'enfuir par la fenêtre; mais elle était grillée, et peut-être gardée par une foule hostile.

L'hôtesse, qui survint, assurait que sans doute on allait massacrer, noyer Bonaparte. Pour mieux dissimuler, lui-même applaudissait.

Il imaginait par moments que les commissaires l'empoisonneraient peut-être, et ne voulait pas toucher à leur repas. Enfin, ce qui était le signe d'un cerveau bien flottant à force de peur, c'est que, par moments, au milieu de ses pleurs, il parlait beaucoup, faisait l'aimable et le gentil, tout ce qu'un Gilles aurait rougi de faire.

On repartit à minuit, et un Russe, aide de camp du commissaire Schouvalow, voulut bien, pour le rassurer, endosser l'habit sous lequel il avait joué le rôle de courrier. Bonaparte alors se fit général autrichien en mettant l'habit blanc du commissaire Kohler, et, par-dessus, le manteau du Russe Schouvalow. Kohler l'avait dans sa voiture, et, pour éloigner toute idée d'étiquette, à sa prière sifflait, et faisait fumer son cocher.

Enfin, on rencontra deux escadrons de hussards autrichiens, qui l'escortèrent et finirent ses terreurs.

J'ai donné ce triste récit en faveur de ceux qui, comme Montaigne, se plaisent à noter les variations de la nature humaine. Elles sont fortes, mais nullement capricieuses. Et s'expliquent très bien physiquement[1].

---

1. Chateaubriand, ici, est ridicule. Il en conclut que Bonaparte, comme l'ange du mal, avait le double don de tromper en deux sens, d'être par moments petit, puis de s'étendre indéfiniment. — D'autres feront l'histoire plus médicale que passionnée de ses galanteries, assez tardives, mais sèches et terriblement égoïstes. La campagne, si active, de 1814, le laissa épuisé. De là la défaillance de Fontainebleau, la tentative d'empoisonnement (?). Et enfin, en Provence, cette peur ignoble de la mort. — Refait et raffermi à l'île d'Elbe, il y reprit un retour d'énergie pour la belle scène de Grenoble. Son bavardage immense de Paris semble l'avoir énervé de nouveau. Il fut fort indécis dans cette campagne si courte de 1815, et Bernard, son aide de camp, a affirmé que de bonne heure à Waterloo il quitta le champ de bataille et ne s'arrêta qu'à dix lieues.

LIVRE VI

RESTAURATION. — LES BOURBONS.

CHAPITRE PREMIER

La Charte. — Louis XVIII (1814).

Si les Bourbons, inférieurs à Bonaparte en tant de choses, avaient montré qu'ils ressemblaient tant soit peu à leur Henri IV par le cœur, on les eût tenus quittes du reste.

Leur rôle était plus facile qu'on ne l'a cru. La France, après ce règne terrible, avait faim et soif de bonté, était crédule aux moindres signes qui auraient pu l'indiquer. Des occasions solennelles se présentèrent, et froidement, maladroitement, les Bourbons les manquèrent toutes. La condamnation à mort de Ney, les fureurs royalistes du Midi, donnèrent ces occasions dont on ne profita pas. Mais surtout l'occasion si naturelle d'intervenir, de faire ménager le sang dans les affaires italiennes, espagnoles, où ces peuples nous tendaient les bras, espéraient dans l'intervention compatissante de nos rois.

Les Bourbons ne firent rien pour eux.

La branche cadette, qui avait tant de vertus personnelles, ne montra pas plus de bonté. En Italie, en Pologne, quel essai d'intervention? La répression sanglante de Saint-Merry et son durable succès indiquèrent longtemps d'avance comment une autre dynastie gagnerait, le 4 décembre 1852, sa victoire, non moins durable, et qui n'a fini que par les infamies de Metz et de Sedan.

Ainsi pendant soixante ans, sous trois royautés différentes, ce siècle fit lentement une grande œuvre qui restera : « L'effacement de la légende qui, si longtemps, fit croire *au cœur royal*, à la prétendue bonté que recèle, disait-on, le cœur des rois. »

Ce que la logique ne faisait pas, l'expérience le fit. Et ce siècle marcha définitivement, non pour la France seulement, mais pour l'Europe et le monde, « *vers la République, vers le self-government*, le gouvernement où l'homme, devenu majeur, fera désormais ses affaires lui-même. »

C'est l'histoire du siècle en deux mots. Il sera nommé le siècle où commença, pour le monde, la majorité de l'homme.

Les historiens royalistes de la Restauration, dans leurs récits prolixes, abrègent et obscurcissent, tant qu'ils peuvent, le fait principal. Louis XVIII fit-il la

Charte de son propre mouvement, comme le disent Capefigue et autres? Ou bien, comme le dit Lamartine avec plus de vraisemblance, la fit-il malgré lui, pour obéir au plus puissant des alliés qui, sans cette concession, ne croyait pas que ce pays si agité pût accepter tout à coup le repos? L'empereur Alexandre disait que, sans cela, il n'oserait évacuer la France, ou que, du moins, il laisserait trente mille hommes à Paris.

Louis XVIII qui venait d'Angleterre, avait remercié le Prince-Régent comme l'auteur unique de sa restauration. Les Anglais sont sujets à croire que le gouvernement représentatif, fruit naturel du sol anglais, est trop au-dessus de la France.

D'autre part, les émigrés, leur prince, le comte d'Artois, ne rêvaient rien que le rétablissement de l'ancienne monarchie. Ils se figuraient que la France était heureuse de venir à eux, de se livrer sans conditions.

Je me rappelle encore ce 18 avril 1814, un jour de printemps admirable, où le comte d'Artois entra à Paris. Sa figure aimable, béate, usée et niaise, était parfaitement inconnue à cette foule. Mais on ouvrait fort les oreilles aux mots qu'il prononçait avec ses royalistes : « Plus de conscription! Plus de droits réunis! »

Le roi podagre, qui le jalousait fort, l'avait envoyé en avant, dans l'espoir bien fondé qu'il ferait tout d'abord quelque sottise, des promesses impossibles à réaliser; de plus, qu'il aurait l'odieux de certaines mesures auxquelles nous condamnait notre situation, par exemple, la remise de tant de places fortes, de garnisons que nous avions encore dans toute l'Europe, avec un immense matériel. C'est ce qu'il fit, en effet, sans même réclamer ce qui provenait de l'ancienne France, des dépôts de la Fère, Valence, etc.

Mais ceux de son parti, les émigrés, charmés de rentrer à tout prix, ne lui en surent pas mauvais gré, et il resta toujours leur Henri IV, au grand chagrin de Louis XVIII. Jadis, pour se rendre populaire, il avait simulé des tendances constitutionnelles, mais en 1814, voyant d'Artois d'autant plus accepté des royalistes qu'il ne promettait rien que la royauté absolue, il se garda bien d'offrir des libertés qu'on ne lui demandait pas. Il lui semblait plus beau de dire qu'il ne faisait que continuer son règne à de nouvelles conditions.

Les historiens royalistes admirent fort la hauteur, la grandeur de courage avec lesquelles il résista à son bienfaiteur Alexandre.

Il faut le dire, à l'honneur de la nature humaine, le Tzar ayant eu le bonheur immense de renverser Napoléon et d'entrer à Paris, tenait à faire à Dieu l'hommage de son succès par une conduite admirablement magnanime. Il semblait demander pardon d'avoir vaincu. Non seulement il respecta nos monuments, mais il nous laissa même le fruit de nos victoires. Dans sa visite aux Invalides, voyant ces vieux soldats tout tristes, il eut l'idée chevaleresque et délicate de leur restituer les canons russes qu'ils avaient pris jadis à Austerlitz.

La seule chose où Alexandre se montra Russe, et qu'il fut sans doute obligé d'accorder aux siens comme l'expiation de l'incendie de Moscou, ce fut de faire célébrer une messe russe sous les fenêtres de la place de la Révolution. Du reste, il se montrait attendri, respectueux pour Paris, comme capitale de la civilisation occidentale [1].

Il marchait entouré d'une élite des hommes supérieurs de l'Europe, les Humboldt, les Capo-d'Istria, et Pozzo qui, comme Corse, réclama sa qualité de Français. En venant et passant par Sceaux, il y avait retrouvé son ancien précepteur, le grand patriote suisse, César de La Harpe.

Alexandre revenait aux jours de sa jeunesse, aux rêves dont Czartoryski l'avait jadis entretenu. Au reste, l'acte incohérent qu'on appela la Charte et que Louis XVIII fit écrire par Beugnot et l'abbé de Montesquiou, ne ressemble pas mal à celle que les deux amis avaient autrefois préparée pour la Pologne.

Mais en donnant ces libertés, le roi y joignait un

[1]. Rien de plus bienveillant que ce cortège d'Alexandre à Paris. Une chose même extraordinaire avait eu lieu sur la route de Fontainebleau, couverte de Cosaques. Le fameux Platow, leur hetmann, si terrible aux Français dans la retraite de Russie, en conduisant vers Paris ces cavaliers sauvages, eut une rencontre. Sur la route absolument déserte, délaissée de tout habitant, Platow vit venir à lui un petit vieillard maigre, monté sur un méchant cheval. Platow met pied à terre lui-même, et se jette à genoux, versant des larmes. Le petit vieux était Kosciuszko; et Platow, en le revoyant, avait songé au divorce cruel qui existe depuis deux siècles entre la Pologne et les Cosaques, deux peuples frères de même sang, divisés pour la ruine des uns, l'esclavage des autres.

mot qui semblait les retirer toutes. Il disait qu'il les
« *octroyait* ».

Ainsi la *souveraineté du peuple*, le mot que Bonaparte employait si souvent, le nouveau roi, n'ayant pour lui nul prestige et nulle gloire, croyait arrogamment pouvoir le supprimer.

Tout Parisien a le vif souvenir de cette génération qui escortait le Tzar. M. Alexandre de Humboldt, après tant de voyages, demeura de longues années au quai du Louvre, comme au lieu le plus habitable de la terre.

C'était une génération non seulement plus éclairée, mais même plus humaine et plus bienveillante, au total, que toutes celles qui ont suivi.

Capo d'Istria travailla bientôt à faire en Grèce ce que La Harpe douze ans auparavant avait fait en Suisse, au moins dans son pays natal, le canton de Vaud.

Il semblait qu'un vieillard exilé si longtemps et propre frère du martyr du parti, dût inspirer respect, surtout aux royalistes.

Mais la mine fleurie de Louis XVIII, son brillant embonpoint annonçaient trop qu'il avait pris peu d'intérêt aux malheurs de Louis XVI. On savait même qu'il avait eu grande part à ceux de la reine, étant l'instigateur, sinon l'auteur des terribles pamphlets anonymes qui avaient tant contribué à la déshonorer, à déconsidérer le trône. Il avait la réputation d'un parfait égoïste.

Des légendes gastronomiques couraient sur lui,

sur les pyramides de côtelettes qu'on lui échafaudait et dont il ne mangeait que la dernière, celle d'en bas, qui recevait tout le jus.

La pléthore, effet naturel d'une vie gourmande et immobile, l'aurait rendu malade si on n'y eût pourvu par des cautères. Ces dérivatifs lui gardèrent un fort beau teint et d'étranges regains de jeunesse.

Louis XVIII en arrivant avait fait une grosse sottise, une maladresse qui sembla une déclaration de guerre à l'armée, un mépris singulier de l'honneur national. Bonaparte tenait en prison le général Dupont, qui avait fait la capitulation de Baylen. On fait sortir ce prisonnier, on le nomme ministre de la guerre.

Les Bourbons s'isolèrent eux-mêmes, ils éloignèrent de Paris ce qui restait de la garde impériale, composèrent les gardes du corps uniquement de jeune noblesse. De là des duels, des disputes avec les officiers qu'on mettait à la demi-solde. Ces jeunes gens et la garde nationale à cheval constituaient pour le roi une assez pauvre défense. Braves comme individus, ils valaient peu comme corps militaire; et le jour du danger, on les vit disparaître presque tous.

Si les Bourbons avaient conspiré pour Bonaparte, ils n'auraient pas mieux fait. Cependant les bonapartistes n'osèrent se montrer tout d'abord. Le grand mouvement de la presse commença par les patriotes, Carnot, et les rédacteurs du *Censeur*, MM. Comte et

Dunoyer. Le premier lança un pamphlet où il lavait les régicides. *Le Censeur* entreprit sérieusement de mettre le gouvernement sur la ligne de la constitution. Enfin parut *le Nain jaune*, petit journal où le bonapartisme se dévoila, essaya des traits satiriques contre ce gouvernement ridicule, incapable.

CHAPITRE II

Les Cent-Jours.

Chacun sentait très bien que Louis XVIII ne durerait guère, qu'un vieillard fort peu sobre pouvait avoir tel accident subit qui transmettrait le trône au comte d'Artois, jouet du parti rétrograde. Celui-ci, malgré sa douceur naturelle, ses qualités aimables, devait certainement être entraîné, par la meute insatiable de l'émigration, dans les voies espagnoles, le système de confiscation pratiqué par Ferdinand VII.

Perspective effrayante, qui explique parfaitement la facilité avec laquelle tant d'honnêtes gens qui venaient de vouer leur foi aux Bourbons, accueillirent Bonaparte quand il revint de l'île d'Elbe. L'histoire a tenu trop peu de compte de tout cela, et a durement reproché à la France, à ses héroïques soldats, à Ney, par exemple, une versatilité qu'expliquait très bien le changement des Bourbons, et, disons mieux, leur perfidie à fausser, à trahir la Charte qu'ils venaient de donner.

La Russie et l'Autriche avaient risqué beaucoup en laissant Bonaparte en Europe, en le mettant à l'île d'Elbe, près de la France et près de l'Italie. Les Anglais, au contraire, voulaient plutôt le reléguer au sein des mers australes, et de bonne heure leurs journaux regrettaient qu'on ne l'eût pas mis à Sainte-Hélène.

Telle était aussi la pensée des intrigants qui songeaient à associer la France avec l'Espagne ; ils n'auraient pas osé suivre ce mouvement si la Russie, l'Autriche, fussent restées à même d'évoquer l'ombre terrible du rivage de fer de l'île d'Elbe. Une chose toutefois faisait croire aux Bourbons, aux alliés en général, le retour de Bonaparte impossible : c'était le récit des commissaires qui l'avaient conduit et sauvé des populations provençales, si irritées. Il avait donné des signes d'une peur si naïve, qu'on ne pouvait pas croire qu'il bravât encore ce danger.

Mon beau-père, homme plein d'imagination et de cœur, s'était épris du héros malheureux, et s'était fait à l'île d'Elbe l'un de ses secrétaires, lui lisant et lui traduisant les journaux anglais et autres [1]. Il lui atténuait les injures, insistait plutôt sur les renseignements utiles qu'on en pouvait tirer. Mais ce qui, je crois, le lança dans son entreprise téméraire, ce fut moins les renseignements vagues qu'il eut par Dumoulin, Chaboulon, d'après Bassano ou la reine Hortense, que l'itinéraire très précis que Lavalette et

---

[1]. Voy. Mme Michelet, *Mémoires d'une enfant.*

autres dévoués purent lui tracer, lui marquant que, derrière le Rhône si menaçant, on pouvait remonter par les Alpes-Maritimes, Grenoble, enfin Dijon, parmi des populations tout opposées, où les bonapartistes se trouvaient prépondérants.

Tout fut mené habilement. Il passa derrière le rideau des montagnes jusqu'à Grenoble, toucha Lyon, passa rapidement au Nord, en évitant le Centre, le Midi, l'Ouest, de manière à dire ou à croire que la France était pour lui. On le mena toujours en face des soldats, de manière à faciliter les pourparlers, au lieu qu'on aurait dû le laisser à distance, ne s'expliquer qu'avec le canon.

Quant à l'audace tant admirée de se présenter seul à Grenoble, d'offrir sa poitrine aux fusils, la scène était d'un effet si certain, si prévu, qu'on s'étonne de l'importance que tous, même les historiens royalistes, ont attachée à ce fait. Son instinct lui faisait assez deviner que des soldats français seraient frappés, s'arrêteraient devant ce geste dramatique, ne tireraient pas sur un homme qui apparaissait seul, quand même cet homme n'eût pas eu le prestige de son nom.

Tout le servit, au point qu'on ne coupa pas même les ponts de Lyon, sous le prétexte frivole que ce serait gâter ces beaux monuments.

Louis XVIII, qui avait dit aux Chambres qu'il resterait, s'enterrerait sous les ruines de la monarchie, lui fit la partie belle en s'en allant à Gand la veille de son arrivée (19 mars). Napoléon n'osa entrer à

Paris que le soir. Paris le haïssait. Mais, d'autre part, le doute était immense. L'émigration, maîtresse sous les Bourbons, faisait entrevoir à la France une révolution territoriale, analogue à celle des confiscations de Ferdinand VII, dont nous allons parler. De là, le trouble, l'embarras de Ney, et la fluctuation de Benjamin Constant ; après avoir écrit violemment contre Bonaparte, il fut crédule à ses promesses et se rendit à son appel aux Tuileries.

M. de Sismondi, un des hommes les plus honnêtes de l'Europe, et qui fit tout exprès le voyage de Paris, m'avoua plus tard que lui-même avait été alors dans une grande perplexité, voyant bien que, sans Bonaparte, la contre-révolution allait arriver. Cependant, il ne lui avait jamais été favorable ; il le trouva changé, au-dessous de lui-même, gras, ventru et bavard. Sa figure était autre. « Je trouvai, dit Sismondi, que dans sa pâleur elle ressemblait à une tête de veau bouillie. »

Bonaparte mentait visiblement en disant que l'impératrice allait revenir. L'Autriche, il est vrai, en repoussant Napoléon, comme les autres puissances, n'ôtait pas tout espoir, se réservant pour le cas d'une régence. Napoléon dut à son mariage autrichien l'une des principales causes de sa ruine : il lui dut sa folle confiance.

D'une part, il ne donna pas l'essor au parti franchement national ; et il perdit en paroles le temps qu'il pouvait déjà employer en opérations militaires, par exemple à prendre la Belgique, qui lui eût donné cinquante mille hommes de plus.

Ceci m'a rappelé l'histoire des condottieri et celle des tyrans d'Italie, qui, par des mariages princiers, attirèrent et perdirent trois de ces aventuriers si fins, et prouvèrent que pour perdre un homme le meilleur piège est une femme.

Au reste, la guerre avait changé d'aspect. Elle avait pris pour Alexandre, alors de plus en plus mystique, l'aspect d'une croisade contre l'ennemi de la paix commune, le représentant du principe antichrétien.

S'il y avait pour Bonaparte une chance de salut, c'était d'évoquer franchement le principe contraire, celui de la Révolution. Mais il en avait peur. La France était moins endormie qu'on ne l'a dit. Son Acte additionnel aux constitutions de l'empire, donnant les libertés nouvelles comme une continuation d'un despotisme de douze ans, ne trompa pas les électeurs qu'il avait appelés à le jurer. Ils dirent sévèrement qu'il devait rapporter de l'exil *le repentir de son passé*.

Le jour de ce serment, la cérémonie du *Champ de Mai* fut ridicule en bien des sens. D'abord, pourquoi ce nom carlovingien de Champ de Mai? Et pourquoi cette messe et ces cardinaux en bas rouges? Champollion aîné, un homme assez équivoque, lut le chiffre douteux et incomplet des votes (qu'on dit *celui de la presque unanimité*).

Mais ce qui fut étrange, faillit ôter toute gravité à la cérémonie, ce fut le costume de l'empereur. Quelle fut la surprise de voir celui qui paraissait toujours en habit militaire, botté, éperonné, en robe blanche, immaculée, sous l'innocent costume du jeune Éliacin dans *Athalie !* Ajoutez que sur cette blancheur virginale apparaissait la figure jaune et sombre du Corse[1].

Le tout sembla (ce qui était vrai) un mensonge théâtral. Le pis, c'est qu'on se demandait si ce serait là tout ; car on attendait autre chose. Les uns croyaient que Marie-Louise et l'enfant allaient revenir avec la paix ; d'autres que Bonaparte, abdiquant la couronne, rétablirait la République sous un consul élu.

A la suite de cette comédie, dans ce moment où l'Europe tout entière s'avançait contre lui, il s'occupait à composer sa Chambre des pairs. Dans celle des députés, il n'avait pour lui que près de soixante membres.

C'est-à-dire qu'il était repoussé de la France autant que de l'Europe. Dès le 13 mars, non seulement les rois, les diplomates, mais les peuples mêmes, avaient condamné ce démon de la guerre. Sa déportation aux terres australes, à Sainte-Hélène, était prononcée, applaudie surtout par les masses armées qui, retournant chez elles en 1814, étaient ramenées en 1815 pour exécuter la sentence prononcée contre ce *convict* odieux.

Le grand événement de la restauration de l'Espagne faisait espérer aux Bourbons de fausser celle de la

---

1. M. Michelet assista à la cérémonie ; il avait alors seize ans. — A. M.

France, d'éluder les promesses de la Charte, octroyées (comme on a vu) malgré eux.

La folle obstination de Bonaparte dans son affaire d'Espagne lui avait fait traîner jusqu'au dernier moment son projet de rendre la liberté à Ferdinand et de le renvoyer en lui imposant des conditions. Il en voulait aux Espagnols de leur vaillante résistance et ne stipula rien pour eux. D'autre part, les Anglais, que les Cortès empêchaient de prendre Cadix et les colonies d'Amérique, s'en vengèrent en n'exigeant rien pour l'Espagne auprès de Ferdinand.

Ainsi, des deux côtés, cette héroïque nation fut remise sans conditions à son tyran altéré de vengeance.

Le 24 mars, à peu près au moment où les alliés entraient à Paris, Ferdinand entrait en Espagne, n'ayant reçu des Cortès nulle obligation que celle d'un serment illusoire. Il l'éluda par une lettre ambiguë qu'il envoya devant lui. Et enfin le 24 mai, à Valence, il déclara nuls tous les décrets des Cortès et se refusa à jurer la Constitution.

Le ministère anglais, qui le connaissait bien et craignait que l'Angleterre ne s'indignât d'avoir tant fait pour rétablir un monstre, avait tiré de lui cette seule promesse : qu'il n'y aurait pas de sang versé. Mais cela n'empêcha pas qu'on ne fit mourir les patriotes dans la lente agonie des présides (les bagnes africains). Cela n'empêcha pas que douze mille personnes à la fois furent bannies, leurs biens confisqués. Tout le midi de la France fut peuplé de ces squelettes vivants qui expiraient de faim. L'Inquisition, rétablie, ajoutait aux rigueurs d'une police terrible, suivant les directions de Gravina, le nonce de Pie VII, et du confesseur de don Carlos, qu'il fallut arracher à la direction d'un couvent de jeunes religieuses qu'il avait souillées toutes.

Cette tyrannie de l'Espagne et ces vastes confiscations inspiraient à nos émigrés une vive rivalité. Et l'on cherchait les moyens de parvenir à les imiter, en s'unissant avec l'Espagne, avec Naples (rendue aux Bourbons), et ressuscitant ainsi entre ces trois puissances parentes le *Pacte de famille*, selon l'idée de Choiseul et de Louis XV. Pour replonger ainsi tout l'Occident au parti rétrograde, on s'adjoignit l'Autriche, de manière à isoler l'empereur Alexandre, qui n'eût plus eu pour lui que l'alliance prussienne.

Projet bigot du pavillon Marsan, des amis du comte d'Artois, et que Louis XVIII, par son instinct naturel de fausseté, acceptait contre Alexandre qui l'avait amené à Paris et forcé de donner la charte à la France.

Louis XVIII eut le plaisir de confier cette œuvre d'ingratitude à l'homme qui avait le plus à se louer d'Alexandre, à Talleyrand, auquel le Tzar avait accordé cet honneur de loger chez lui à Paris. Talleyrand fut charmé de machiner cette intrigue au Congrès de Vienne, et par là se réconcilier avec le parti rétrograde.

Alexandre, indigné, par représailles, accueillit bien Eugène et tous les Beauharnais, qui en conçurent des espérances folles.

Il faut dire qu'il se montra étonnamment imprudent, en donnant à Bonaparte une résidence en son propre climat, en lui assignant la Corse, puis l'île d'Elbe, si voisine de la France et de l'Italie.

Talleyrand répétait malignement le propos anglais, que l'on aurait mieux fait de le mettre au bout de l'Océan, à Sainte-Hélène, lieu seul facile à surveiller, où il serait dans une demi-prison, sur un pic basaltique, comme ceux où les Anglais ont gardé tant de princes indiens.

CHAPITRE III

Waterloo (18 juin 1815).

Le grand historien qui a réduit à leur juste valeur les mensonges de Sainte-Hélène, M. Charras, et M. Quinet dans un petit livre admirable, n'ont pas assez, peut-être, insisté sur ce point : *Que la France l'avait condamné*, rejeté, et je ne parle pas de la France royaliste, de la Vendée, du Rhône, mais de la grande France impartiale qui faisait la majorité immense du pays. Il n'en put tirer que seize mille conscrits. Le peu de voix qu'il avait à la Chambre des députés exprime parfaitement la faible minorité qui le suivait encore, et qui prit part à cette guerre.

« Il avait trop peu de monde à Vaterloo. » Pourquoi ? C'est que la France le connaissait et qu'elle hésitait fort à combattre pour ramener la tyrannie et la guerre éternelle.

L'armée de Waterloo était proprement militaire,

n'étant pas composée de jeunes gens comme la majorité de celle de Leipsick, mais de soldats la plupart bronzés et durcis par la guerre. Il y avait des prisonniers revenus d'Espagne, de Russie, ou des pontons anglais, tout cela fort irrité sauvage.

Un narrateur anglais, qui était dans la cavalerie anglaise, raconte avec quelle haineuse animation les cuirassiers français poursuivaient, piquaient par derrière les Anglais mieux montés et qui les devançaient toujours. « Je n'avais jamais vu, dit-il, de figures si hostiles, ni si âprement militaires. »

Les nôtres étaient pleins, non seulement de colère, mais de défiance, rapportant à la trahion tous les revers récents, ne tenant jamais compte ni des fautes de Napoléon, ni de cette circonstance, d'avoir mis contre soi l'humanité entière.

Plusieurs passaient à l'ennemi, non comme Marmont, *in extremis*, ayant bien combattu, mais d'avance et au moment critique, comme le Vendéen Bourmont.

Chose pire encore, Clarke, ancien ministre de la guerre en 1814 (et en 1815, ministre de Louis XVIII à Gand), donna aux alliés les renseignements les plus utiles. Un officier, envoyé par lui, fit de mémoire aux alliés le calcul, l'énumération des forces qu'avait Napoléon (cent vingt mille hommes). Wellington sut tout dans la nuit, et n'accepta la bataille qu'étant certain que les Prussiens viendraient le seconder à quatre heures de l'après-midi.

Ceux-ci d'abord, fort effrayés par les succès de

Bonaparte à Fleurus, à Ligny, se débandèrent, dit Marmont, en grand nombre. Car Marmont qui, pour ses blessures, était aux eaux d'Aix-la-Chapelle, vit arriver trois mille fuyards prussiens dans ce lieu si éloigné de la bataille.

Marmont, juge compétent, et fort d'accord avec l'exact Charras, dit que Napoléon, par son indécision, perdit les avantages qu'il avait eus d'abord, que le 16 il affaiblit Ney, l'empêcha d'emporter les Quatre-Bras et d'écraser l'avant-garde ennemie. Cette indécision promena d'Erlon en marches et contre-marches, de sorte qu'il ne fut utile ni contre les Anglais ni contre les Prussiens, qui, par l'arrivée de Bulow, eurent trente mille hommes de plus.

Le 18 juin, à Waterloo, Bonaparte sut par une lettre de Blücher, interceptée, que Blücher arriverait à quatre heures de l'après-midi. Donc il devait attaquer de bonne heure. Le temps était mauvais; une grande pluie était tombée la nuit; et la moisson mouillée rendait la plaine peu traversable à la cavalerie et à l'artillerie. « Ajoutez, dit Marmont, qu'on calculait que, pour une longue bataille on avait peu de munitions. »

Napoléon déjeuna à huit heures, bien tard pour juin où le jour vient si tôt. M. Pétiet, général de cavalerie qui, de son cheval, le regardait déjeuner à une petite table, dit que tous furent frappés de sa pâleur, d'un effet fantasmagorique ; « en voyant, disait-il, *ce visage de suif*, nous conçûmes un mauvais augure. »

Donc, il ne commença le combat qu'à onze heures, selon le vœu de Wellington qui, montre en main, devait attendre quatre heures et l'arrivée des Prussiens avec grande impatience.

Heureusement pour lui, Napoléon perdit des heures encore à forcer le château d'Hougoumont, qu'il pouvait écraser d'artillerie, s'il n'eût économisé la poudre. Et pourquoi n'avait-il pas eu la prévoyance d'en faire venir assez?

La cavalerie française ayant refoulé, écrasé l'anglaise, dominait, conduite par Ney, le plateau qu'occupait Wellington, lorsque l'infanterie anglaise par sa fermeté, ses décharges rapides, ses armes excellentes, sa poudre supérieure, arrêta court les nôtres. Là était le moment de faire agir la garde impériale. Mais Napoléon ne s'y décidait jamais qu'ayant employé tout. Ici, elle partit trop tard, et agit peu. Son artillerie, fort lourde, s'embourba. Et Wellington la voyant embarrassée, paralysée, pour prolonger cet embarras, fit un sacrifice effroyable. Il grisa un de ses plus beaux régiments de dragons, et, sans bride ni mors, les lança d'en haut sur les nôtres, bien sûr que ces dragons seraient tous massacrés, mais que, par ce massacre, il obtiendrait encore quelques minutes pour l'arrivée des Prussiens. Bulow était déjà venu avec trente mille hommes, Blücher venait avec quatre-vingt mille.

Là se place la grande dispute. Napoléon accuse le retard de Grouchy. Mais, quand même Grouchy eût mieux marché, dit Charras, avec trente mille hommes, aurait-il pu en arrêter cent mille[1] ? Grouchy de toute façon, n'arrivant qu'à dix heures du soir, n'eût fait qu'augmenter le désastre.

La fin de la bataille et la confusion qui suivit, sont très favorables aux tableaux d'imagination. Là, les rhéteurs triomphent. Même les royalistes (par culte du pouvoir, quel qu'il soit) s'efforcent de couvrir Napoléon. « Il s'élançait ; on le retint, et il ne fut pas libre de mourir. »

Son aide de camp (le général Bernard) dit tout le contraire. Il partit de bonne heure, et son cheval persan le porta d'un trait à dix lieues, à Philippeville. Il fut le premier des fuyards. Comme aux retours d'Égypte, de Moscou, de Leipsick, il devança tout le monde, mérita le prix de la course.

On a vu en Provence à quel point il était nerveux. Ici, il y eut, dans cet empressement de se mettre en sûreté avant toute chose, une bien grande insensibilité et un oubli de tout honneur. Car enfin cette armée n'était nullement détruite, et on dit que les Anglais et Hollandais avaient perdu autant de monde. Les masses noires des Prussiens, arrivant tout à coup au nombre de cent mille, avaient produit la grande alarme, et fait dire : « Ils sont trop[2] ! »

Sur la route, des hommes énergiques (comme Mouton-Lobau) essayèrent plusieurs fois de reformer les nôtres. Mais ils étaient atteints au cœur,

1. Charras, ch. XV.
2. Mot historique.

découragés. Qui osera dire que la présence de l'empereur (s'obstinant à rester) n'eût pas arrêté, fixé au sol beaucoup de ceux que Lobau alignait, de ceux que Cambronne blessé, sanglant, garda, et qui crurent mourir avec lui?

A Charleroi, Bonaparte dit : « Je resterai à Laon. » A Laon, il fit son bulletin mensonger sur Waterloo, regrettant seulement de n'avoir pas osé accuser Ney de la perte de la bataille. Enfin, il se décida pour affronter Paris, disant que s'il tenait Paris, il tenait tout ; mais, comme à son retour de l'île d'Elbe, il n'osa y entrer que le soir, et piteusement alla à l'Élysée, n'aborda pas les Tuileries.

Ici, encore, les royalistes, et Lamartine en tête, sont pour Napoléon ; ils attribuent tout ce qui va suivre aux intrigues de Fouché, qui d'une part s'entend avec Wellington, de l'autre pousse La Fayette.

Très vaines finasseries, qu'on substitue à une chose que la nécessité faisait d'elle-même et qui est plus claire que le soleil.

L'empereur avait dit des représentants dans son bavardage indiscret : « Une victoire et je les fais taire. Deux victoires, je les chasse. » Il avait dit cela le jour de son départ pour Waterloo[1].

Il revenait vaincu pour la troisième fois, ayant perdu la France, et demandait qu'elle lui confiât encore son salut.

---

[1]. Lamartine lui-même en convient. (*Restauration*, t. IV, p. 328.)

Chose imprudente, absurde, lorsque les alliés avaient déclaré, dès le 14 mars, qu'il était l'obstacle unique à la paix, qu'on ne faisait la guerre qu'à lui, non à la France.

La conduite d'Alexandre en 1814 avait été véritablement magnanime et de nature à inspirer confiance. Il avait soutenu contre les ennemis acharnés de la France qu'elle devait rester grande en Europe, et insisté, contre les émigrés, pour qu'elle eût une Charte qui lui garantît le repos intérieur.

De Bonaparte, en remontant jusqu'au 18 Brumaire, on n'avait rien que des parjures, et les entreprises hasardées du plus imprudent des joueurs.

Il offrait à la France, quoi? de lui faire partager l'anathème prononcé sur lui et confirmé par sa défaite.

Ce vaincu et ce condamné venait dire : « Croyez-moi encore, et je vous sauverai. »

Il semble qu'à ce moment tous les débris de Waterloo qui arrivaient par miracle, délaissés de lui, sans qu'il eût pris le moindre souci de leur sort, eussent dû protester contre lui. Mais ces soldats restaient bonapartistes, chose bizarre, et il se trouva avoir bientôt une masse militaire contre l'Assemblée.

Oui, il y eut courage à La Fayette de proposer le décret suivant qui fut adopté : « La Chambre reste en permanence. Qui tentera de la dissoudre, sera jugé pour trahison. On convoquera la garde nationale. Les ministres sont mandés dans l'Assemblée. »

Par ce décret, la Chambre allait prendre le gouvernement, l'ôtait à Bonaparte ; elle lui défaisait son 18 Brumaire.

Que ferait-il ? Déjà cerné des armées de l'Europe, ruiné et par Waterloo et par les proclamations des alliés qui promettaient la paix, il lui restait un seul genre, non de salut, mais de suicide : d'employer ces soldats, qui revenaient toujours obéissants, à une entreprise exécrable qu'il avait rêvée l'année précédente, et qui n'eût abouti qu'à faire brûler Paris.

Se révolter contre la Chambre, autrement dit contre la France ! Heureusement, il n'eut pas alors le courage de ce grand crime, qu'il eût essayé en 1814 sans le refus de ses généraux, Ney, Oudinot, Lefebvre, etc.

En 1815, il n'avait plus l'audace d'une entreprise aussi désespérée. Sa poltronnerie de Provence, sa fuite précipitée de Waterloo l'avaient fort amolli, et, malgré la minute de courage qu'il eut à Grenoble, il commençait à se juger lui-même comme le jugera l'avenir.

Lucien, qui était un fou, lui proposait de refaire un 18 Brumaire. Napoléon n'osa et lâchement s'en tint à l'expédient de prier que cinq commissaires avisassent avec les ministres à sauver sa dynastie.

Un flot de vomissement, ici, vient à la bouche, avec ce mot de la Convention au 9 thermidor : « Qu'un tyran est dur à abattre ! »

Mais combien Robespierre, farouche, mais désintéressé, méritait moins cet anathème !

Bonaparte, avec une obstination insensée, répugnante, insistait pour sa dynastie, voulant que la France en danger appelât à la défendre, à la sauver, un enfant autrichien, de race épileptique, dont les portraits sont ceux d'un demi-fou.

Lucien, ayant eu l'audace d'insister dans ce sens, s'attira un mot terrible de La Fayette ; véritable sentence, dont cette famille funeste reste à jamais marquée, et qui répondait violemment à l'apostrophe du tyran en Brumaire : « Qu'avez-vous fait de la France ? »

A la Chambre des pairs, où il colporta sa proposition effrontée d'appeler la petite marionnette, c'est-à-dire Napoléon même, il fut bafoué.

Sylla disait qu'avec une chemise pleine de poux, il n'y a de ressources que de la brûler.

Juste comparaison. De tous les parasites, le plus tenace est le tyran. Voilà pourquoi les Italiens, pour décider le sort des races tyranniques, ne se réglèrent jamais que par l'axiome de Sylla.

Napoléon abdiqua... pour son fils.

Telle fut sa ténacité que, quand on lui parla de la renonciation que devaient faire ses frères à la couronne, il s'irrita, il s'exclama.

Enfin, ayant connu que les pairs mêmes repoussaient la Régence, il dit : « Je n'abdiquerai point. »

Il fallut à la lettre le mettre par les épaules hors de la France.

Et là-dessus, nouvelle comédie.

Tout le long du chemin jusqu'à Rochefort, il eût voulu faire croire que sa sentence, prononcée le 5 mars par toute l'Europe, pouvait être réformée par l'Angleterre seule.

On ne lui promit rien, on ne répondit pas.

Mais par une maladresse insigne, on le logea à Sainte-Hélène; de manière que, de ces tréteaux si haut placés, le fourbe pût faire un Caucase, abusant la pitié publique, et préparant, à force de mensonges, une seconde répétition sanglante de tous les malheurs de l'Empire.

APPENDICE

GRAINVILLE[1]

Le Poëme du *Dernier homme*.

J'étais dans la Syrie, non loin des ruines de Palmyre. Là s'ouvre une caverne profonde, où nul n'entra jamais pour revenir au jour. Nos vaillants de l'armée d'Égypte en tentèrent l'aventure et ne reparurent pas.

Et moi aussi, pourtant, j'osai m'engager sur leurs traces. Après avoir longtemps marché dans l'horreur des ténèbres, j'eus le bonheur de revoir un jour pur. Je me voyais comme au milieu d'un cirque bâti de roc, et vis-à-vis d'un trône ou trépied de saphir. Du trépied, une voix vint frapper mon oreille : « Ne crains rien; je t'ai appelé... Je suis l'Esprit de l'avenir, le père des songes vrais et des pressentiments. Je commence la justice pour les bons et pour les méchants, en les faisant prophètes de leur sort.

« Dans les miroirs magiques que tu vois près de moi, vont t'apparaître ensemble le premier et le dernier homme. Celui-ci n'aura pas de postérité qui le bénisse et le connaisse; je veux qu'avant de naître il vive dans la mémoire, qu'on célèbre ses combats, sa victoire sur lui-même. A toi de raconter quelles

---

[1] Voy. le chapitre X de cet ouvrage.

peines il souffrira pour abréger les maux du genre humain, pour l'aider à mourir, pour finir le règne du temps, pour hâter les récompenses éternelles. »

Cependant une île apparaît, île affreuse, tout près des portes des enfers. Elle n'a d'habitant qu'un vieillard, l'infortuné Adam, père des hommes, qui, pour sa désobéissance, est condamné à voir incessamment tomber dans les enfers ses fils, que sa faute a perdus. Un ange vient à lui, le même qui jadis, sous les berceaux d'Éden, lui apportait les messages de Dieu. L'ange ramène Adam sur la terre. La mission pénible que Dieu lui donne, c'est de persuader au dernier homme de délivrer le monde de la vie, de couper le fil qui l'y retient encore; fil sacré... c'est l'amour.

Adam s'effraye, s'afflige... Ah! combien il est attristé lorsqu'il revoit la Terre telle que le temps l'a faite! Comme un fils qu'une longue absence a séparé de sa mère, jeune encore et qui pleure en la revoyant changée, ridée, courbée sous le poids des années, Adam voit la terre et gémit : « Je t'ai quittée si belle! et voilà maintenant, tu n'es plus qu'une ruine! Le soleil lui-même a vieilli, son front est pâle, je soutiens son regard... »

Il avance pourtant. D'une cité déserte et d'un palais désert, il voit sortir le dernier homme et sa femme, la charmante Sidérie, aimable et dernière fleur de l'humanité, bientôt disparue. Ce couple accueille Adam avec une joie touchante, comme un hôte, un père, comme un homme ; ce dernier titre est grand dans la solitude universelle. « Nous étions effrayés, dirent-ils; des présages terribles nous remplissaient d'alarmes... Nous cherchions un consolateur et vous êtes venu... Enseignez-nous à apaiser le ciel! »

Adam est attendri. Dans Sidérie il revoit Ève et tout ce qu'il aima. Les voilà ses beaux cheveux blonds et sa grâce, son charme enivrant, sa ravissante pudeur.

Il leur demande, il apprend de leur bouche toute l'histoire de leur destinée. Ils ont péché; le dernier homme en fait l'aveu à son père vénérable; leur faute, c'est d'aimer malgré Dieu, de continuer la vie du monde au delà du destin.

« Mon père, dit le dernier homme, fut roi comme ses pères, bientôt roi sans sujets; déjà, vingt années avant que je naquisse, l'hymen était devenu stérile. Ma naissance fut un phénomène qui fit la joie de tous. Mon père me prit dans ses bras et s'écria : « Le genre humain vit donc encore!... O Dieu! conserve celui-ci!... » Des femmes vinrent du bout du monde pour voir, toucher dans leurs transports celui qu'elles saluaient de ce nom : l'homme-enfant !

« Cette joie dura peu. Bientôt je restai seul. Tout s'éteignit autour de moi. J'enterrai de mes mains mon père, ma mère. Seul, j'habitais cette demeure immense. Un jour, je la quittai, tourmenté du désir d'épancher mon cœur, de communiquer mes pensées ; j'allais voir dans le monde s'il restait encore des humains.

« Un jour, dans ce voyage, une figure étrange m'apparut, m'arrêta, celle d'un sombre génie qui respirait le feu et vivait dans le feu, homme du volcan mobile ; des larmes roulaient dans ses yeux, mais les feux dévoraient les larmes : « Je suis le Génie de la Terre, dit-il, et la Terre va mourir. Dieu me l'avait bien dit le jour de la création : « *les hommes vivent peu, mais ils renaissent*, me dit alors le Créateur ; *toi, tu vivras longtemps, mais la mort sera éternelle. Elle aura lieu le jour où l'homme n'aura plus de fécondité.* » Le jour est arrivé ; il n'est plus qu'une femme qui pourrait recommencer le monde... Cherche-la, trouve-la... Sauve-toi, sauve-nous ! »

Le Génie m'indiqua un guide, le savant Idamas. Ce sage, qui savait toutes choses, me lut, aux divines annales, comment la Terre infortunée fut épuisée par ses enfants. Ils exprimèrent de ses entrailles les derniers principes de vie. Eux-mêmes jouirent trop, se prodiguèrent, languirent. Idamas pleurait d'abondantes larmes sur la défaillance du monde et la langueur du genre humain : « Jour affreux, disait-il, où nous vîmes la lune horriblement large et sanglante descendre à nous, brûlée par un volcan !... C'est ainsi que nous la perdîmes. On cherchera à jamais dans le ciel l'astre aimable des nuits. »

Adam m'interrompt à ces mots : « Quoi ! mon fils, nous ne la verrons plus ?... Ah ! j'aimais sa douce lumière. Faut-il, hélas ! la pleurer ! lui survivre ! »

Le dernier homme continua : « Ce fut en vain qu'un génie surhumain essaya de combattre la stérilité du globe défaillant. On ouvrit aux fleuves des routes nouvelles, on mena la charrue aux fertiles limons de leur lit. Mais quoi ! la terre eût-elle été féconde, les hommes même étaient stériles. Bien plus ! ils devenaient barbares. Effarouchés par la faim, ils se regardaient d'un œil ennemi. Plusieurs, dit-on, formaient l'exécrable complot d'exterminer la moitié du genre humain pour le salut de l'autre.

« Idamas, avec ses amis, m'enlevèrent au moyen d'un vaisseau aérien, me firent passer les mers et trouver les parages qui me gardaient l'heureuse épouse dont le sein pût renouveler le monde. C'était aux rives du Brésil. Le genre humain s'était réfugié aux terres ardentes qui gardaient l'étincelle. Mais, là même, l'homme l'avait perdue. La Cité du soleil, où nous descendîmes, était riche et superbe, riche d'or, pauvre d'hommes; c'était un somptueux désert. La terreur de la faim y planait; une loi barbare punissait de la mort l'étranger qui osait y chercher un asile. Épargnés à grand'peine, nous dîmes notre recherche, le bienfait d'un hymen qui serait le salut de tous.

« Le roi du pays fit comparaître devant moi les filles de l'Amérique. Belles, blanches comme la neige des monts, il ne leur manquait que la vie. Une seule avait la flamme, la passion; son souffle était pressé, rapide; des éclairs jaillissaient de ses longues paupières abaissées; de son sein, malgré elle, s'échappaient des soupirs.

« Sidérie est la fille d'une race indomptée. Son père est le dernier des sauvages du Nord, qui toujours dédaignèrent les villes, et, jusqu'à leur fin, préférèrent les forêts et la liberté.

« Rien ne manquait à mon bonheur. On fit venir un vieux pontife pour bénir notre hymen. Ormus, c'était son nom, vint, mais triste et plein de douleur. Lui-même il avait bien longtemps médité, essayé tous les arts régénérateurs qui pouvaient raviver le monde. Vaincu par la nature, il n'espérait plus rien. Notre hymen lui semblait du plus sinistre augure : « Hymen fatal! dit-il. Le jour où le dernier des races royales de l'Europe épousera la jeune Américaine, le monde sera près de finir. Si je me trompe, s'il en est autrement, Dieu nous avertira; il fera germer les semences qu'on a déposées dans la Terre. »

« Avec quel empressement on ouvrit le sillon!... Mais la Terre était trop intéressée à l'union qui pouvait lui donner quelques moments encore. On vit avec surprise qu'elle avait accueilli les semences, les avait fait germer. Tous se jetaient aux bras les uns des autres, s'embrassaient en pleurant : « La nature n'est pas morte; elle revit pour nous et nous vivrons! »

« Le pontife ne résiste plus; il obéit, mais sans persuasion. Il bénit notre hymen : « S'il doit être funeste, dit-il, puisse Dieu me frapper moi-même, et vous avertir par ma mort! » Il dit, tombe frappé aux marches de l'autel : « Malheur! malheur! dit-il, si cet hymen s'achève!... Une race en naîtrait maudite, qui se dévorerait elle-même, et n'aurait de Dieu que la faim ! »

» Tous s'effrayent, et l'on nous sépare. Plusieurs complotent d'égorger la nuit même ces funestes époux, qui tôt ou tard pourraient se rapprocher. Nous périssions si le père de Sidérie n'eût veillé sur nos jours, ne nous eût réunis, embarqués l'un et l'autre sur un navire ailé, qui nous rapporta jusqu'ici à travers les airs. »

Le dernier homme en était à ce point du récit, quand Sidérie, craignant la suite de ses révélations naïves, se leva rougissante, et saisit un prétexte pour s'éloigner de son époux.

Celui-ci, en effet, contait au vieillard, sans réserve, comment la nouvelle épousée résista, comment elle repoussait l'amour qu'elle-même avait au cœur. « Elle avait juré à son père que cette union resterait pure, qu'elle s'ôterait la vie plutôt que de compromettre les destinées du monde et de prolonger sa durée contre l'ordre de Dieu. Elle aimait, refusait, combattue cruellement d'amour et de douleur. La fraude la vainquit. Le Génie de la Terre lui apparaît sous les traits de son père, et lui commande l'union. Il fait apparaître à ses yeux, dans une image de volupté touchante, Ève presque enfant encore, et déjà absorbée au bonheur de l'allaitement, pressant son fils au sein charmant où il boit la vie. Sidérie ne résiste plus ; elle veut et désire... Il devient son époux. »

Le dernier homme termine son récit. Il avoue à Adam qu'à ce moment si doux, si solennel, la Terre refleurit d'espérance ; mais, hélas ! le soleil pâlit, le ciel rougit de taches sanglantes.

Là commence la dure, la cruelle mission d'Adam ; mais Dieu le veut ainsi.

Celui qui commença la race humaine doit, pour dernière douleur, la finir, clore l'amour ici-bas, consommer le divorce et la séparation suprême, ordonner le mortel adieu...

Tels furent les mots d'Adam au dernier homme, ou plutôt les mots de Dieu même : « Fuis, mon fils, fuis-la, cette femme trop aimée, et pour toujours !... Tremble de devenir père de la race maudite ; crains d'engendrer des monstres ! »

L'infortuné, à ces paroles, pâlit et recula : « O mon père, disait-il, n'avez-vous pas vous-même voulu vous perdre avec la mère des hommes ?... Eh bien, je ferai comme vous ! » Sa douleur est si grande, si vraie, si pathétique, qu'Adam pleure avec lui. Le premier homme et le dernier ont confondu leurs larmes dans le plus tendre embrassement.

« Sois le libérateur du monde, ô mon enfant, son bienfaiteur ! Ne prolonge pas sa misère ! Permets-lui de finir. Tes pères attendent au sépulcre que, le monde expiré, leurs cendres se raniment, leurs os se lèvent, et que le genre humain revive avec mille bénédictions pour toi.

« Tu hésites... Ah ! je sens que mon supplice recommence. Je les vois dans la plaine aride, sous un ciel ténébreux, ces derniers humains, je les vois hideux et cruels, assis aux banquets exécrables, se disputant les membres de leurs frères, s'arrachant des lambeaux sanglants. »

Il dit. Le dernier homme les voyait aussi, ces images horribles. Il ne résista plus : « Mon père, que du moins Sidérie ne puisse me maudire ! Qu'elle sache que son époux la trahit malgré lui ! Qu'elle sache mon innocence ! » L'infortuné élève un autel sur la route et y inscrit ces mots, que Sidérie lira en recherchant sa trace : « Je ne fus point coupable[1]. »

Il l'avait deviné sans peine. La pauvre abandonnée, ne le voyant plus revenir, hors d'elle-même et désespérée, avait fui son palais. Elle allait, elle errait, interrogeant le sable pour trouver ses vestiges ; elle voulait le suivre, le chercher par toute la terre. Et cependant le jour baissait, en plein midi ; il se faisait peu à peu de grandes ténèbres. Elle allait à tâtons, pleurant, se heurtant aux pierres du chemin. La terre, ébranlée par moments, se fendait de rides profondes ; de grands arbres tombaient, des monuments croulaient... Elle n'en allait pas moins échevelée et se frappant le sein.

Quelles sont ces plaintes qui sortent des cavernes ! quelles sont ces voix qui gémissent dans l'air ? les animaux s'enfuient et hurlent : ils courent, se jettent aux abîmes. Les cloches vont d'elles-mêmes ; on dirait qu'elles sonnent la fin du genre humain... Ah ! que la mer devient livide ! sans tempête, elle

---

1. Dans cette fuite du dernier homme il y a une très belle page. Il passe où fut Paris. La ville n'existe plus. Tous les monuments sont détruits. Un seul reste, élevé à Bonaparte. Des hommes des quatre parties du monde y ont écrit ses bienfaits, ou plutôt les espérances qu'il donnait en Brumaire où Lucien l'avait présenté comme un médecin qui allait guérir la France. De là aussi le beau tableau de Gros, où on le voit touchant les plaies des *Pestiférés de Jaffa*. De là l'erreur passagère de plusieurs philosophes et patriotes, Chénier, Garat, Cabanis, Daunou, Grainville et autres.

s'agite, elle mugit, elle roule et vomit des cadavres. Ceux qui, dans tous les âges, furent engloutis par elle, elle les rend aujourd'hui. La terre ondule aussi bien que la mer; elle craque, elle s'ouvre, et, béante, lance, comme un volcan, des cendres qui vécurent et des poussières humaines... O spectacle effroyable, l'éruption des morts !...

Pénétrée d'horreur, Sidérie n'en cherchait pas moins son époux. Une pluie de cendres qui tombait ajoutait aux ténèbres. Elle traversait, distinguait (mais à peine) d'immenses champs de ruines; c'étaient des cités disparues. Paris même n'était qu'un amas de décombres.

Une faible lumière brille pourtant là-bas, dans une demeure qui est debout encore. « Si c'était lui! » Elle court, elle crie, ou veut crier du moins; la voix lui manque, l'air dense, épais, sonore, ne permet plus la voix. Un vieillard et sa femme étaient dans cette maison effrayés et tremblants du naufrage de la nature. « N'ouvre pas!... c'est l'âme des morts! » disait la femme épouvantée.

La pauvre Sidérie, muette, et voyant encore son espoir trompé, s'enfuit, lève les mains à Dieu... Un froid mortel l'avait saisie, elle croyait mourir; elle entre dans un temple; défaillante, elle tombe aux marches d'un autel. Là, Dieu en eut pitié. Il lui verse le sommeil, le repos et les songes. Il lui montra son Jugement, le triomphe des justes, la beauté de la vie nouvelle, transfigurée divinement; elle se voit, légère, qui monte à Dieu, heureuse et près de son époux. Au réveil, elle est calme, résignée et prête à la mort.

Cependant l'horloge, désormais solitaire, vient de sonner la dernière heure. Le soleil s'est voilé de deuil. La nuit victorieuse prend possession du ciel. Elle adresse ces mots à l'armée des ténèbres : « C'en est fait, leur dit-elle, des caprices de l'astre du jour! Il tombe, le tyran... Rappelez-vous, ô filles éternelles, le temps où nous régnions ensemble sur le vide et le chaos. Ce temps revient. La pâleur a couvert la face du soleil. Venez, achevons l'ennemi. » Elle dit, et sans peur, sans respect pour l'agonie du jour, d'un bond elle a franchi les cieux.

Grande était la terreur du Génie de la Terre. L'éruption des dépouilles humaines lui dénonçait sa fin. Il quitte ses abîmes, où, jour et nuit dans les flammes, il a si longtemps travaillé, fomenté et brassé la vie. Il va trouver la Mort :

« Quoi! dit-il, est-ce fait? Le dernier couple humain a-t-il fini? Songez-vous bien, ô Mort, que la femme portait dans son sein le gage d'une postérité? Seriez-vous assez ennemic de vous-même pour tuer l'espérance des mortels qui vous appartiennent?

« — Tu ressembles, dit la Mort en secouant la tête, à ces vieux décrépits qui, déjà sous ma faux, se promettent de longues années. Vois-tu le ciel? Vois-tu la terre? Tout finit. Et moi-même, je ne suis plus ce que j'étais; à peine me reconnais-je. Je parcours lentement tous les climats; plus de vies à frapper, plus de victimes, plus de sang... J'ai soif... Ta Sidérie, ton dernier homme, je veux pourtant les épargner. Je le jure, tant qu'ils aiment, je ne les touche pas, tant qu'ils ont la flamme féconde qui engendre et prépare des morts. »

Le Génie ne la quitte que pour faire au centre du globe un sacrifice aux démons des enfers. Il se remet à eux, leur confie son péril, son effroi, et l'horreur qu'il a de disparaître : « La mort n'est rien pour l'homme; il sait qu'il renaît immortel. Pour moi, je ne renaîtrai point. Je ne crains pas la mort, mais je crains le néant. Quoi! je ne serai plus! je ne serai jamais! »

Vaines plaintes! les démons lui échappent! « C'en est fait, disent-ils, nous rentrons aux enfers. »

La Mort, voyant pourtant l'extinction du soleil, croit que le Génie l'a trompée. Elle ne tiendra pas son serment. Sidérie elle-même veut mourir. Et la Mort la touche, la délivre et la rend à Dieu.

Une voix s'élève alors dans l'air, grande et lugubre voix : « Le genre humain est mort! » La nature, dès cette heure, est libre de mourir et de rentrer dans le repos.

« Ah! barbare! s'écrie le Génie de la Terre. Mort barbare! comment l'as-tu frappée? Sidérie était le genre humain; en elle tu l'as tué tout entier! Voilà ce que j'avais prévu dès le jour où périt Abel. Je savais que, de meurtre en meurtre, tu en viendrais au dernier rejeton de cette pauvre humanité. »

Mais la Mort, d'un air ironique : « Remercie-moi, je suis la bienfaitrice du genre humain. Eh! sans moi, sans le soin que j'ai pris de détruire à mesure cette race dangereuse, le monde se fût éteint plus tôt; ils auraient épuisé la terre, et tu aurais fini; tu serais mort, comme tu vas mourir. »

Il n'attend pas le coup, il plonge au centre du globe; il s'établit sur la masse immense des soufres et des bitumes. Le flambeau à la main, il attend. Elle avance. Il jette l'étincelle. Telle est l'explosion, que la terre recule sur elle-même, elle vole en débris; elle lance les Alpes au ciel, lance les Pyrénées.

La Mort n'atteint pas moins, au sein de ce chaos, le Génie, qui expire.

Et avec lui, les ténèbres finissent. Un jour plus doux que celui de la lune, plus éclatant que le soleil, mais libre, et non concentré dans un astre, vient redorer le firmament. C'est l'aurore de l'Éternité.

TOME TROISIÈME ET DERNIER
DE L'HISTOIRE DU DIX-NEUVIÈME SIÈCLE.

TABLE DES MATIÈRES

	Pages
AVANT-PROPOS.	1

PRÉFACE. — COUP D'ŒIL SUR L'ENSEMBLE DE CE SIÈCLE ET SUR SON
    DÉCLIN RAPIDE. 3
    Tous les États déclinent en ce moment. 4
    Le dix-neuvième siècle. 5
    Naquit métis et bâtard. . . . . *ibid.*
    Le dix-huitième eut une allure très simple. . . . . *ibid.*
    L'ascension vers la liberté. 6
    Le dix-neuvième penche vers la fatalité. . . . . *ibid.*
    Son impuissance philosophique. 7
    Sa fécondité littéraire. 8
    Il a eu d'admirables renouvellements. . . . . *ibid.*
    Combien il a changé . . . . *ibid.*
    De médecine. . . . . *ibid.*
    De régime alimentaire. 10
    Son énervation. 11
    La confession, le roman, l'alcool. . . . . *ibid.*
    Ce siècle se relèvera-t-il ?. 13
    Quelques vues d'avenir. 14

LIVRE PREMIER. — FRANCE. — ITALIE. — RUSSIE.

CHAP. I. Le nouveau gouvernement. — Plus de lois; des hommes.
    — Le choix des fonctionnaires. 15

Chap. II. Lutte de la France et de la Russie. — Nelson et Souvarow en Italie. 28
III. Campagne de mai 1800. — Passage du grand Saint-Bernard. — Famine de Gênes. — Masséna abandonné. . 36
IV. Marengo (14 juin 1800). — La bataille perdue et gagnée. . 43
V. Le tyran. — Le cancer. — Machine infernale. — Aveugle proscription (fin de l'année 1800). 48
VI. Le tzar Paul. — Son amour pour la France (1798-1800). . 54
VII. Le tzar Paul. — Ses projets. — Sa mort (31 mars 1801). 59
VIII. Paix d'Amiens. — Le Concordat (1802). 73
IX. Le triomphe de l'ennui. — Retour impuissant du passé. — Chateaubriand (1801-1806). 83
X. Grainville. — *Le Dernier homme*. 98

LIVRE II. — Angleterre. — France (1798-1805).

Chap. I. Malthus (1798). 116
II. Watt et la machine. — Incroyable enrichissement de l'Angleterre. 122
III. Rupture de la paix (1803). — Lutte d'Hortense et Joséphine contre les frères de Bonaparte. 128
IV. Conspirations royalistes contre le futur empereur. — Enghien, Moreau, Pichegru, Cadoudal (février-mai 1804). 139
V. La folie de Bonaparte pour le fils aîné d'Hortense. — Joséphine lui impose une démarche humiliante (mai 1802). 147
VI. Le sacre. — Le pape à Paris. — Triomphe d'Hortense et Joséphine sur les frères de Bonaparte. 151

LIVRE III. — Allemagne.

Chap. I. Allemagne politique 159
II. Renaissance littéraire et morale de l'Allemagne. — L'école critique et fantaisiste. — L'école de l'énergie (avant 1806). 168
III. Ni la France, ni l'Allemagne, ni l'Angleterre ne voulaient fortement la guerre. — Retour et déclin de Pitt (1805). . 180
IV. Triomphe d'Ulm. — Désastre de Trafalgar (octobre 1805). 188
V. Austerlitz (2 décembre 1805) 196
VI. Indécision d'Alexandre. — Mécontentement de la Russie et de l'armée russe contre Alexandre. 206

VII. L'âme de la Grande-Armée (1806) 211
VIII. La banque se joue de Bonaparte. — Ouvrard fait agir ensemble Bonaparte et Pitt (1805). 219
IX. Iéna 228
X. Le décret de Berlin. — Servitude du continent. 239
XI. Napoléon devant la Pologne (1807) 244
XII. Bataille d'Eylau (8 février 1807). 250
XIII. Friedland (juin 1807). — Découragement d'Alexandre . . . 255
XIV. Tilsitt. — Le partage du monde européen (1807). 259
XV. L'arrière-scène de Tilsitt. — Comment la résistance naissante profite de l'aveuglement de Napoléon. 266

LIVRE IV. — OCCUPATION DE ROME, DE LISBONNE, DE MADRID (1808).

CHAP. I. Occupation de Rome (mars 1808). 271
II. La trahison d'Espagne (1808) 277
III. Le soulèvement de l'Espagne (mai 1808). 284
IV. L'expiation. — Revers de Napoléon à Baylen et Cintra (1808). 290
V. La comédie d'Erfurth (septembre-octobre 1808) 298
VI. Le démembrement de la Grande-Armée. — Les *arrabiati* (1808). 303
VII. Essling et Wagram (1809). 313
VIII. Mariage d'Autriche (1810). 324
IX. Napoléon se brouille avec ses frères, s'étend de tous côtés, menace la Russie (1810). 329
X. Expéditions de Portugal, de Russie (1811-1812). — Les guerres de l'incendie 337

LIVRE V. — RUSSIE. — ALLEMAGNE. — FRANCE (1812-1815).

CHAP. I. Désastre de Moscou. — Déroute de l'armée française . . . 349
II. Malet (octobre 1812). — Dispositions de l'armée au retour. 356
III. Bataille de Leipsick (1813). 360
IV. Campagne de 1814. — Abdication de Napoléon. — Sa férocité pour Paris. 364
V. Du caractère, du cœur de Bonaparte. 373

LIVRE SIXIÈME. — Restauration. — Les Bourbons.

Pages
Chap. I. La Charte. — Louis XVIII (1814). 382
II. Les Cent-Jours. 390
III. Waterloo (18 juin 1815). 399

APPENDICE. — Grainville.

Le Poème du *Dernier homme*. 409

FIN DE LA TABLE DU TOME TROISIÈME ET DERNIER.

IMPRIMERIE E. FLAMMARION, 26, RUE RACINE, PARIS.

www.ingramcontent.com/pod-product-compliance
Lightning Source LLC
Chambersburg PA
CBHW070930230426
43666CB00011B/2387